建築断面 矩計図集

内藤廣

アトリエ・ワン
（塚本由晴＋貝島桃代＋玉井洋一）

新居千秋

古谷誠章

手塚貴晴＋手塚由比＋矢部啓嗣

中村拓志

小堀哲夫

乾久美子

藤原徹平

前田圭介

武田清明

伊藤博之

川口通正

八島正年＋八島夕子

森清敏＋川村奈津子

五十嵐敏恭

目次

本書は建築家16組による矩計図集である。
矩計をテーマにしたテキストとともに各1プロジェクトを詳述している。
なお、掲載されている図面はすべて原図通りである。

建築断面 矩計図集

福井県立一乗谷朝倉氏遺跡博物館

内藤廣／内藤廣・センボー設計共同体 | 2022 | Museum | 福井・福井

一乗谷朝倉氏遺跡は、戦国期の城下町跡を良好な状態で残す国内最大の中世都市遺跡であり、城下町での人々の暮らしや街並みを伝える遺構として稀有な存在である。敷地は遺跡中心部から2㎞ほど離れた田園地帯に位置し、里山に囲まれた美しい風景の中にある。本施設は出土した約170万点の遺物の一部と石敷遺構、朝倉館の原寸再現を展示するための新たな博物館である。

博物館は駐車場と旧資料館の間に配置され、エントランスを兼ねた自由通路で双方をつないでいる。また諸室構成では近傍の足羽川《あすわがわ》の氾濫を想定し、展示室・収蔵庫・機械室などの中枢機能を2階レベルに上げて浸水時の機能維持に備えた。建物の外観は里山の風景に呼応する切妻の連続屋根として、自然環境と馴染みの良い風合いをもつチタン亜鉛合金板で覆っている。構造はシームレスなRC造を基本として、空間条件に応じて鉄骨造と鉄骨トラス造を組み込んだ。もっともボリュームが大きい朝倉館の原寸再現室は鉄骨造である。三方のガラスカーテンウォールでつくられた大開口の向こうに里山の眺望が広がり、夕刻には周囲からこの大開口越しに室内の朝倉館が「幻の館」のように浮かんで見える。また石敷遺構を収める1階展示空間は、足元の遺構を傷付けずに見通しの良い無柱空間を実現するため、鉄骨トラス造でスパンを飛ばすことになった。同室では保存環境安定のため、外壁ルーバーによる通風を確保して外気同等の湿度を保っている。

設計段階では豪雪地域におけるさまざまな配慮を盛り込んだ。外装の板金素材には耐久性を塗膜に頼らないチタン亜鉛合金板を採用、さらに落雪事故の予防には強度のある通路庇、屋根の雪止めアングルなど万全の安全対策を講じた。そうした福井独特の風土に起因する装備の積み重ねにより「武ばった硬い感じ」の外観が生まれた。木材振興に関しては、地元産材を積極的に利用して要所を木質化している。外部の軒天やエントランス、内部の朝倉館原寸再現室にスギ小幅板を採用し、繊細で暖かみのある空間を設えた。空間性と機能性を両立し、厳しい立地条件を乗り越えて文化財を収める質実剛健な博物館をめざした。

西側外側全景

コンペ時パース

朝倉館再現展示室

08. 朝倉館再現展示室
09. 基本展示室
10. 特別展示室
11. 収蔵庫
12. 機械室

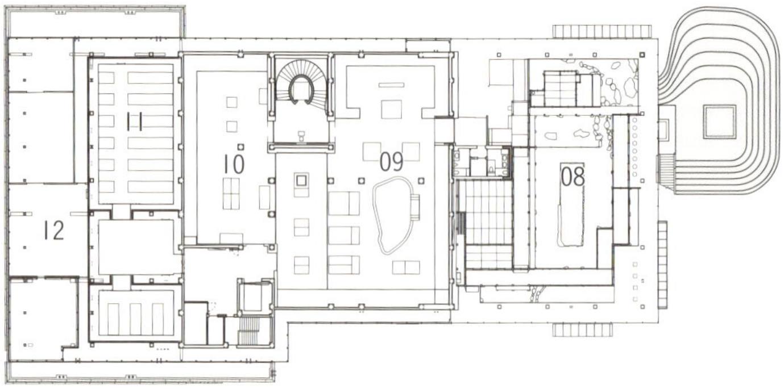

2階平面図

01. 自由通路
02. エントランス
03. 遺跡ガイダンス
04. 遺構展示室
05. 事務室
06. 機械室
07. 駐車場

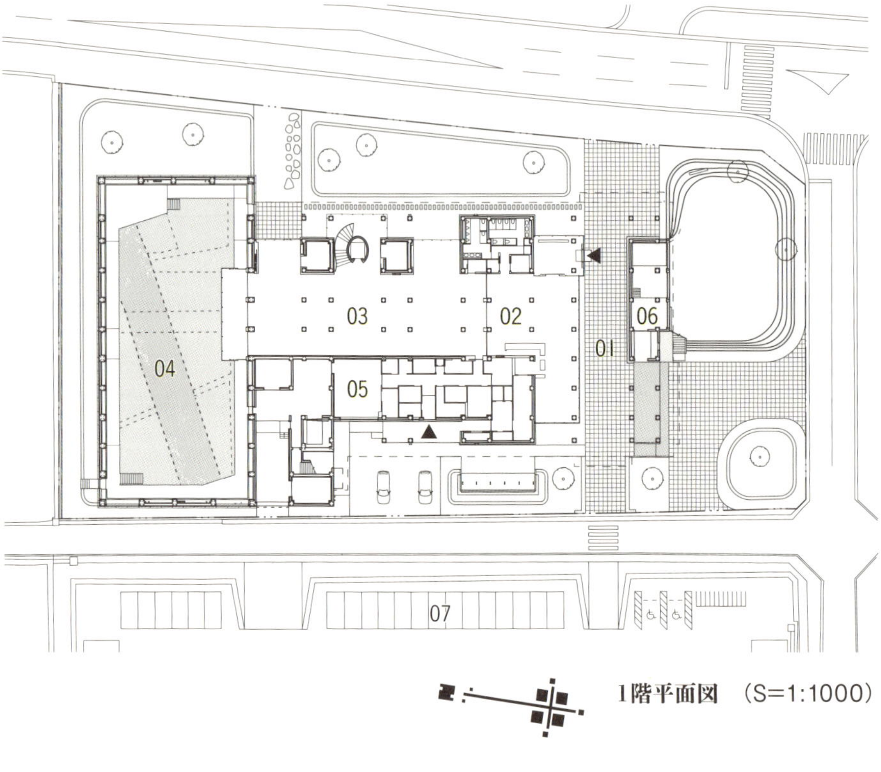

1階平面図　(S=1:1000)

博物館全体の室配置・構造種別は、災害対策と諸室機能、地中の遺構に留意し計画した。
付近の足羽川の氾濫に備え、本施設の浸水高さを1FL+650㎜と想定。1階には事務室・展示ガイダンスなど復旧可能な諸室を配置し、展示室・収蔵庫・機械室などの中枢機能を2階に上げることで、発災時も博物館機能を損なわない室配置としている。
博物館の1階は共通してRC造であるが、2階床レベル以上は3種類の構造を採用した。朝倉大名の館を原寸再現する2階朝倉館再現展示室は大スパンを構成する鉄骨造、無柱空間である1階遺構展示室直上の収蔵庫・機械室は、荷重を捌くため鉄骨トラス造とした。それらの中間に位置する2階基本・特別展示室は屋根のみを鉄骨造で構成。諸室機能に合わせた適材適所の構造種別を採用している。
地中には敷地内全体にわたって遺構が眠っており、それらを傷つけない基礎計画と、その一部である石敷遺構を展示に組込むことが求められた。基礎計画では流路法面をまたぐ位置に柱状改良・基礎フーチングを配置。遺構展示室は石敷遺構を囲うようにRC柱・壁を構成し、利用者の見学動線として外周壁沿いに鉄骨通路を設えることで、四方向から遺構を鑑賞できる空間を実現している。

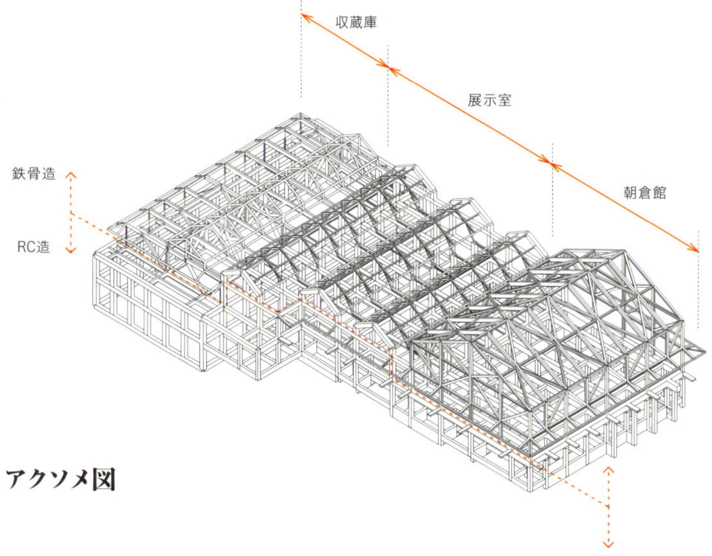

アクソメ図

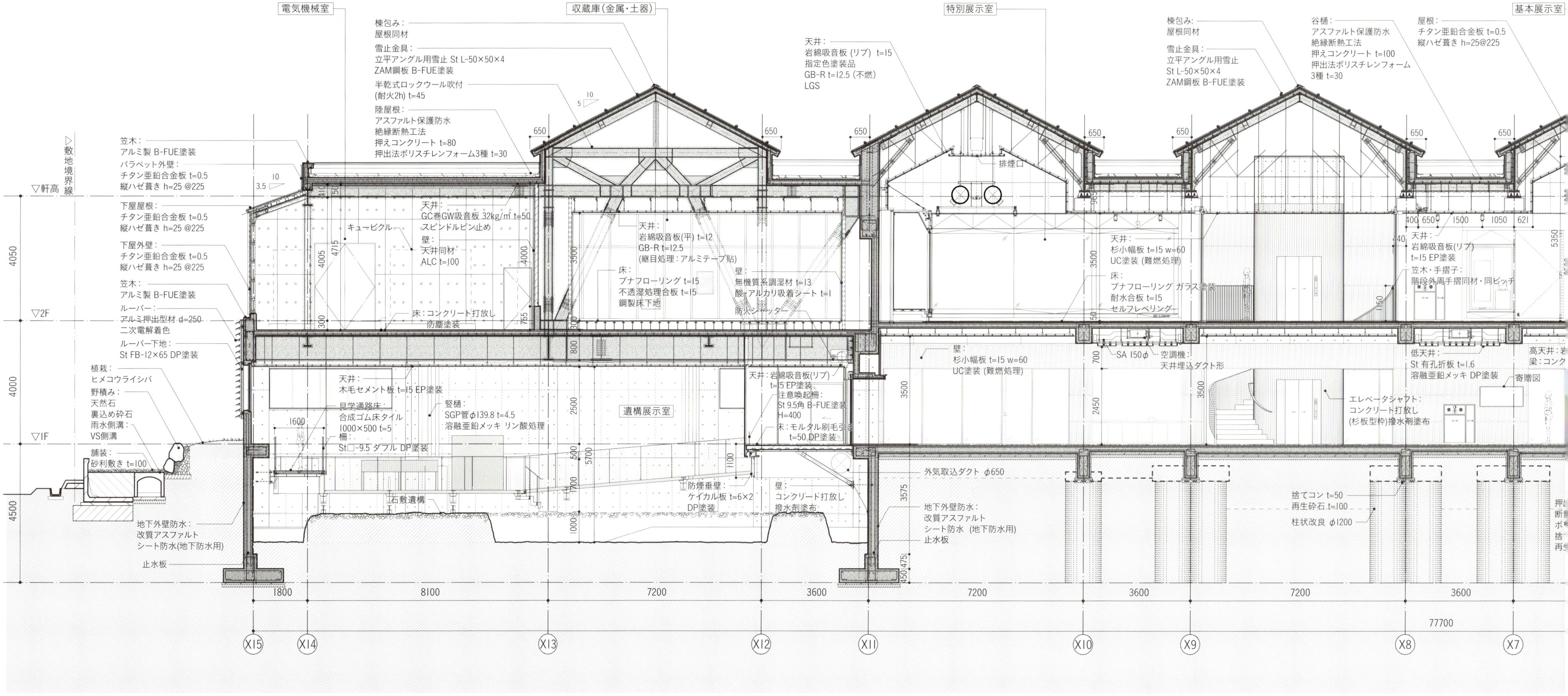

屋根詳細

博物館は積雪想定2mの豪雪地帯に立地することから、冬季の積雪を踏まえた納まりが求められた。

連続する切妻屋根の間にある内樋状の平坦部は積雪による漏水リスクが自ずと高くなる。直下には展示室・収蔵庫があり漏水が許されないため、朝倉館再現展示室の大スパン部分を除いてすべてシームレスなRC屋根躯体とし、できるだけ異種取合いを生じさせないものとして漏水リスクを低減している。

鉄骨造とした朝倉館再現展示室の大屋根部分と連続切妻屋根の間に唯一、異種取合いが生じる。朝倉館再現展示室側の大きな立上り壁面には大量の雪が溜まる可能性が否めず、止水上の弱点になり得る。そこで壁面にかかる積雪荷重を想定して軒天までRC壁を立上げ、さらに高耐久アスファルト防水、鋼板製の雪囲いでガードを固めた。これにより鉄骨軸組を雪の側圧から守り、スガ漏れによる漏水リスクを回避している。

勾配屋根はすべて堆雪型とし、雪止めボーダーのアングルを約1m間隔で配置した。高さ2mの積雪量を与件として屋根の長期荷重計算を行い耐久性を担保している。来館者が往来する自由通路直上の屋根には融雪装置を設け、さらに1階天井付近に堅牢な庇を設けることで万全の安全対策を講じている。

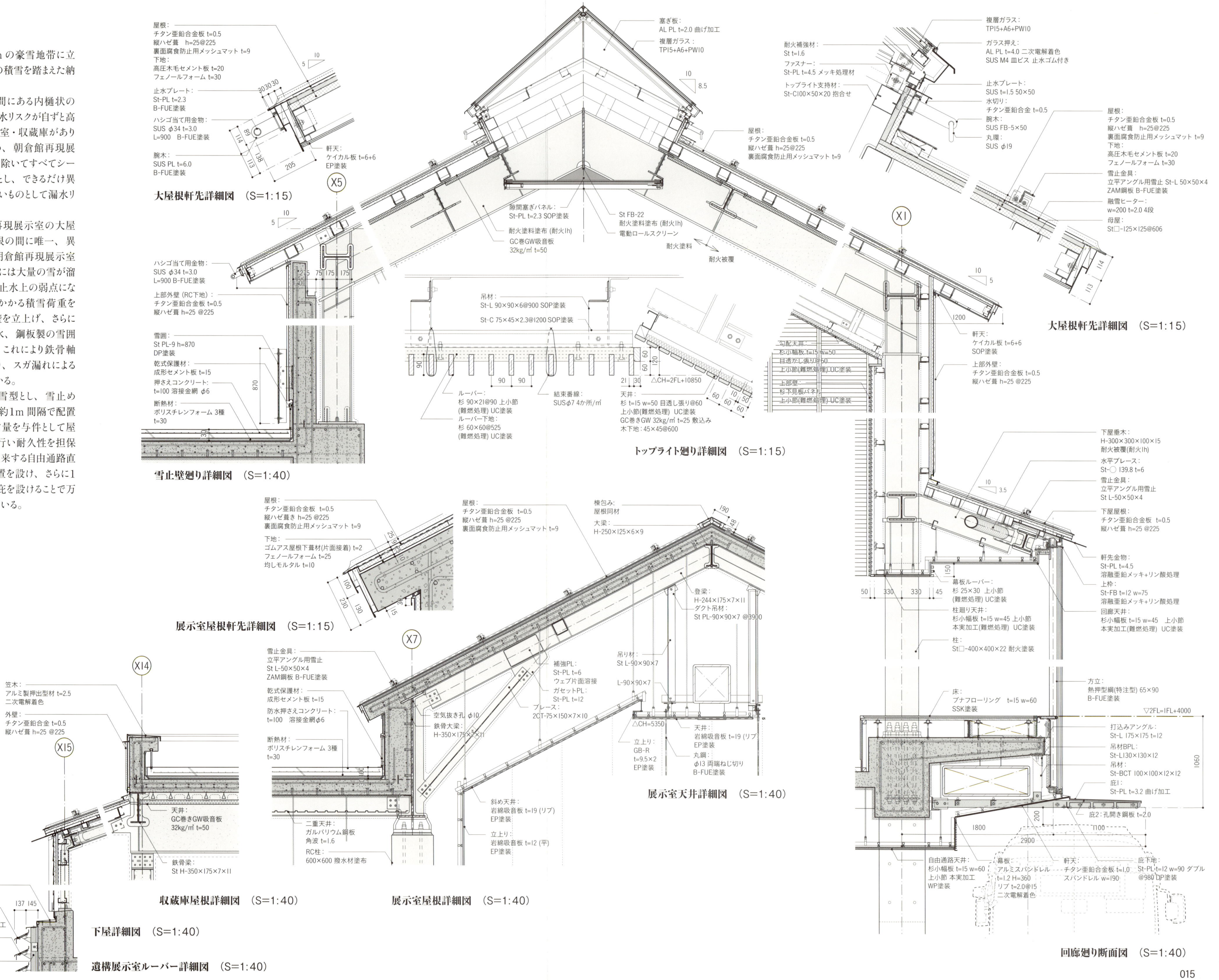

東側外観

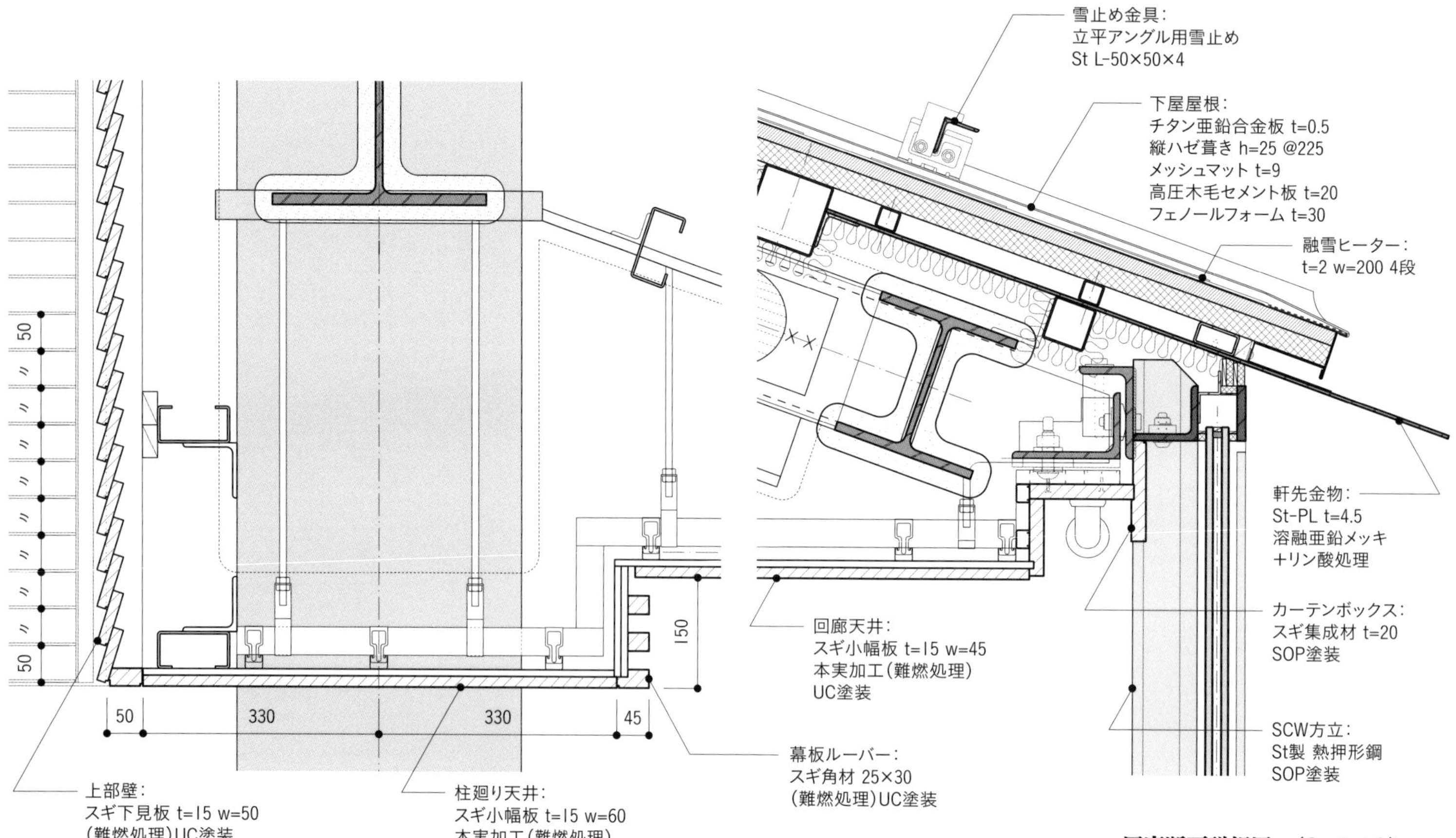

回廊断面詳細図 (S=1:10)

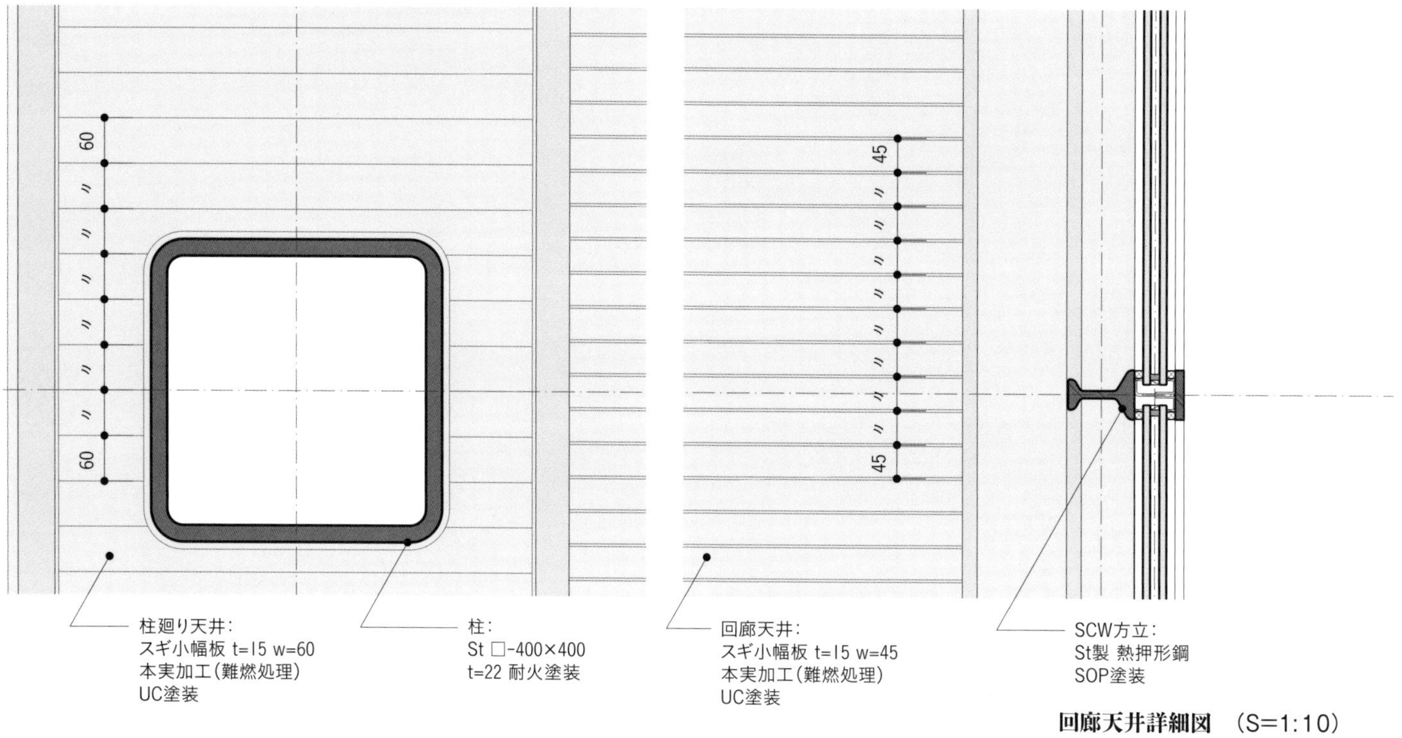

回廊天井詳細図 (S=1:10)

内観 朝倉館再現展示室回廊

内装木仕上げ

博物館内部の壁・天井面には積極的に福井県産材のスギ板を採用し、居心地のよさと人との親和性に長けた空間づくりに重点を置いている。
地元産材採用時の留意点として、産地特有の色味や木目のクセをいかにコントロールするかという点が挙げられる。本施設では現場搬入後に長尺材を各所材長にカットする手順としたため、切出し直後にスギ板を赤身・源平・白太の観点から5グループ程度に目視選別した。総量に対する各グループの割合も加味しつつ材を分散配置することで、仕上り面への色味の偏りをなくし意匠性の統一を図っている。本施設で使用したスギ材の総量37m³のうち80%を45〜60㎜の小幅板とすることにより、材を細く挽くことで節が分散し程度のよい材が取りやすくなった。朝倉館再現展示室の三方ガラスカーテンウォールに面した回廊天井は幅45㎜の小幅板を採用し、繊細で上質な木質空間に設えた。ロールスクリーンボックスは天井面より控えることで、回廊と開口の向こうの景観とをきれいにつなぐ納まりとしている。

矩計図とは書物の物語に付属する注釈（内藤廣）

建築は総体として、分厚い書物のようなものでありたい、と思っている。読み解かれる価値のある謎の書物を未来に対して残していく、というのが理想だ。だとすれば、はじめからそのストーリーを概説したところで読み手の興味は半減するだろう。すぐれた建築には「それ自身にしか回収できない固有の価値」があるのであって、それは言葉では説明不可能な類のものだ。

では矩計図とはなにか。書物の物語に付属する注釈のようなものだと思っている。建築の言葉にならない空間や感触、それを感じ取った後で、どうしてそれが成り立っているのかを知る細部の注釈である。専門的な内容の多い注釈を理解することによって、作者が空間の物語に何を実現しようとしたか、より鮮明に感じ取ることができる。だから、本体の建築を体験することなしに注釈を読み解いても意味はない。注釈で物語が構成されることはないからだ。しかし、注釈の密度によって作者の空間に込めた熱量を知ることはできるだろう。

われわれの事務所では、できるだけ機会をとらえて寄贈図という名前で、矩計図を建主に差し上げることにしている。そんなものがなくても別段なんの問題もない。委託された業務の外にあるので、われわれが勝手に描いて差し上げているのである。百年くらいは変質しないという紙に特殊印刷をして、額装するかパネル化して、可能であれば建物のどこかに掛けさせてもらっている。

これはつくった建物に責任を負う、という意思表明であると同時に、将来を見据えた建物の取扱説明書のようなものでもある。建物の寿命に対してわれわれ人間の寿命は短い。未来において不具合が生じたときに、われわれが生きているとは限らない。そのときに備えて、枢要なところはどのようにできているのか、を残しておきたいと考えたのである。これは遺言のようなものでもあるし、未来の人に対する手紙のようなものということもできる。

デジタルな時代なのだからデータで残せばよいではないか、という人もいる。しかし、情報革命下の技術革新はとどまるところを知らない。データの媒体も処理方法も十年ともたない。そうなると頼りになるのは、原始的な媒体である紙ということになる。われわれが生み出す建物は、百年、可能なら数百年、生きながらえてほしいと願ってつくっている。古風なやり方だが、それ以外に存在意義はないとすら思っている。矩計図という注釈の束は、建物が生きていく未来において必ず役に立つ贈り物になる、と信じている。

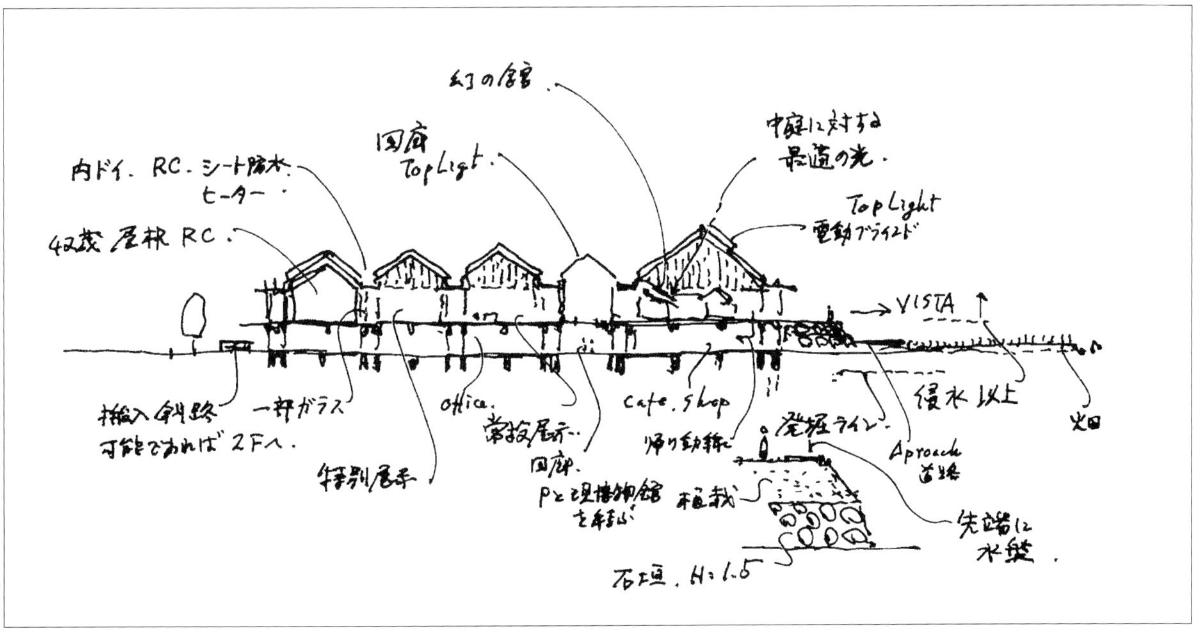

内藤によるスケッチ

ハハ・ハウス

アトリエ・ワン（塚本由晴＋貝島桃代＋玉井洋一） | 2022 | House | 神奈川・茅ヶ崎

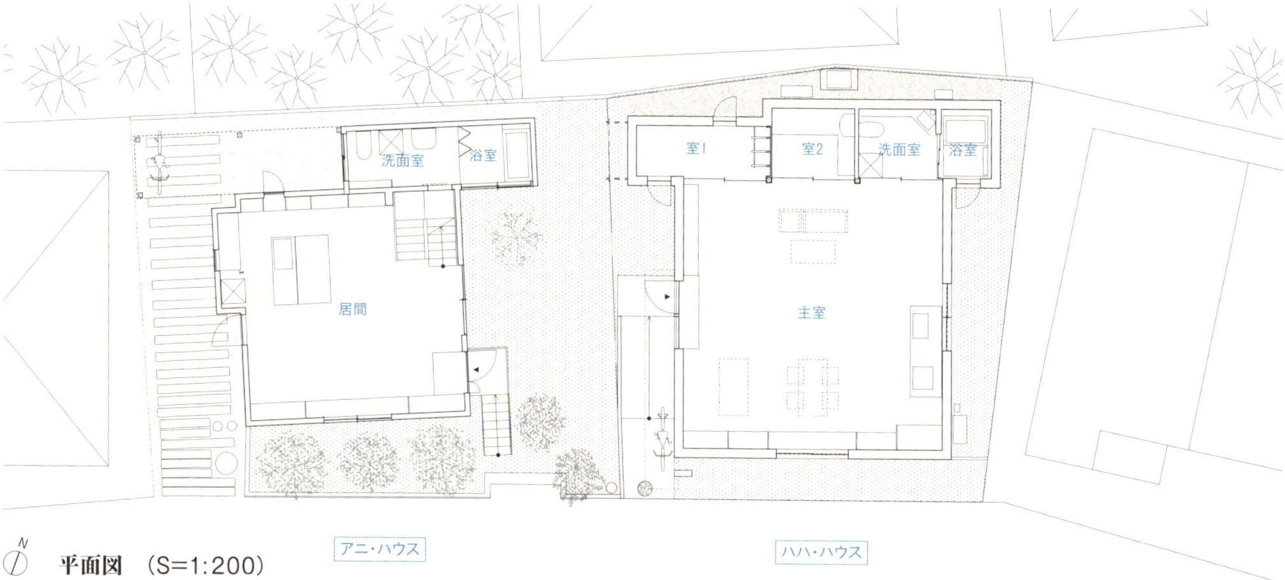

N 平面図　(S=1:200)

アニ・ハウス（左）と並んで建つハハ・ハウス（右）外観

塚本由晴の兄夫婦の家、「アニ・ハウス」（1996年竣工）の隣地が売り出されたことを転機に、高齢となった母の家づくりがはじまった。アニ・ハウスは、6m角のワンルームの平面の3層構成を、半地下にしながら敷地の中央に配置した構成である。これによってできた建物と隣家との隙間を、住宅地の質を高める緑の共有空間と捉える。隙間の緑を各層のワンルームからたのしめるよう、四方向に窓をもつように工夫した。これに呼応してつくられた、「ハハ・ハウス」はこうした建ち方を共有している。

アニ・ハウスでは3層だったが、ハハ・ハウスでは母の暮らしやすさを考えて平家とし、7・2m角で3・6mの天井高をもつリビングを、敷地の真ん中に配置した。水廻りはアニ・ハウス同様、バッテリーのように建物の背後に配置し、ここに納戸と母の寝室も収めた。アニ・ハウスは軽量鉄骨造で、6mを低い天井高で飛ばすために張弦梁としたが、これにならって、ハハ・ハウスでは木造の張弦梁とした。

リビングにはアニ・ハウスと同じように、四方に窓を設け、南正面を建物の顔となるベンチ付きの窓とし、その前に食卓が置かれている。天窓のあるリビングは明るく、空調と床暖が整備され、部屋全体が過ごしやすくつくられている。このリビングは、母が長く活動する市民人形劇団の仲間たちからも人気で、彼らのおしゃべり場となっている。天井は張弦梁の木梁形を現しにして合板による床や家具と揃え、母が以前からもっていた広葉樹の深みのある茶色に塗装し、天井や明るいラワン合板の壁と落ち着いた対比をつくるようにした。断捨離をして身軽になった母の大きなリビングはスッキリして、お気に入りの手芸や手づくりの人形たちが可愛らしく飾られている。母の見える範囲や手の届く範囲にいろいろなものが並べられ、床の段差もなく、ルンバでの掃除ができるように平らである。困ったことがあれば、隣のアニ・ハウスに気軽に声をかけられ、またアニ・ハウスの半階ずれた高さの窓からはハハ・ハウスの様子を気にかけることができる。80歳を過ぎて、終のすみかの建設を決意した母は、この家づくりを通して、どんどん元気になり、この家に移ってから、友人たちや家族との交流をたのしんでいる。この家で、これからも、たのしく、元気に歳を重ねてほしい。

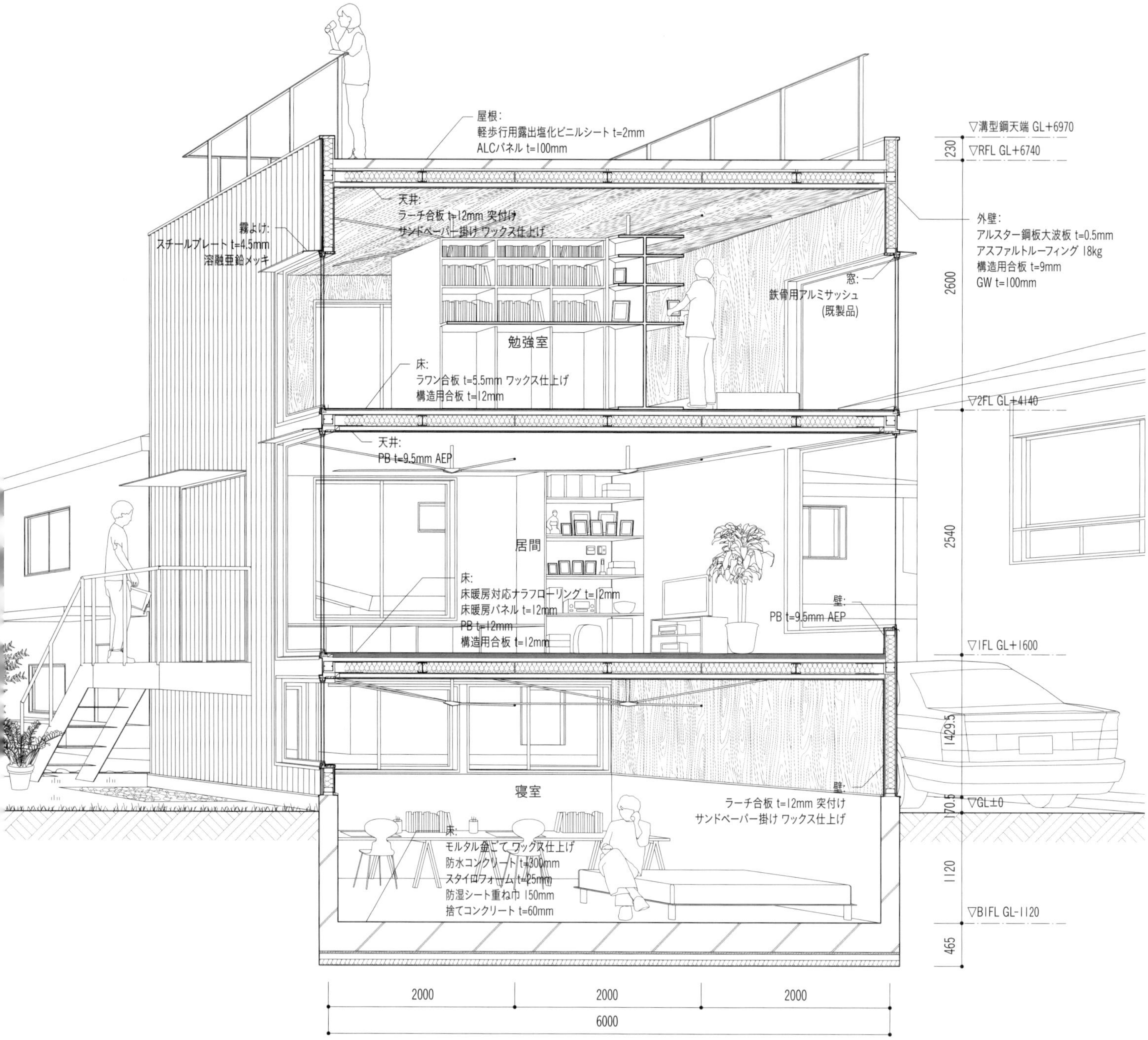

矩計図（断面パース） (S=1:60)

ハハ・ハウス（左）とアニ・ハウス（右）を東西に切った断面パース。両建物とも敷地の中央に配置され敷地境界に塀などがないため、建物間の隙間同士がつながり幅約6mの共用の庭として再定義されている。また、両者の床レベルが半階ずれているため、庭に立体的な使い方や視線のやりとりが生まれる。

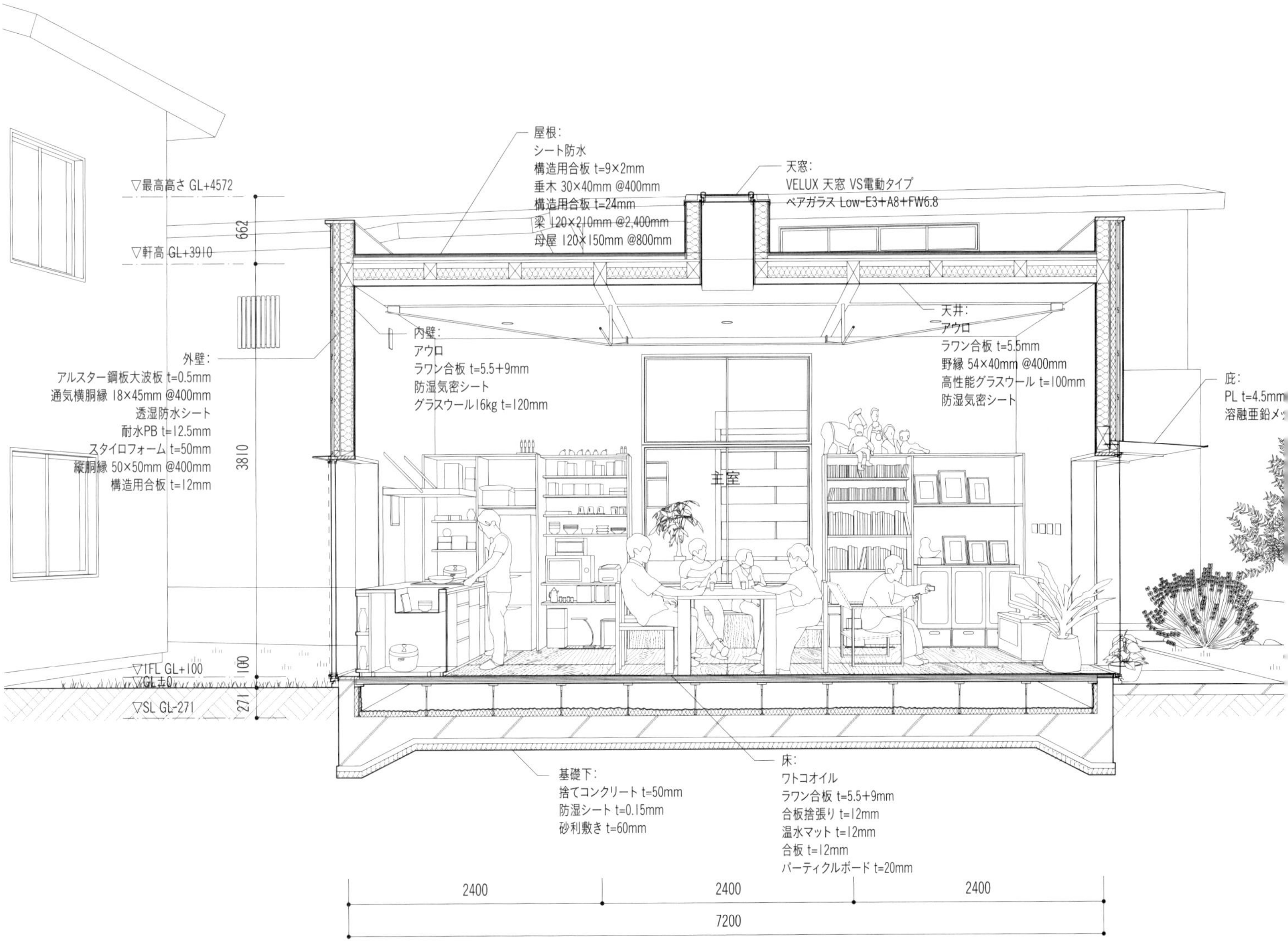

接合部のディテール　(S=1:10)

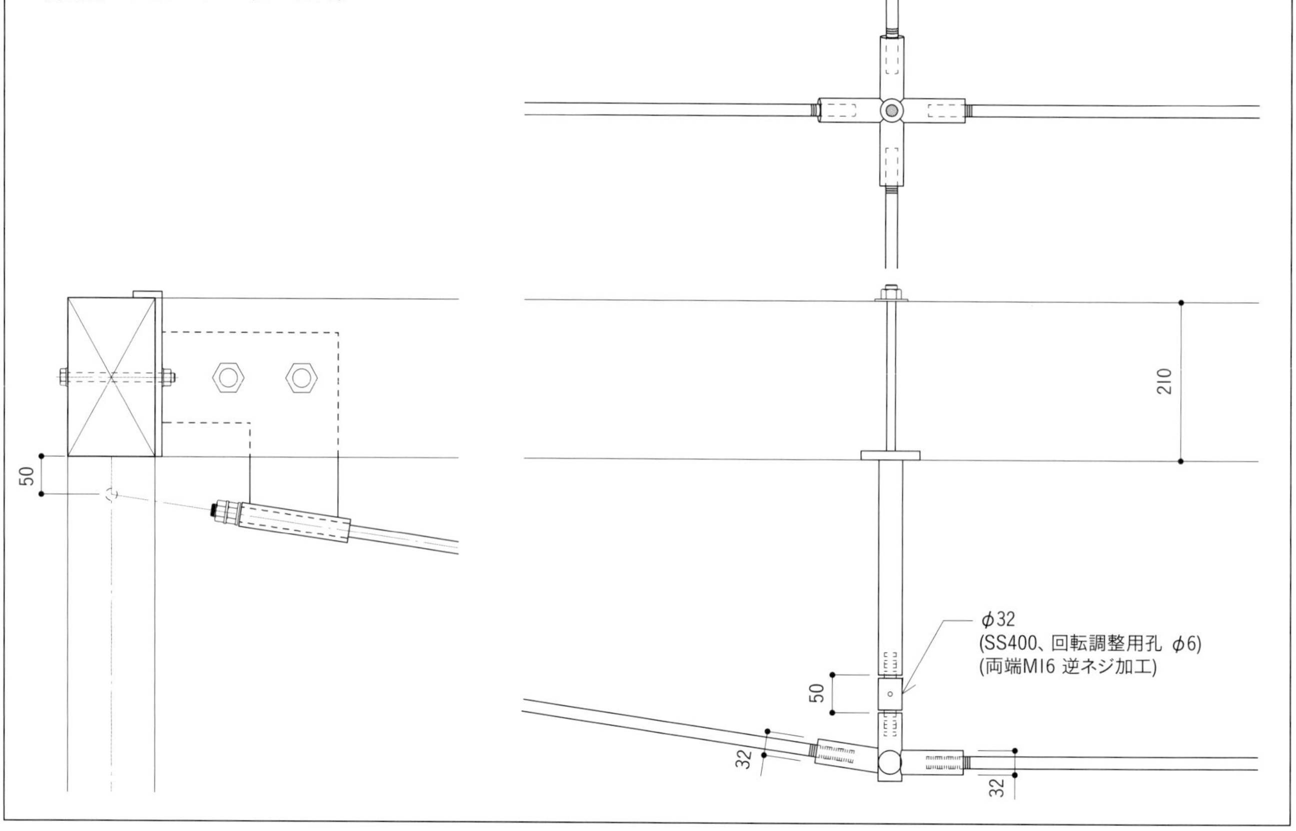

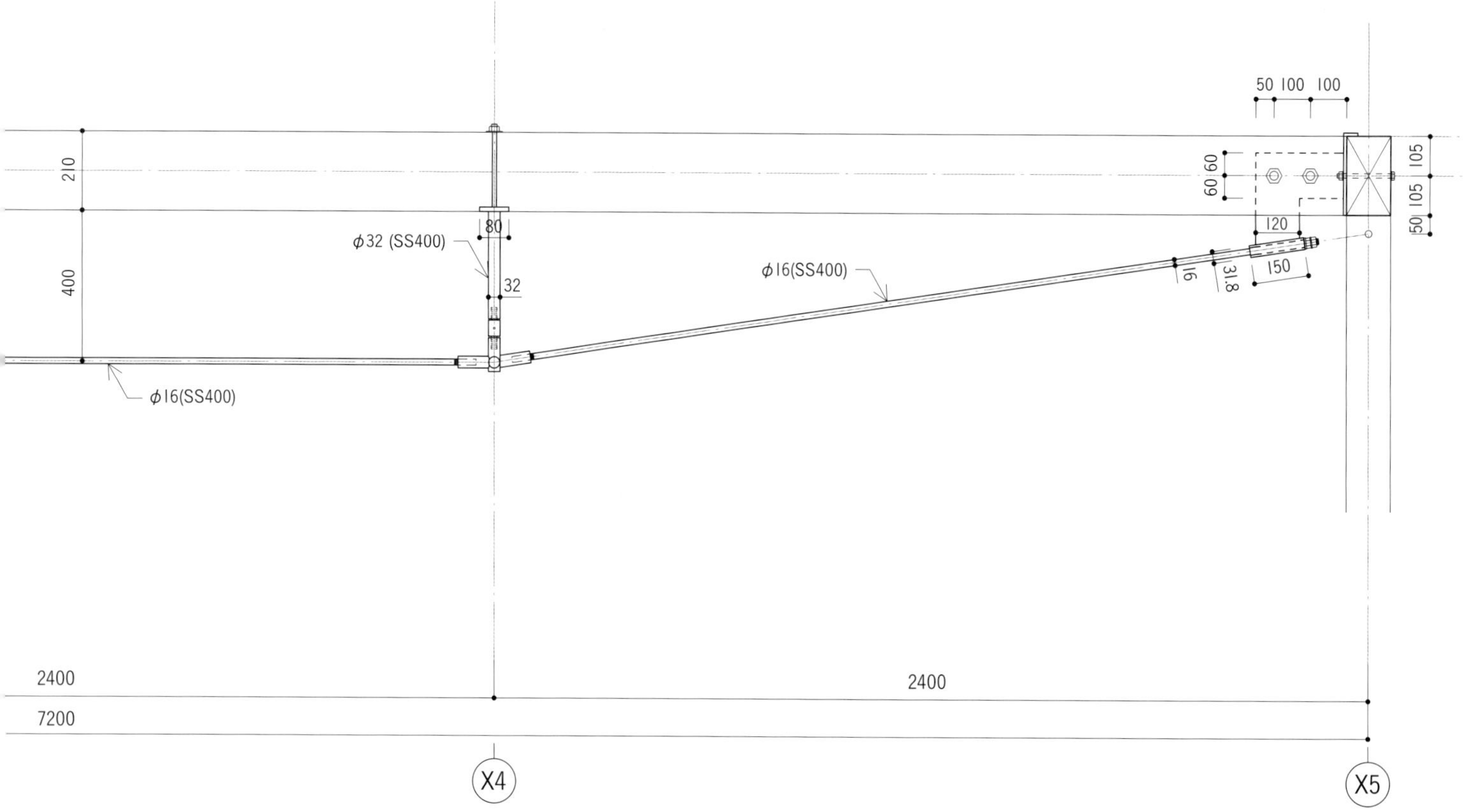

民家形式である2間(3.6m)モジュールの田の字プランと同様の広さである平面7.2m角と天井高3.6mの主室には、無垢の木の上弦材とスチールの下弦材によるコンポジット張弦梁により柱が落ちない。下弦材の張力はスチールロッドのねじ込みで調整できる。

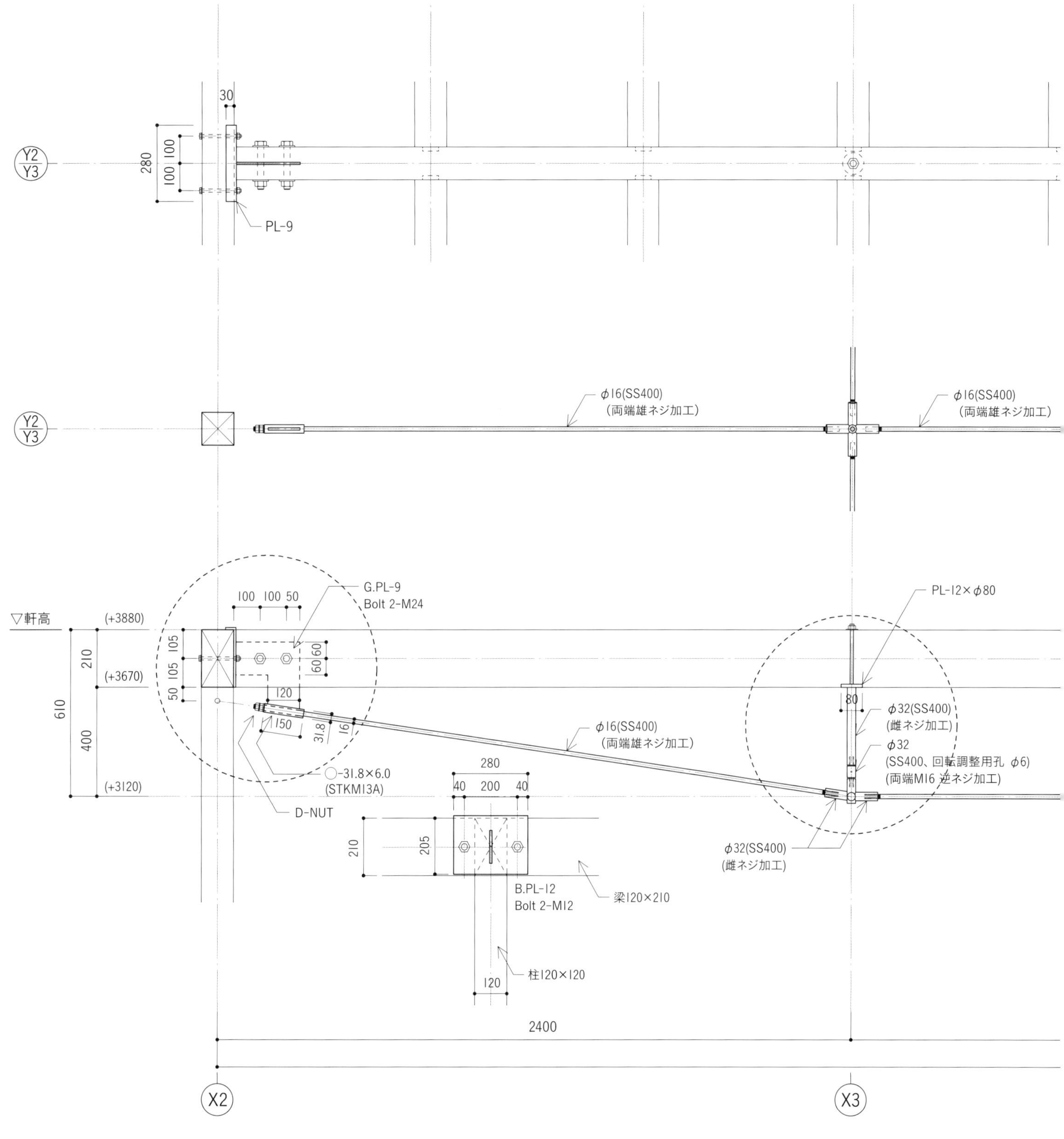

30
280
100
100
Y2/Y3
PL-9
φ16(SS400)
(両端雄ネジ加工)
φ16(SS400)
(両端雄ネジ加工)
G.PL-9
Bolt 2-M24
100 100 50
▽軒高
(+3880)
(+3670)
(+3120)
210
610
400
105
105
50
60 60
120
150
31.8
16
○-31.8×6.0
(STKM13A)
D-NUT
φ16(SS400)
(両端雄ネジ加工)
280
40 200 40
210
205
B.PL-12
Bolt 2-M12
梁120×210
柱120×120
120
PL-12×φ80
80
φ32(SS400)
(雌ネジ加工)
φ32
(SS400、回転調整用孔 φ6)
(両端M16 逆ネジ加工)
φ32(SS400)
(雌ネジ加工)
2400
X2
X3

張弦梁図 (S=1:20)

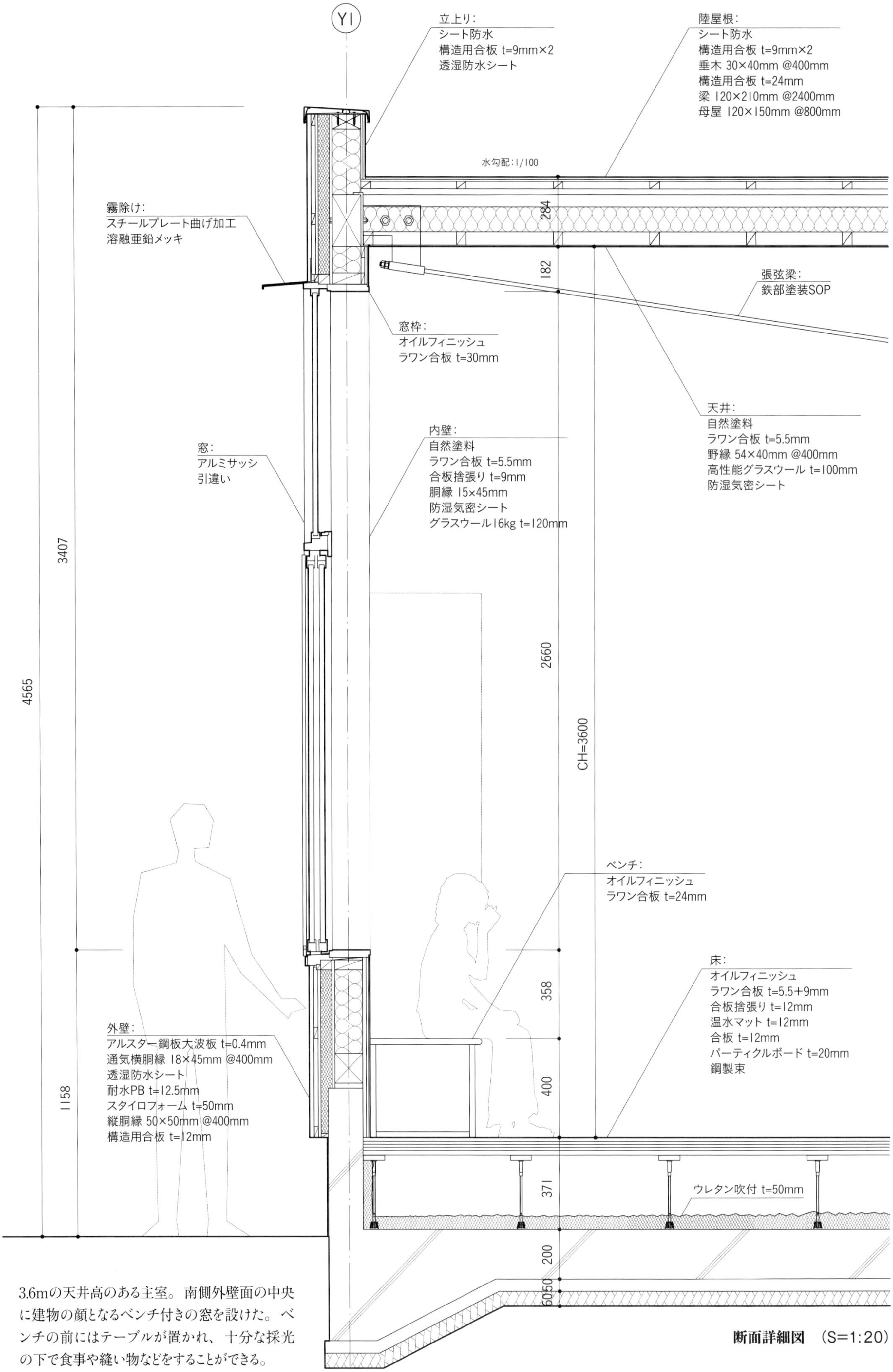

3.6mの天井高のある主室。南側外壁面の中央に建物の顔となるベンチ付きの窓を設けた。ベンチの前にはテーブルが置かれ、十分な採光の下で食事や縫い物などをすることができる。

断面詳細図　(S=1:20)

矩計図とは形をふるまいから読み解く手引き（貝島桃代）

矩計は建物にまつわる、構造、材料、構法、設備、外構、暮らしなどを取りまとめた建物の解体図である。アトリエ・ワンは、24の住宅作品の平面詳細図と矩計図をまとめた『図解アトリエ・ワン』を2007年に出版したが、英語タイトルは、人体解剖図の解体新書に準えて「Atelier Bow-Wow Graphic Anatomy」とした。

アトリエ・ワンの図解にある矩計図は、設計時に描かれる1／20の矩計詳細図や1／5の開口部詳細をもとに、設計の想定や条件を含め、透視図として再構成したものである。したがって、建物だけでなく、敷地や周辺の様子も含めて描くことで、なぜその建物がそのような形となったのかを、建築のふるまい学から示そうとしている。建築のふるまい学とは、形とその背景となる関係性を考察する学問である。気候や光、水、空気などの環境や材料のふるまい、人や人以外の生物のふるまい、建築のタイポロジーの系譜に見る変化としてのふるまいなど、建築を物質的に固定した形として扱うのではなく、その形の背景との関係を形の条件や因子から理解することで、形そのものを流動的な関係性として見るのである。これによって、20世紀に急激に進行した近代化や産業化に起因する、21世紀の環境問題や建築の問題を源流に遡行して、理解し、持続性のある建築のあり方を導けると考えている。矩計図＝解体図は、形をふるまいから読み解く手引きであり、図解はこうした手引きが共通の知として開かれることを願って作成されている。

断面パースの作成にあたっては、それぞれの建物の何をテーマとするか、これに沿ってパースの焦点やフレーム範囲を議論する。ハハ・ハウスでは、ハハ・ハウスとアニ・ハウスの関係を示すこと、ハハ・ハウスを主とすること、二つの家から通りを眺める方向とすることから、まちとの関係を示しつつ、それぞれの顔となる窓を内側から描き、通りとの関係を示すこととした。焦点は、平面的にはハハ・ハウスのリビングの真ん中、断面的にはかつアニ・ハウスの1階の床断面方向の中央とし、木合板の素材を示すことで、それぞれのワンルームとしてのインテリアの違いを見せつつ、家具の設えによって居場所を構成、それぞれの家の暮らしの特徴を、人や内装、外構の点景によって、伝えようとしている。

大船渡市民文化会館・市立図書館／リアスホール

新居千秋／新居千秋都市建築設計 ｜ 2008 ｜ Civic Cultural Center and Library / Hall ｜ 岩手・大船渡

2008年に完成した岩手県大船渡市民文化会館＋市立図書館（リアスホール）は、1100席の大ホールゾーンとファクトリーゾーン（図書館、マルチスペース、アトリエ、和室、茶室、スタジオなど）からなる複合文化施設である。大船渡市は東北地方の太平洋側の三陸海岸、リアス式海岸で知られ、漁業を中心とする、人口4万人のまち。リアスホールは、地域の人々を説得するのが、非常に大変だったと思われる人も多いかもしれない。しかし、この形は私たちが最初から提案したのではなく、地域の人々と話すプロセスの中でアイデアが出たもので、ワークショップは50回以上、自治体や技術者とも合わせて200回以上も会議をもち、こういう建築の形やプログラムにたどり着いた。コンペ後、「みんなで大船渡市民文化会館を創る会」を市民や役所の人と発足し、市内調査ツアーや、基本設計のワークショップ、機能や運営に関する検討会などを行った。ワークショップでは模型やパースを用いてコミュニケーションを図り、何か誇りに思えるものはありませんかと聞くと、住民の方々は「碁石とリアス式海岸しかない」という。あとはウニなどの食べものだということになり、みんなでワークショップを通して何回も話し合って、「地域の形」＝大船渡の形をどう表現するか話し合い、リアス式海岸・穴通し磯・海・空から、Design script をつくった。水に映る姿や夜に立ち上がる姿が、みんなの懐かしい未来をもった名所になっている。

穴通磯をイメージしたコンクリートの段が、高さ250㎜ずつずれながら、約27ｍまで登っていき、ある種の穴通し磯の内部空間のような迷宮を構成。この地域にしか存在しないオンリー・ワンの建築ができあがった。

切りとおし岩

穴通し磯

イメージスケッチ

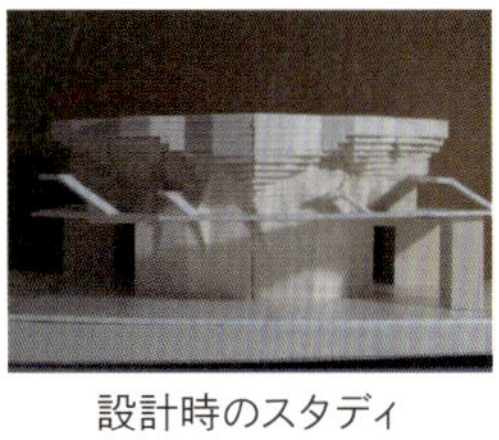

設計時のスタディ

地域独自の
オンリーワンの建築

市民ワークショップを通じて
地域の型・形が喚起されて、
デザインスクリプトが生まれ、
物語性ある地域独自のかた
ちへとつながっていく

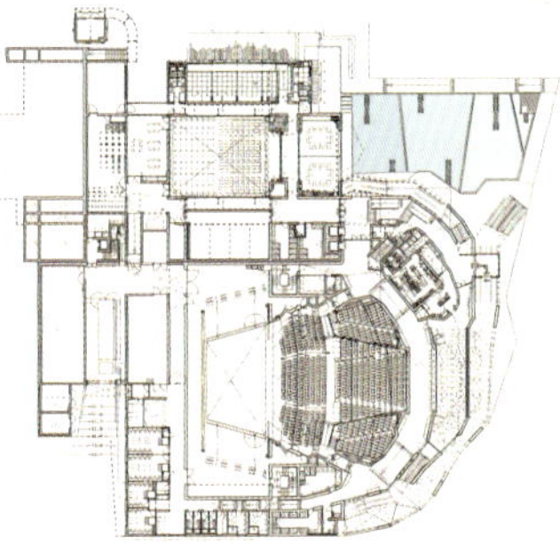

1階平面図

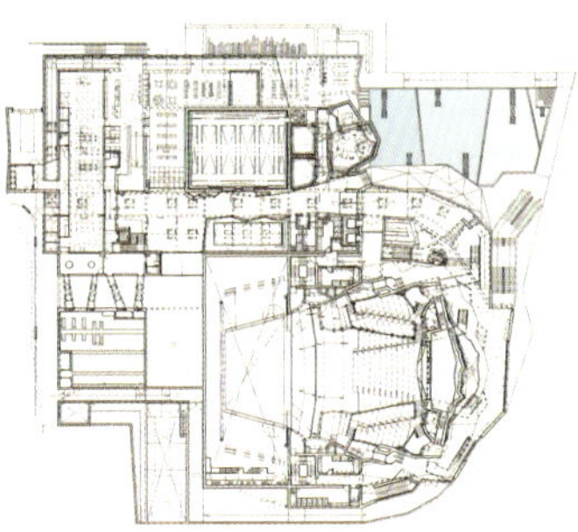

2階平面図

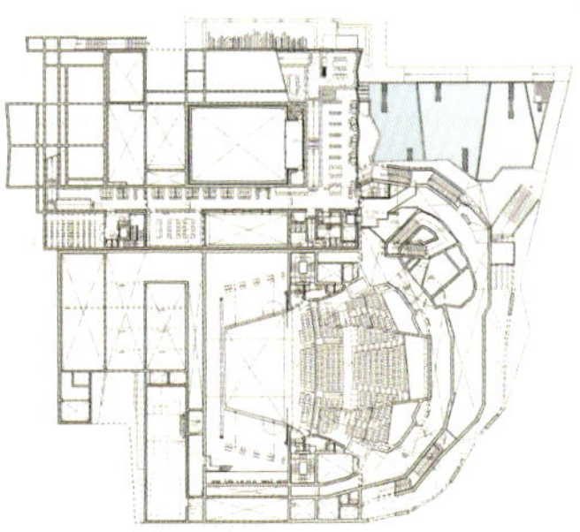

中2階平面図

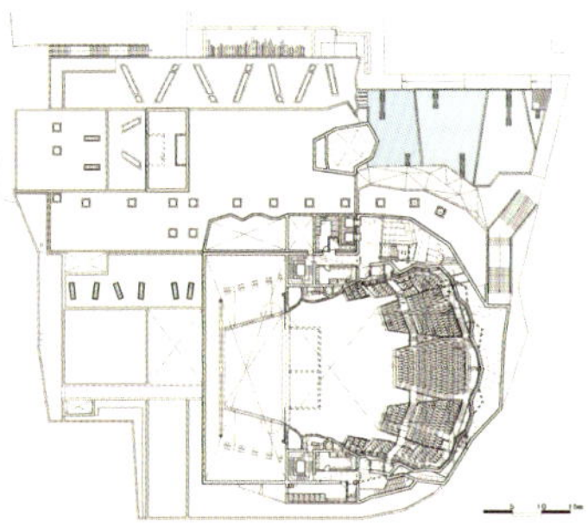

3階平面図

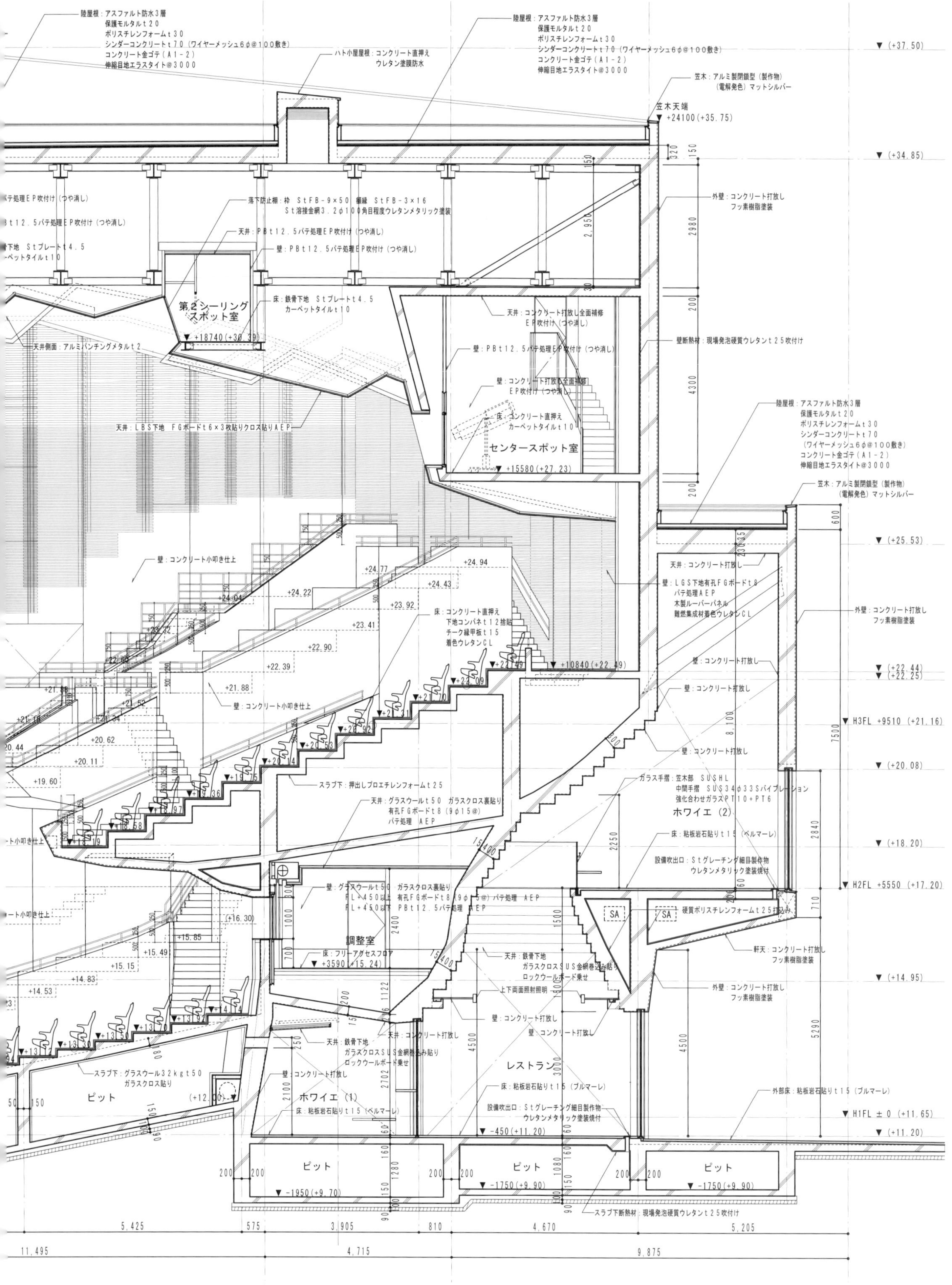
陸屋根：アスファルト防水３層
保護モルタルｔ２０
ポリスチレンフォームｔ３０
シンダーコンクリートｔ７０（ワイヤーメッシュ６φ＠１００敷き）
コンクリート金ゴテ（Ａ１－２）
伸縮目地エラスタイト＠３０００
ハト小屋屋根：コンクリート直押え
ウレタン塗膜防水
笠木：アルミ製閉鎖型（製作物）
（電解発色）マットシルバー
笠木天端
▼＋24100（+35.75）
▼（+37.50）
▼（+34.85）
外壁：コンクリート打放し
フッ素樹脂塗装
落下防止柵：枠　ＳｔＦＢ－９×５０　側縁　ＳｔＦＢ－３×１６
Ｓｔ溶接金網３．２φ１００角目程度ウレタンメタリック塗装
天井：ＰＢｔ１２．５パテ処理ＥＰ吹付け（つや消し）
壁：ＰＢｔ１２．５パテ処理ＥＰ吹付け（つや消し）
床：鉄骨下地　Ｓｔプレートｔ４．５
カーペットタイルｔ１０
第２シーリングスポット室
▼＋18740（+30.39）
天井側面：アルミパンチングメタルｔ２
天井：コンクリート打放し全面補修
ＥＰ吹付け（つや消し）
壁断熱材：現場発泡硬質ウレタンｔ２５吹付け
壁：ＰＢｔ１２．５パテ処理ＥＰ吹付け（つや消し）
壁：コンクリート打放し全面補修
ＥＰ吹付け（つや消し）
床：コンクリート直押え
カーペットタイルｔ１０
センタースポット室
▼＋15580（+27.23）
天井：ＬＢＳ下地　ＦＧボードｔ６×３枚貼りクロス貼りＡＥＰ
陸屋根：アスファルト防水３層
保護モルタルｔ２０
ポリスチレンフォームｔ３０
シンダーコンクリートｔ７０
（ワイヤーメッシュ６φ＠１００敷き）
コンクリート金ゴテ（Ａ１－２）
伸縮目地エラスタイト＠３０００
笠木：アルミ製閉鎖型（製作物）
（電解発色）マットシルバー
▼（+25.53）
壁：コンクリート小叩き仕上
天井：コンクリート打放し
壁：ＬＧＳ下地有孔ＦＧボードｔ８
パテ処理ＡＥＰ
木製ルーバーパネル
難燃集成材着色ウレタンＣＬ
外壁：コンクリート打放し
フッ素樹脂塗装
床：コンクリート直押え
下地コンパネｔ１２捨貼
チーク縁甲板ｔ１５
着色ウレタンＣＬ
▼＋10840（+22.49）
▼（+22.44）
▼（+22.25）
壁：コンクリート打放し
壁：コンクリート小叩き仕上
▼ H3FL ＋9510（+21.16）
▼（+20.08）
壁：コンクリート打放し
ガラス手摺：笠木部　ＳＵＳＨＬ
中間手摺　ＳＵＳ３４φ３３Ｓバイブレーション
強化合わせガラスＰＴ１０＋ＰＴ６
ホワイエ（2）
スラブ下：押出しポリエチレンフォームｔ２５
天井：グラスウールｔ５０　ガラスクロス裏貼り
有孔ＦＧボードｔ８（９φ１５＠）
パテ処理　ＡＥＰ
床：粘板岩石貼りｔ１５（ベルマーレ）
▼（+18.20）
設備吹出口：Ｓｔグレーチング細目製作物
ウレタンメタリック塗装焼付
▼ H2FL ＋5550（+17.20）
壁：グラスウールｔ５０　ガラスクロス裏貼り
ＦＬ＋４５０以上　有孔ＦＧボードｔ８（９φ１５＠）パテ処理　ＡＥＰ
ＦＬ＋４５０以下　ＰＢｔ１２．５パテ処理　ＡＥＰ
調整室
床：フリーアクセスフロア
▼＋3590（+15.24）
硬質ポリスチレンフォームｔ２５打込み
軒天：コンクリート打放し
フッ素樹脂塗装
天井：鉄骨下地
ガラスクロスＳＵＳ金網巻込み貼り
ロックウールボード乗せ
▼（+14.95）
外壁：コンクリート打放し
フッ素樹脂塗装
上下両面照射照明
壁：コンクリート打放し
壁：コンクリート打放し
天井：鉄骨下地
ガラスクロスＳＵＳ金網巻込み貼り
ロックウールボード乗せ
天井：コンクリート打放し
壁：コンクリート打放し
スラブ下：グラスウール３２ｋｇｔ５０
ガラスクロス貼り
ピット
ホワイエ（1）
床：粘板岩石貼りｔ１５（ベルマーレ）
レストラン
床：粘板岩石貼りｔ１５（ブルマーレ）
設備吹出口：Ｓｔグレーチング細目製作物
ウレタンメタリック塗装焼付
▼－450（+11.20）
外部床：粘板岩石貼りｔ１５（ブルマーレ）
▼ H1FL ±０（+11.65）
▼（+11.20）
ピット
▼－1950（+9.70）
ピット
▼－1750（+9.90）
ピット
▼－1750（+9.90）
スラブ下断熱材：現場発泡硬質ウレタンｔ２５吹付け
5,425
575
3,905
810
4,670
5,205
11,495
4,715
9,875

矩計図1

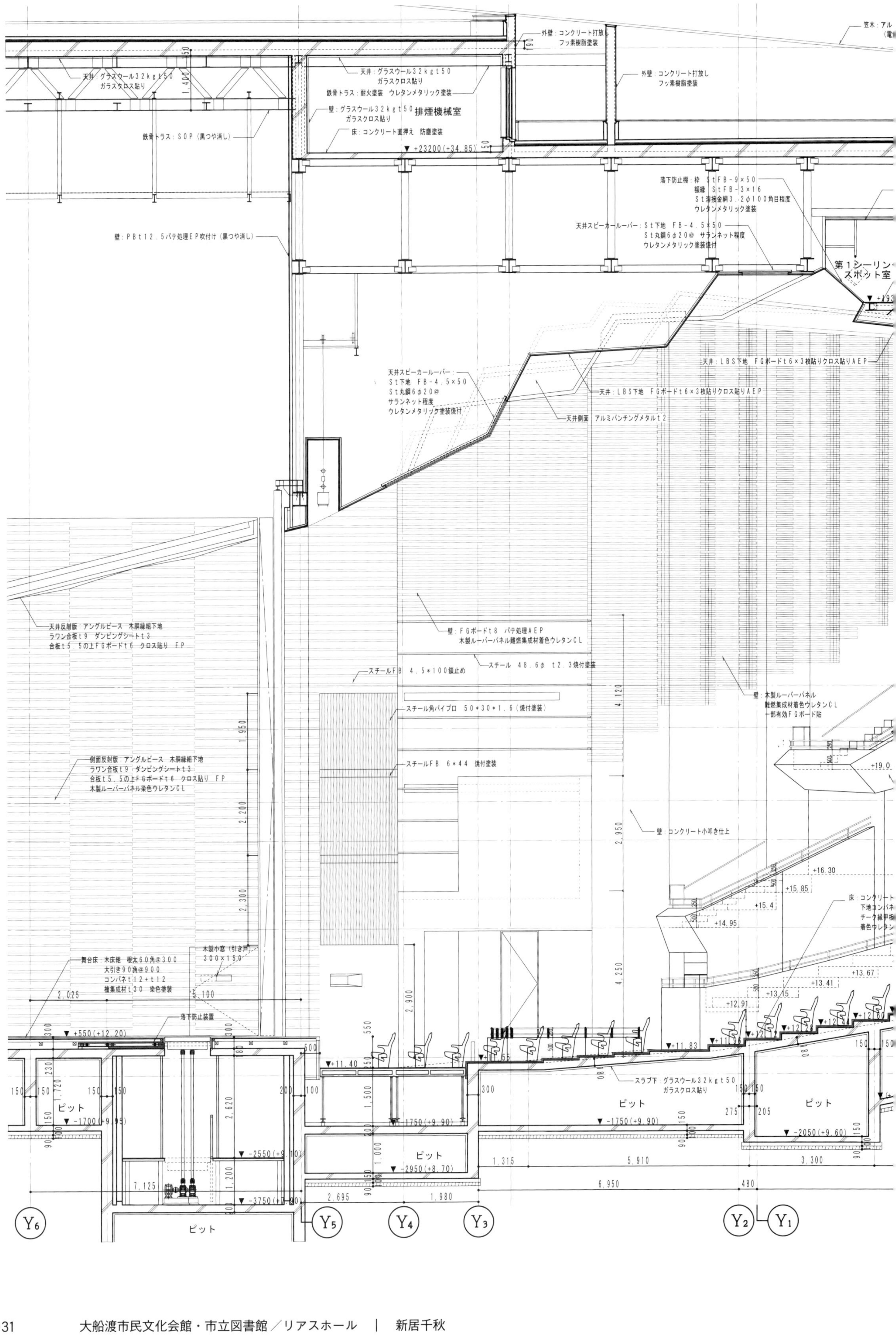
外壁：コンクリート打放し
フッ素樹脂塗装
天井：グラスウール32kgt50
ガラスクロス貼り
鉄骨トラス：耐火塗装　ウレタンメタリック塗装
壁：グラスウール32kgt50
ガラスクロス貼り
排煙機械室
床：コンクリート直押え　防塵塗装
鉄骨トラス：SOP（黒つや消し）
+23200（+34.85）
落下防止柵：枠　StFB－9×50
額縁　StFB－3×16
St溶接金網3.2φ100角目程度
ウレタンメタリック塗装
天井スピーカールーバー：St下地　FB－4.5×50
St丸鋼6φ20＠　サランネット程度
ウレタンメタリック塗装焼付
壁：PBt12.5パテ処理EP吹付け（黒つや消し）
第1シーリングスポット室
天井：LBS下地　FGボードt6×3枚貼りクロス貼りAEP
天井スピーカールーバー：
St下地　FB－4.5×50
St丸鋼6φ20＠
サランネット程度
ウレタンメタリック塗装焼付
天井：LBS下地　FGボードt6×3枚貼りクロス貼りAEP
天井側面　アルミパンチングメタルt2
天井反射版：アングルピース　木胴縁組下地
ラワン合板t9　ダンピングシートt3
合板t5.5の上FGボードt6　クロス貼り　FP
壁：FGボードt8　パテ処理AEP
木製ルーバーパネル難燃集成材着色ウレタンCL
スチール　48.6φ　t2.3焼付塗装
スチールFB　4.5＊100鎖止め
スチール角パイプロ　50＊30＊1.6（焼付塗装）
壁：木製ルーバーパネル
難燃集成材着色ウレタンCL
一部有効FGボード貼
側面反射版：アングルピース　木胴縁組下地
ラワン合板t9　ダンピングシートt3
合板t5.5の上FGボードt6　クロス貼り　FP
木製ルーバーパネル染色ウレタンCL
スチールFB　6＊44　焼付塗装
壁：コンクリート小叩き仕上
+16.30
+15.85
+15.4
+14.95
+13.67
+13.41
+13.15
+12.91
木製小窓（引き戸）
300×150
舞台床：木床組　根太60角＠300
大引き90角＠900
コンパネt12＋t12
檜集成材t30　染色塗装
落下防止装置
+550（+12.20）
+11.40
+11.83
スラブ下：グラスウール32kgt50
ガラスクロス貼り
ピット
−1700（+9.95）
−1750（+9.90）
−1750（+9.90）
−2050（+9.60）
−2550（+9.10）
−2950（+8.70）
−3750（+7.90）
7,125
2,695
1,980
6,950
480
1,315
5,910
3,300
2,025
5,100
Y6
Y5
Y4
Y3
Y2
Y1

設計段階での検討

ワークショップを通して大船渡の形をどう表現するか話し合い、穴通し磯をイメージした Design script からコンクリートによる迷宮のような構成となった。

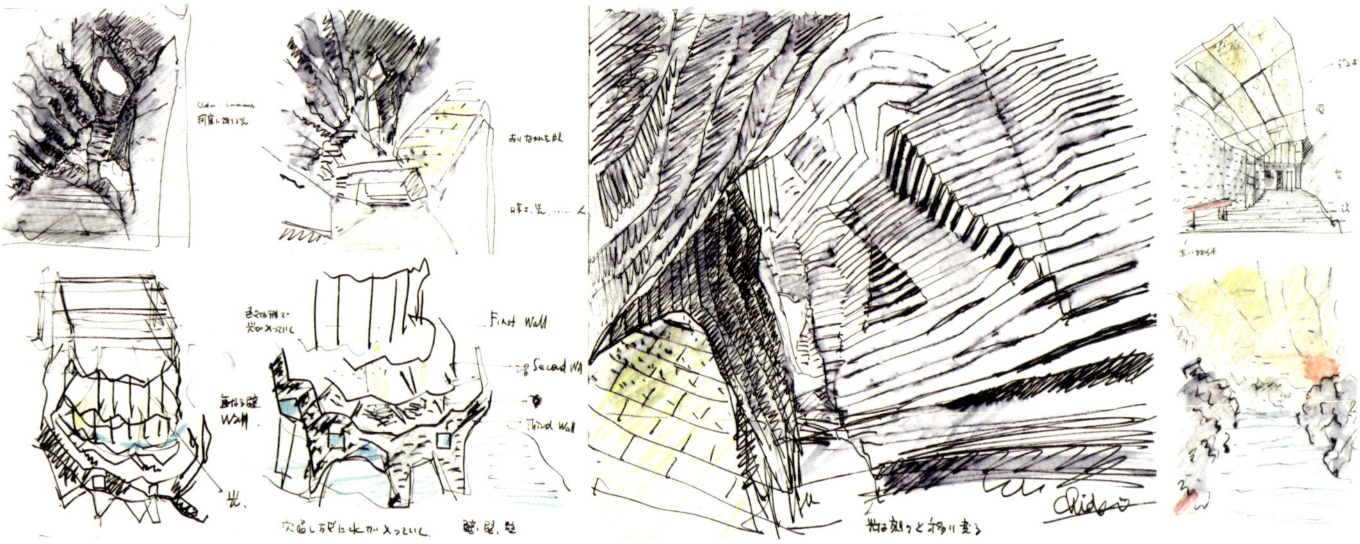

新居によるスケッチ　市民のワークショップから出た穴通し磯

断面展開の検討

どこを切っても違う断面となる複雑な空間なので、上下階までつながった断面展開図を作成し、検討を行った。

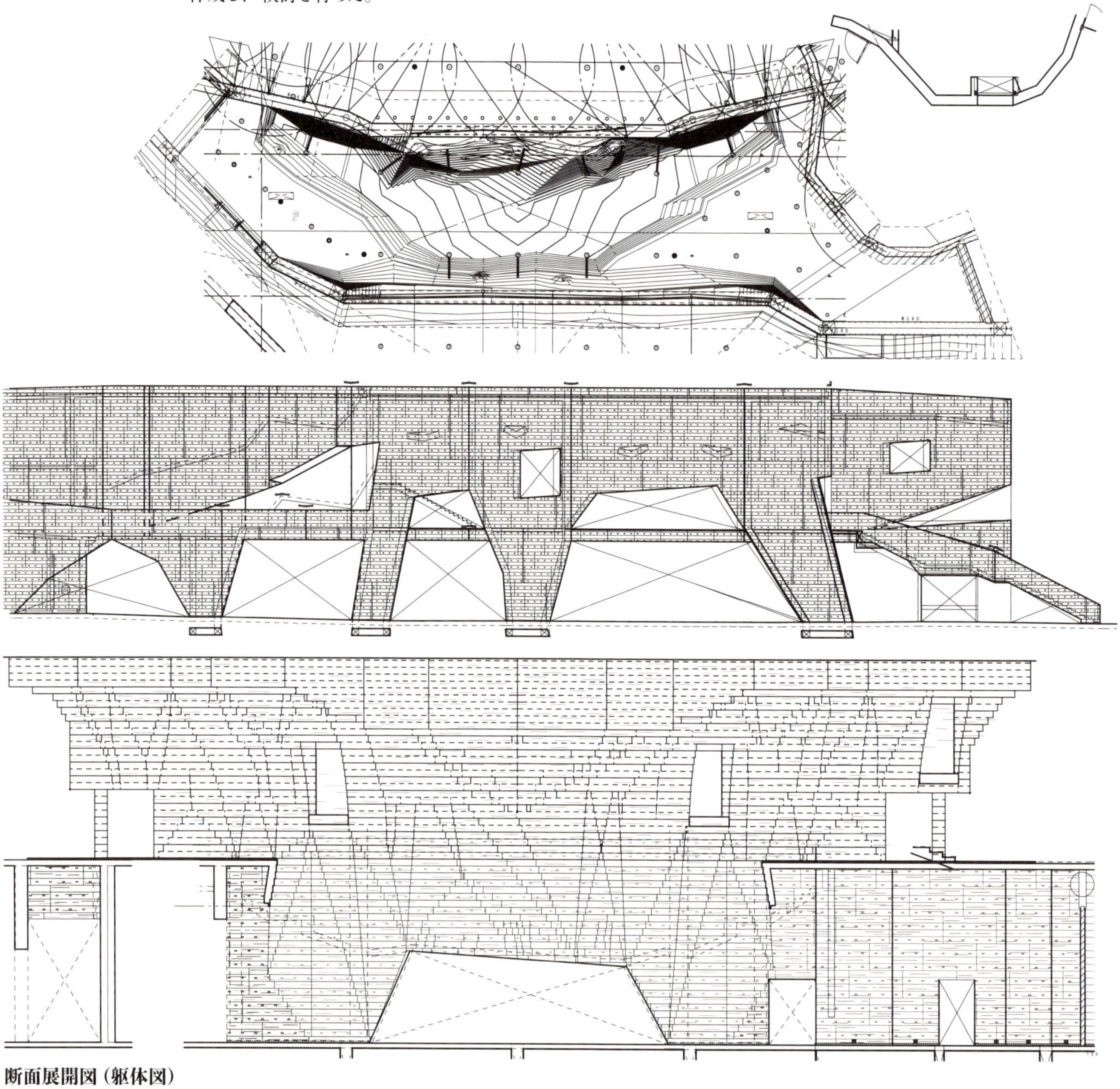

断面展開図（躯体図）

構造まで一貫した3Dによる検討

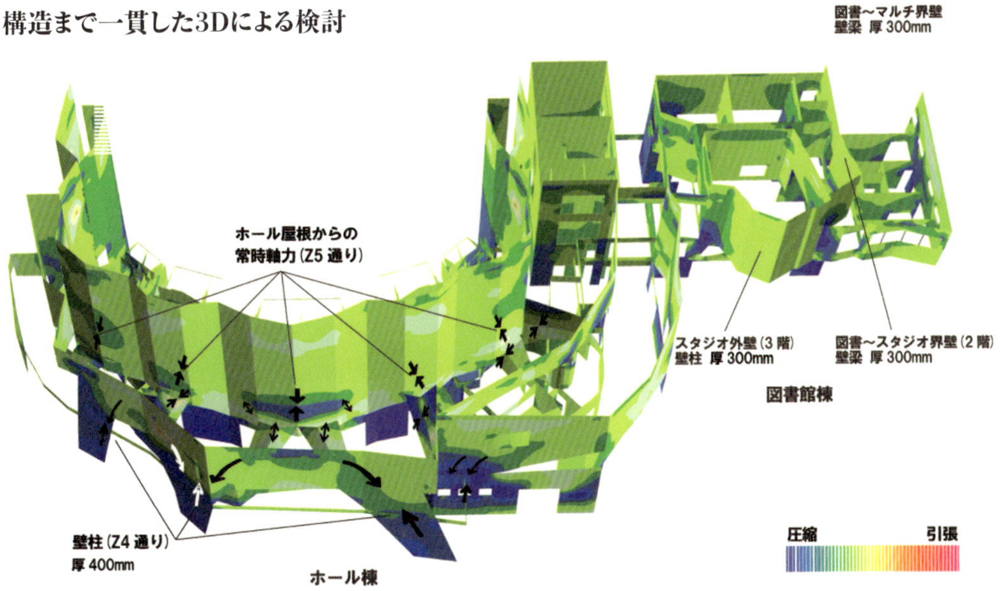

ホール外皮と内皮の壁(遮音・振動に効果的な厚さ400mm)を不均質かつ立体的に連続化させることでホール空間の骨格を形成すると同時に、図書スペースの上下階の内皮と外皮も立体的に一体化することで、図書館空間の無柱化を実現。完成したリアスホールの骨格が重力および地震力に対して自然で安定した構造であるかを、連続的な力の流れを彩色分布で可視化できるFEM解析によって確認。

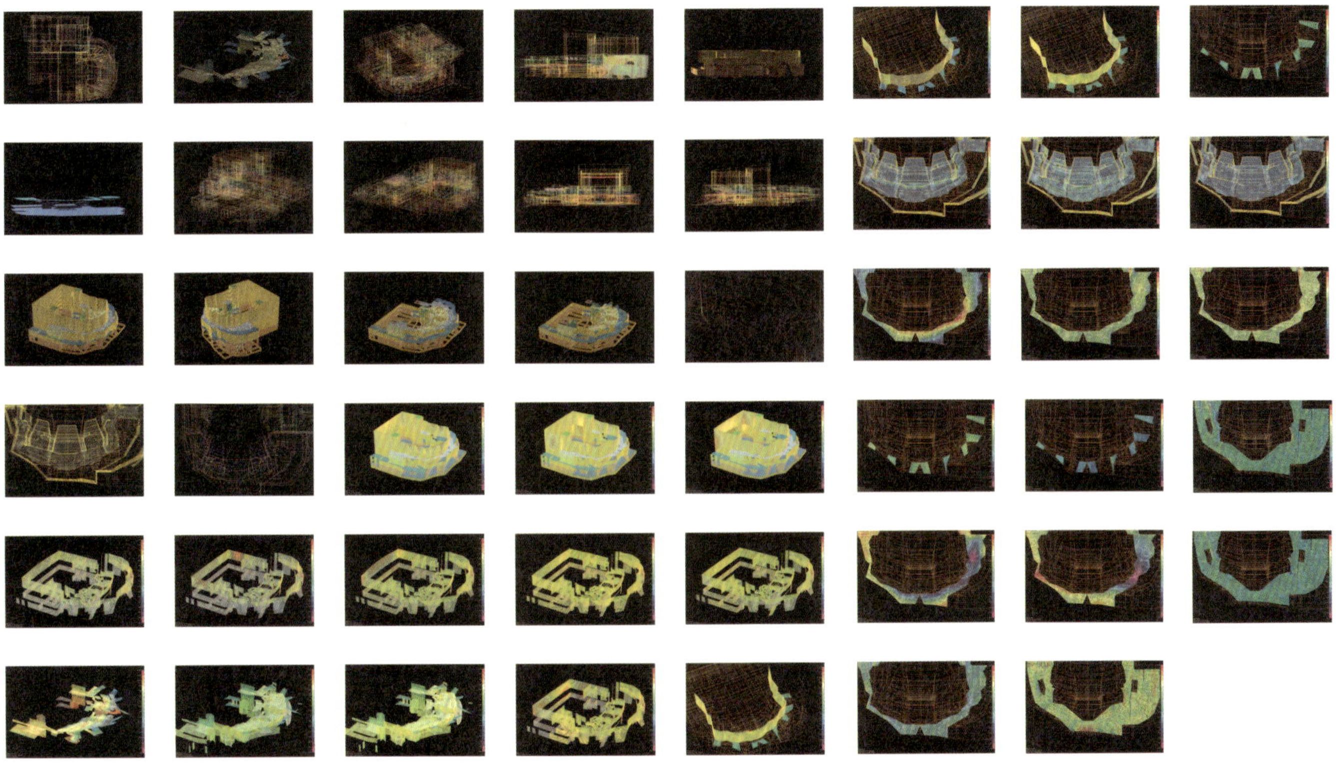

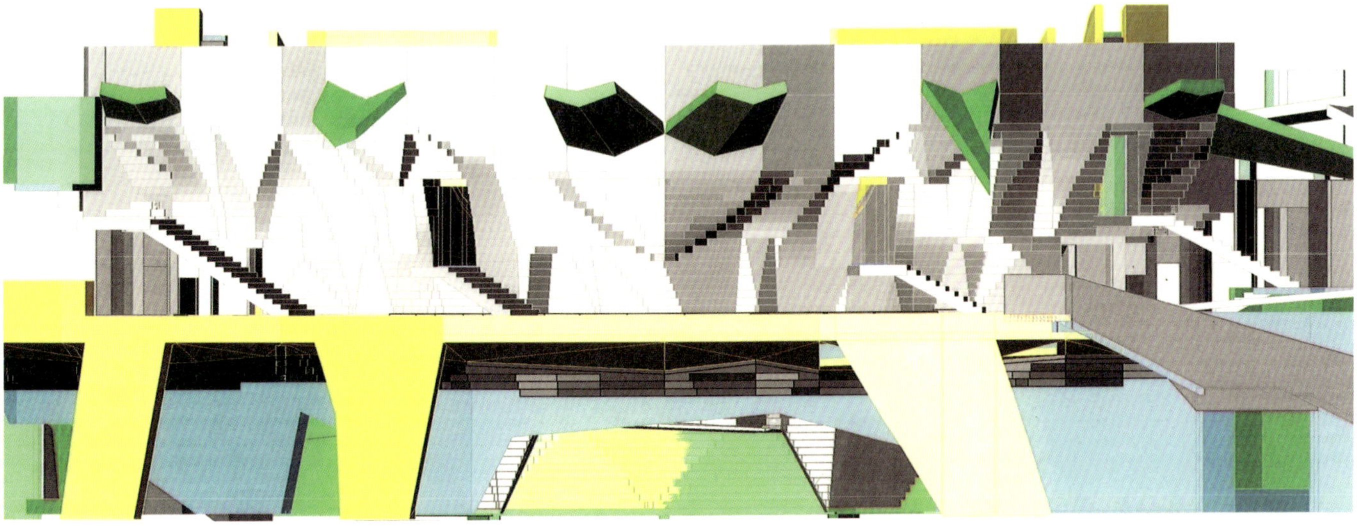

断面展開図(3Dモデル)

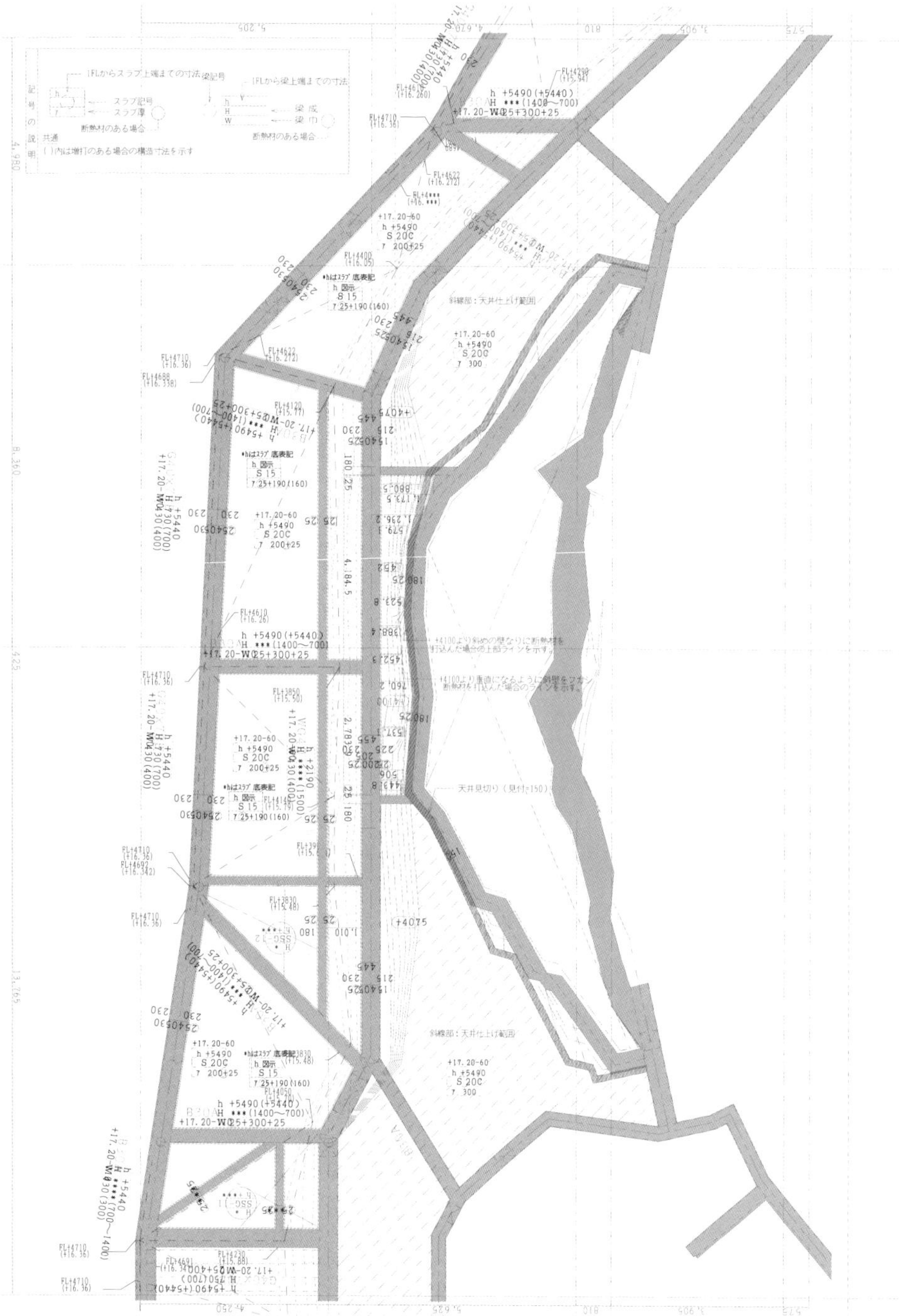

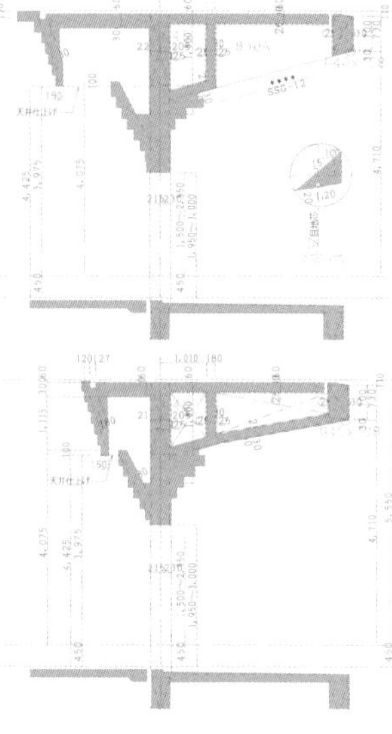

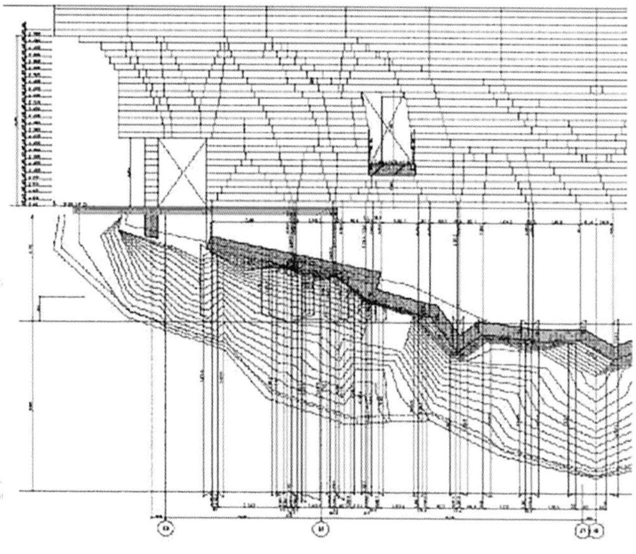

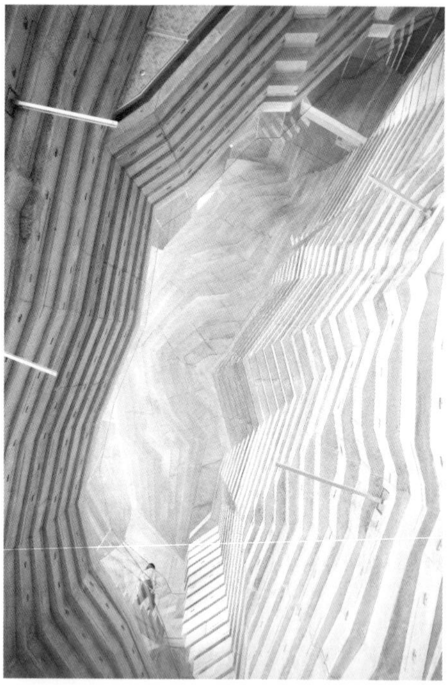

三次元に変化する段々壁を、225㎜の高さごとに平面図と立面図を一枚に並べた等高線図のような施工図。この施工図をもとに、作業所で模型を作成して（基本的に段々部全数）、形状等の整合性を確認後、容易に部位・形状を確認し合い、スムーズに施工が行えるようにした。

施工段階での検討

穴通し磯形状壁面は縦方向に225㎜間隔で段差がつき、上方に向かって内側に傾斜している。型枠部分には段差の形成に発泡アンコ材を用いて施工性や精度の確保を行った。アンコ材はビーズ法ポリスチレン（EPS）の表面に、厚さ3㎜のコーティングベニヤを張り付けたものを積み上げることで、微妙な段差を形成を可能にした。

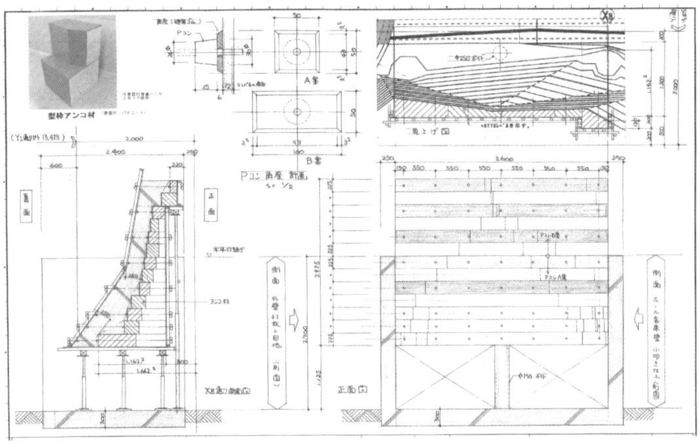

別図1

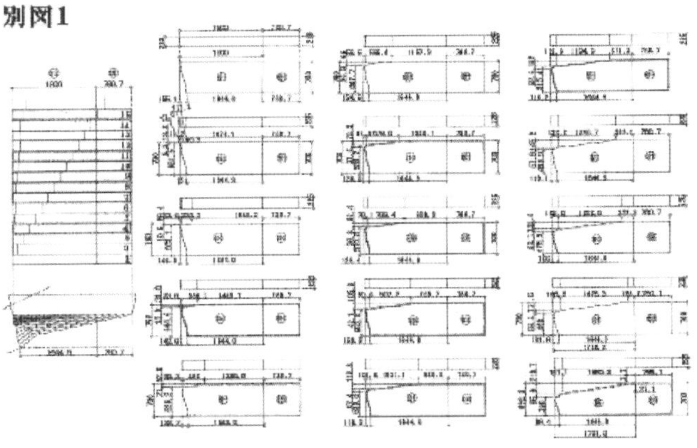

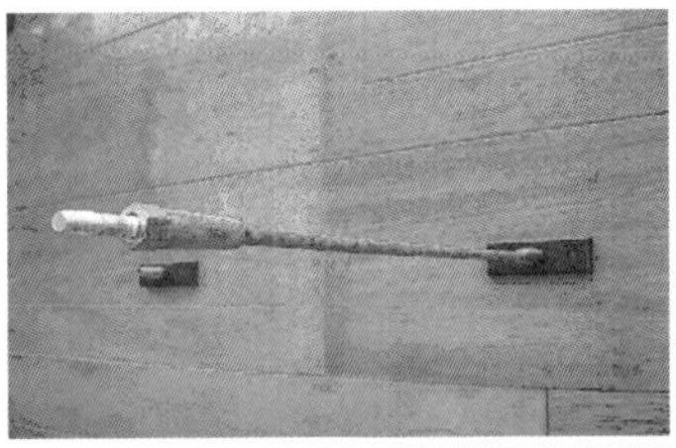

照明計画

段々状や折板状の壁や天井、その表面の出目地や四角いPコン（各座）などのダイナミックで立体的なコンクリートの表情を豊かにする照明計画や空を漂う雲をイメージし、金網天井照明により繊細なムラや浮遊感を実現。

エントランス・ホワイエ 金網天井照明

空に漂う雲を表現した天井照明である。ステンレスネットでファイバーグラスをはさみ、その上部にHfトラフ型蛍光灯（電球色）を天井面の離隔を適正に保ち設置することで、繊細なムラと浮遊感を表現した。

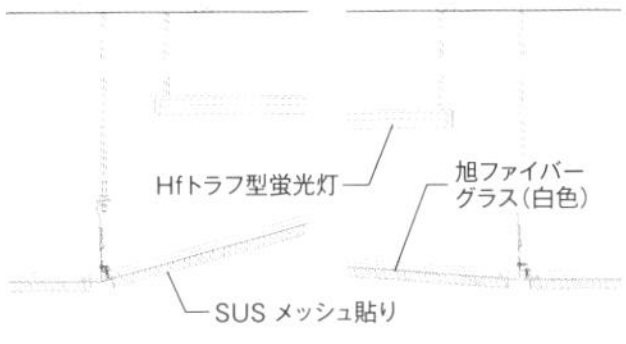

金網天井照明図

ホワイエ2　V字断面梁上部 設置照明+壁面埋込照明

バットレスV梁上には、空間の大きさや立体感を表現するために、広範囲にやわらかなライトアップが可能な、Hfトラフ型蛍光灯を設置している。また、アクセントライトとしてコンクリート壁面埋込灯、フットライトなどを配置する計画とした。

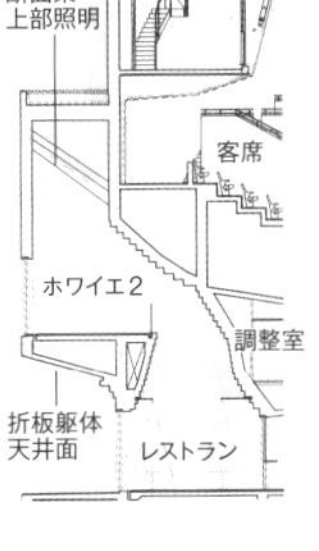

断面図

レストラン　段々壁面ライトアップ +テーブル用一体型アクリル照明

2種類のLEDをアクリル素材と組み合わせることで、リアス海岸の力強い空間を表現した躯体のライトアップとテーブル面の照度確保を両立させ、器具自体のシルエットも従来にない透明度が高く、シャープなものとした。ライトアップに用いたLEDは小型のチップを組み合わせたものであり、器具長を自由に設計することが可能である。

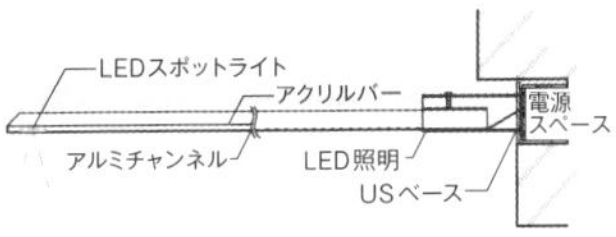

レストランアクリル照明図

レストラン外部ピロティ 折板躯体天井面ライトアップ照明

小型のLEDを棒状のケースに収めた器具を用いて、躯体がもつ折板状の立体感と繊細なリブを浮き上がらせている。LED照明は小さく発熱も少ないため、躯体に密着させて使用することが可能で、この用途には適していた。

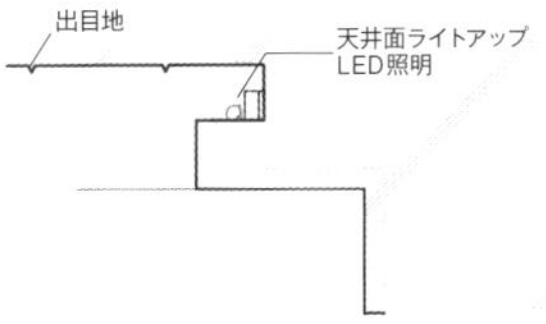

躯体天井面ライトアップ照明図

私は矩計を書いたことがあったか（新居千秋）

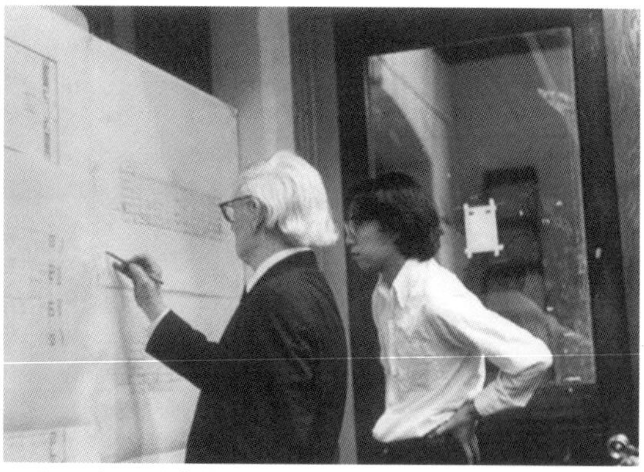

ルイス・カーンと新居

記憶を辿ると、武蔵工業大学（現・東京都市大学）の学生だった頃、広瀬鎌二と三宅敏郎の授業でディテールの考え方や伝統のディテール、そしてモデュール等々について学んだ。

とくに三宅教授の授業はかなりきつい授業で、年間六十枚くらいの断面矩計や平面詳細図を、鉄筋コンクリート・鉄骨・プレキャストとの納まり・設備機械との取り合いを書いた。また神戸政太郎講師からは木造の納まり、ほぞ、込栓等々を学んだ。のちの「コーマン邸」（ルイス・カーンの最晩年の作品）の階段はこのときの知識だけで書けたが、外部で階段を仮組みしてしまったために、ホゾのディテール等々が影響して、屋根を外して入れたと聞いた。棒矩計（短断面が多かった）や柱と柱の間を1／20の位置くらいにまとめて書く等の課題があったが、週に何回も近所のいろいろな現場を見学し、写真を撮り九十枚くらい図面化したので、三宅教授から半年で「平面詳細図は免許皆伝だ」といわれた。このときの経験でいまでも矩計や細かいディテールをつくることができる。こういう教えはオランダやドイツ等ではいまでもあるが、洋の東西を問わずあまりされなくなった。武蔵工大が中級技術者育成校だといわれていた時代であった。

ペンシルベニア大学やイギリスではまったく矩計等の授業はなかった。ルイス・カーンの事務所でも矩計図的なものはほとんど書かなかったし、書いていた人を見たことがない。私が日本に持って帰ったエグゼターの実施図にも、そのようなものは見当たらない。きわめて詳細な平面図、躯体部分にはマイラー（トレペより少し厚く青い色をして丈夫なもの）の後から色を塗り、天伏図には詳細に設備の配管、ダクトの納め、曲げ方等々書き込み、膨大な量の部分部分の平／立／断における詳細図があり、コンセントの位置、コンセントの見えがかりまで詳細に書いてある。実際入所当初、私はEV7（エレクトリックバルブ）をEV5に、そしてまた変更があり、EV7に戻すという仕事を3週間くらい行った。A0のマイラーにポールメロンセンターの部屋100以上のコンセントとパネル打ち込みのボックスを調整することが、最初の仕事であった。また、アーティキュレーションを大事とするカーンは細部の構成にものすごくこだわった。窓台とサッシの納まり、水切り板の出し方に関しても、「ポールメロンセンター」の水切り板のスタディだけで毎日1～2時間くらい6か月間やった記憶がある。イギリスにいたとき、ノーマン・フォスターのイーストアングリア大学の美術館（セインズベリー視覚芸術センター）のプロジェクトに何回か誘われた。そのときの彼らのスタディは矩計でなく「断面アクソメ」の中に、ビス一本一本の止め方やパネルと他の取り合いが書いてあり、原寸模型でさらにチェックしていた。カーンとフォスターの、建物に対する違ったアプローチのアーティキュレーションやディテールの単純化を見た。思考方向は違うが共通するところがあったように思う。

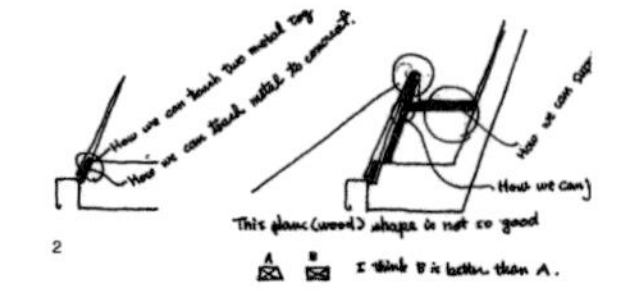

ポールメロンセンターの水切り板のスケッチ

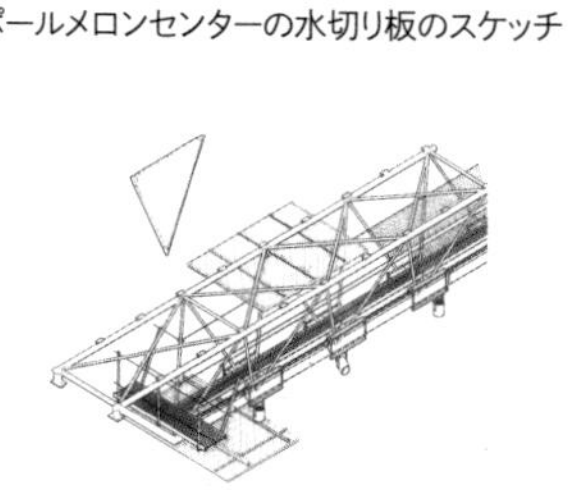

ノーマン・フォスターの断面アクソメ

1980年に自分の事務所を開いてからも、自分で矩計図を書いたり検討したりしたことはないと思う。内藤廣のように単断面連続立体でつくる建築家と違い、私の建物は複雑になっている。それはワークショップ等でどんどん市民の意見を聞きより複雑となっていくので2、3の矩計図ではどこだかもわからない、特別なアーティキュレーションをもつ部分が書き切れない。

その代わりカーンの事務所×私の手法として、1層だけでなくつながりのある部分は上下（あるいは上の上、下の下）まで全部書くという断面展開図、平面との取り合い、家具との関係を詳細に書くことにしている。事務所ではいまでも実寸の家具、建具をつくって納まりを検討し、内部空間と外部空間を統合させることをめざしている。図面のチェックも内寸＝使い勝手を優先し、外部に露出する。最後には芯計算になるが、その前に何度も内寸を確認した上で、もう一度寸法を割り戻す。私にとって建築空間の身体性は不可欠だと思う。

また私たちの事務所では1992年に当時500万円のマッキントッシュを導入し、「黒部市国際文化センター／コラーレ」では、3Dでしか解けない複雑な設計を行い、ウォークスルーのムービーをつくった。その後の「大船渡」を経て「由利本荘市文化交流館カダーレ」は「大船渡」と設計時期が1年違っているが、ここでは立体的な座標点によりすべてを定義し、構造、設備まで3Dモデリングすることで、施工の検討も同時に行った。柱や梁といった構造的な区別がなく、マングローブの根のような形の全体で解かれている。ワークショップを続ける中、

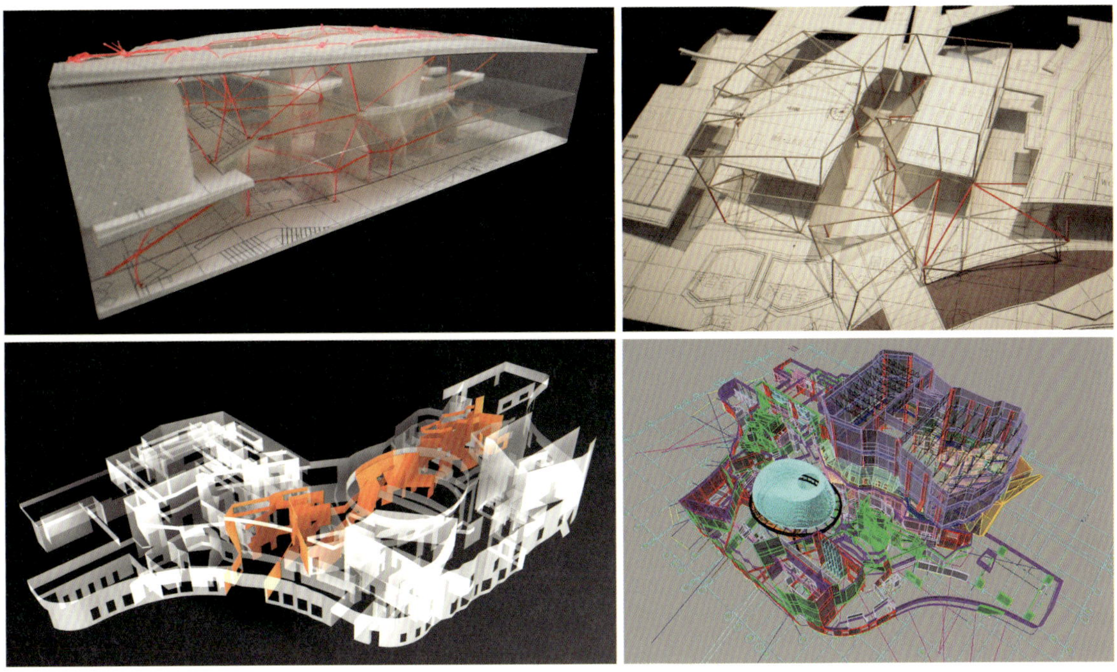

部屋の大きさ、廊下のあり方など、さまざまな要望を取り入れ、1階と2階の平面がずれていくこともあるが、高度な構造解析によりそのずれを逆にデザインにも生かしつつ、みんなが使いやすい平面を実現した。祖先「黒部」、父「大船渡」、母「由利本荘」から、二次元の図面で表現しきれない複雑な空間を、模型や3Dモデルを駆使し、まとめあげる検討方法が確立し、その子どもたち「江南区文化会館」・「秋葉区文化会館」、そしてその後の建物へとつながっていった。

ときどき歴史家・評論家の五十嵐太郎から「今回の新居の建築の立面は弱い」などと評されることがあるが、それは内部の力が外に出る際に、うまくまとめられなかったときや、途中で予算が削られて内部の構築する力が外に表現することができなかったときだ。また、私はエドウィン・ラチェンスのようにその部屋(Room＝空間)ごとに中に入る人が感動してくれ、廊下でも曲がるところ、その前とその先で何か変化するJazzyな空間づくりをめざしているからだ。なるべく均質にならないように毎日考え、使い勝手の違う部屋ごとに展開、天井伏、窓等すべて追いながらコストも考えてデザインをしている。かなり詳細な部分まで断面展開を他の建築家の何倍も書く、また私は空間を連続的に輪切りにするようなプロセスを頭の中でやれ、とくに大事なアーティキュレーションのある部分を立体的に構成することができる。たとえばコンピュータを駆使し天空率の計算をしている所員の後ろに立ち、どこをどうすれば建築の形がうまく納まってより高くできるか指摘したりしているが、所員には私のいったことが正しいと不思議がられている。また記憶力は抜群にいい方なので、5〜6までの建物ならその建物の現場が動いている間は実施図の数値・納まりを覚えていられる。

事務所内で誰が矩計図を書いているかというと、担当が書いていない場合もある。ここを書けと指示するということもない。膨大にスタディした図の中でこの断面が一番伝達しやすいとなったものが、結果、矩計図になっている。「大船渡」でも六五四枚の図面のうち、矩計図はわずか二枚しかない。そういう時代だと思うので、事務所のそれぞれの年代の人の矩計感を書いてもらうことにした。何かの参考になると思う。

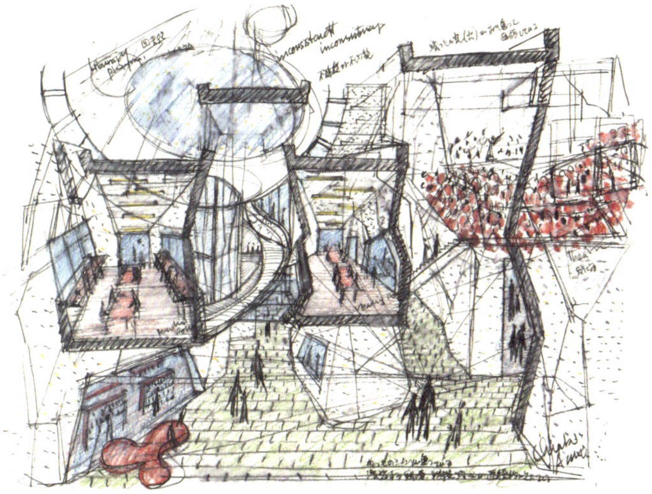

僕の頭の中の連続するシーン。こういう図を何回も書いてディスカッションし、それぞれはシンプルな平／断の関係を複雑なものにしていく

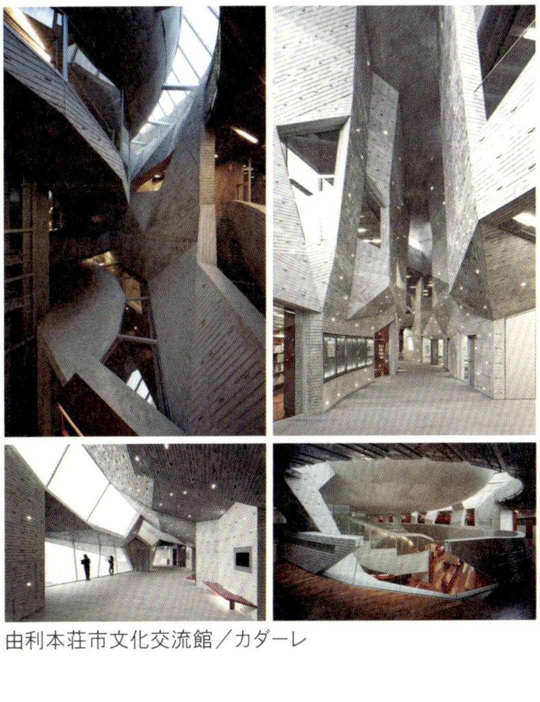

由利本荘市文化交流館／カダーレ

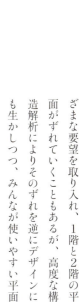

どこを切っても矩計図（吉崎良一）

矩計図は建築の垂直方向の情報を、1／20等にして建物高さ・床レベル・天井高その他に基礎・壁・床・柱等・構造要素を入れ込み、屋根の仕上げ・防水工法や天井・床の仕上げとその下地の材質や厚み等の寸法を書き入れた図面である。屋根や外壁の種類・下地・断熱材の種類や寸法や開口部のサッシの納まりや枠廻りの納まりまでの情報を入れ込む木造住宅や、小規模建築、単断面図連続立体の建築には、現代でも垂直的情報を総合的に伝達するには有効だが、多様化した空間構成を設計し解析可能な現代に、矩計図がこれまでの役割を果たすか疑問である。図面も手書きから3Dツールへ移行し、断面図や展開図に矩計レベルの情報を盛り込むことが可能で、スケールごとの役割がなくなり、自由に表現できる。こうしたツールを活用した多様な空間構成の設計において、数枚の矩計図で必要な情報を表現することは難しい時代になっている。しかしながら、設計図の構成や設計図の契約図書は二次元の図のみで、建築現場も二次元の図面から施工図を起こし職人の手でつくるものが、いまだ大半を占める。設計図書としては、矩計図と同等の情報をデータ上は入れながらも、代表的な空間を矩計図として表現しきれない多様な空間情報は詳細図集で補い、キープランにナンバリングし、空間の異なった詳細図を付けている。現場に入ってから施工者とデータ共有し、各図面から矩計図と同等の情報が読み取れるようにしている。建築家・新居千秋は平面スケッチの段階から空間をイメージしている。それを各担当が模型や3D化しながらイメージを共有していく。多様なすべての空間に矩計図と同等の情報を入れながら設計していく。各担当が、空間ごとのディテールを、創造・提案できる力量をもっていることも重要である。建築の多様な空間をつくるために新居千秋の考えている矩計図とは、設計図の「どこを切っても矩計図」なのだと思う。「大船渡市民文化会館」・「由利本荘市文化交流館」・「新潟市江南区文化会館」・「新潟市秋葉区文化会館」等が、3Dも活用しながら矩計図的な情報を蓄積しつくりあげている。

65歳　武蔵工業大学卒　大学で新居に指導を受け卒業以来当社勤続。図面も手書きで積算も手拾いだが、時代変化はわかる。

秋葉区文化会館（新潟市）

百建百様の手紙（濱松千晶）

矩計は「物差し」を意味し、その矩計を図にしたものが矩計図である。それは建築の一部しか表現できないが、どういう空間を実現したいか、どういう技術的な難易度があるかなど、設計者の思いを込めた関係者や施工者への手紙のようなものである。あえて手紙という表現を使うのは、出してもいいし、出さなくてもいいが、出さないとその建築の一番大切な骨格を伝えられないという意味である。また手紙は、相手に大事なことを伝えるために自問自答し、見直し、推敲を重ねる。矩計図はそういう類の設計者が一番推敲を重ねるものであり建築の基準となるものだ。いうまでもなく建物の建設には工法、素材、施工手順など相互の関係性が大切であり、そこに設計者の適切な意図が用意されていない建築は無味乾燥な空間となり、質のよい建築にならない。多くの関係性の中から大切なものを選り抜き示すのが矩計図の役割であり、それは百建百様である。

12年前に担当した「江南区文化会館」はこの矩計図のあり方の変化を考えるよい機会となった。模型でイメージを共有し、3DCAD主動で実施設計を進めたプロジェクトである。傾いた壁に斜めに取り付くサッシのダキ寸法や壁のフカシ寸法などを3DCADで確認しながらサッシや躯体の形状を決めていき、また、複雑に絡み合う躯体が施工できる相互距離を保てているか、設備ルートに支障がないかなど各関連性を3Dで検証した。三次元の建物を三次元のまま設計し、その3Dデータが施工者にわたり、施工の視点で肉付けされ施工図に落とし込まれた。これからは従来型の二次元の設計図だけではなく、建物の性質に応じて設計者が手紙の出し方を取捨選択する時代になると当時感じた。

建築の大事な部分や設計の意図を示す「物差し」としての役割や、工法、素材、施工等の関係性、設計時点の時代性など、まさにその瞬間の建築設計の枠を断面として切って情報を集約して伝えるために、矩計図は今後も大きな役割を担うと思われるが、それは二次元図面に落とし込むものに限らず、三次元データなどその伝え方においても建物ごと百建百様の進化があるべきと思う。

47歳　多摩美術大学卒　経験年数24年　江南区文化会館担当

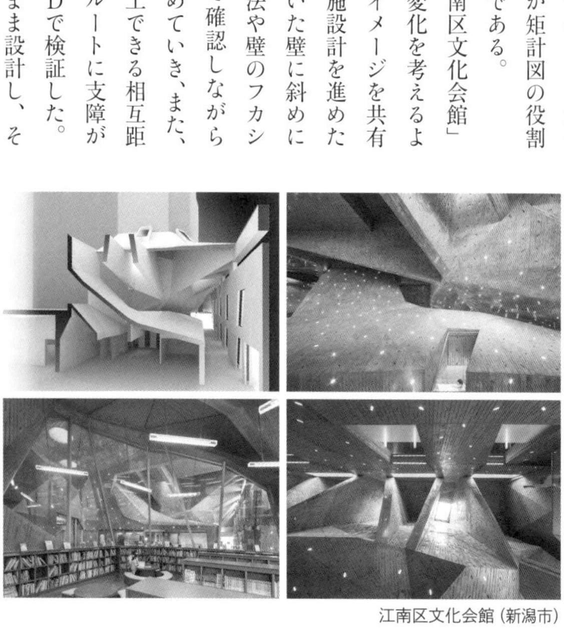

江南区文化会館（新潟市）

空間を描くドローイングとしての矩計図（田村賢太）

私が矩計図にまともに触れたのは実務をはじめてからだと思う。学生時代は矩計図にあまり興味はなく、断面図は白抜きか黒塗りで描くものだった。二次元の平面図・断面図や模型でのスタディが基本で、それで表現しきれないものは3DCADでモデリングして断面を切り出していた。建築がどう存在するべきか、それを他者にどう伝えるかがまず重要で、材料・納まり等の技術面は実務で深めなさいという教育だったと思っている。その中で出会い好きだった本に『ボザール建築図集』がある。そのドローイングでは切断面は白く抜かれているが、断面線は非常に精密で刳形まで描かれ見えがかりは美しいグラデーションで着彩されていて、立体が浮かび上がり空間の雰囲気が伝わってくる。それが強く印象に残っていた。

その一方、大学院になると『コネクションズ』というハイテック建築の構法の本や広瀬鎌二の鉄骨造などに興味をもつようになったがリアリティがないままであった。

実務に携わるうちに空間と構法のつながりが矩計図に現れていると気づき、いろいろな矩計図を見るようになった。何となく魅力的なもの、そうでないものがあると思っていたが、いま考えるとその差は空間の姿を伝える「絵」としての魅力の差でないかと思う。棒矩計や枠廻り詳細、構造設備等の技術的表現だけでは不足で、部分の詳細と空間の全体像が同時に描かれたドローイングにより、建築が地面に接し天空とつながり、人間の居場所をつくり、重力に抗って存在する姿を紙の上と頭の中に同時に描いていく。3DCAD等の助けを最大限借りたとしても、必要なことはボザールの時代と変わらないのではと思う。

ただし、私たちの設計手法で違うのは、各階通しの構造体グリッドが先にあるのではなく、機能の欲望にしたがって生まれる各階平面図から断面図をいくつも描き、上下階の調停を図りながら構造体をつないでいくことだと思う。構造が平面図にしたがう部分とその逆の部分を、コストも考えつつうまくバランスし空間を構成する。上下階がずれた部分にディテールが生まれ、空間が特徴づいていく。そんな魅力的な空間の姿を、時間が許す限り何枚も描ければ必ずよい建築が建ちあがると信じている。

32歳　京都大学大学院卒　経験年数8年　浜寺小学校・緑の森公園保育所担当チーフ

上段：浜寺小学校（堺市）　下段：緑の森公園保育所（越谷市）

イメージの純粋さを守るためのあらすじ（長谷川千眞）

大学入学当初から3DCADが普及していたため、私には二次元の図面を書き、それを立体にするという思考プロセスがなかった。仮想空間の立体を水平切断すれば平面図／垂直切断すれば断面図になることが当たり前であった。実務でその仮想の立体はそのままでは施工できないこと、また新居から平面や断面の身体性の重要さを学び、二次元の検討も行うようになった。

本来的には矩計でないと読み解けない情報はなく、施工者が知りたい情報を知るときには、辞書を引くように仕上表や構造図や詳細図を見るはずである。それらを見れば矩計に書いてある情報はすべてわかる。そんな中での矩計の意義は、一枚の図で設計図書全体に離散した情報が集約されているため、現場とのコミュニケーションが取りやすい／他の図では網羅的に情報があるのに対し、矩計はさまざまな図から設計者が情報を取捨選択して記載できるので、その建物のスタンスやこだわりを表明する場となる、といった点にある。設計図書が辞書的な情報伝達手段だとすると、矩計図は設計者目線でとくに大切にしたいポイントを要約し、建物全体のあらすじのような情報伝達手段だといえる。

また矩計図は、建物の基準の幾何学を決定することができる。一枚の図面からは全体の寸法を追うことはできないとしても、代表断面でのそれぞれの部材の位置関係・素材・納まりを常に検討することが重要で、詳細検討を行ってから全体に反映するというプロセスを踏まないで3Dモデルや模型を作成すると、ディテールのない抽象的な立体となる（そして模型やCGパースではそれっぽいものができたように見える）。それを後追いでモノのスケールに落とし込もうとすると、模型やモデルで感じた当初の軽やかさや重み・浮遊感等が欠落してしまうことがある。各図面や3Dモデルを切り分けて考えてしまうと、一貫した信念のない軟派な建物となってしまうだろう。さまざまな要求から建物が複雑な形状となった場合、単一の矩計では全体を表現することは到底できない。そんな中でも共通させられる部分をルール化し、一貫した信念で納まりまで検討することで、イメージの純粋さを守ることができるかもしれない。

28歳　東京理科大学大学院卒　経験年数3年　緑の森公園保育所担当

緑の森公園保育所（越谷市）

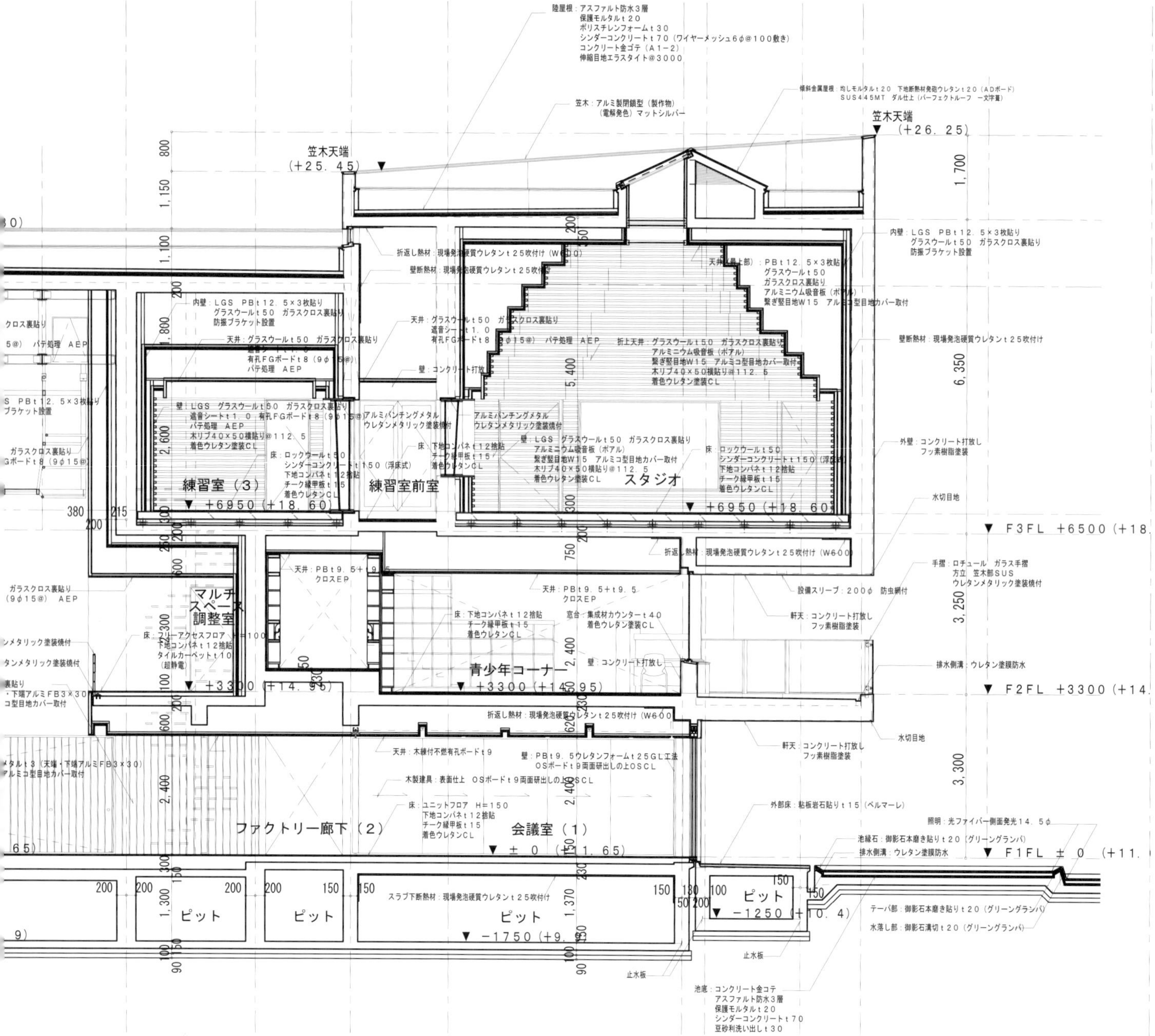
陸屋根：アスファルト防水３層
保護モルタルｔ２０
ポリスチレンフォームｔ３０
シンダーコンクリートｔ７０（ワイヤーメッシュ６φ＠１００敷き）
コンクリート金ゴテ（Ａ１−２）
伸縮目地エラスタイト＠３０００
笠木：アルミ製閉鎖型（製作物）
（電解発色）マットシルバー
笠木天端
（＋２５．４５）
笠木天端
（＋２６．２５）
内壁：ＬＧＳ ＰＢｔ１２．５×３枚貼り
グラスウールｔ５０ ガラスクロス裏貼り
防振ブラケット設置
折返し熱材：現場発泡硬質ウレタンｔ２５吹付け（Ｗ６００）
壁断熱材：現場発泡硬質ウレタンｔ２５吹付け
天井：グラスウールｔ５０ ガラスクロス裏貼り
遮音シートｔ１．０
有孔ＦＧボードｔ８（９φ１５＠） パテ処理 ＡＥＰ
壁：コンクリート打放し
アルミパンチングメタル
ウレタンメタリック塗装焼付
壁：ＬＧＳ グラスウールｔ５０ ガラスクロス裏貼り
遮音シートｔ１．０ 有孔ＦＧボードｔ８（９φ１５＠）
パテ処理 ＡＥＰ
木リブ４０×５０横貼り＠１１２．５
着色ウレタン塗装ＣＬ
床：ロックウールｔ５０
シンダーコンクリートｔ１５０（浮床式）
下地コンパネｔ１２捨貼
チーク縁甲板ｔ１５
着色ウレタンＣＬ
練習室（３）
練習室前室
スタジオ
＋６９５０（＋１８．６０）
折上天井：グラスウールｔ５０ ガラスクロス裏貼り
アルミニウム吸音板（ボアル）
繋ぎ堅目地Ｗ１５ アルミコ型目地カバー取付
木リブ４０×５０横貼り＠１１２．５
着色ウレタン塗装ＣＬ
外壁：コンクリート打放し
フッ素樹脂塗装
水切目地
Ｆ３ＦＬ ＋６５００（＋１８．
手摺：ロチュール ガラス手摺
方立 笠木部ＳＵＳ
ウレタンメタリック塗装焼付
設備スリーブ：２００φ 防虫網付
軒天：コンクリート打放し
フッ素樹脂塗装
排水側溝：ウレタン塗膜防水
天井：ＰＢｔ９．５＋ｔ９．５
クロスＥＰ
床：下地コンパネｔ１２捨貼
チーク縁甲板ｔ１５
着色ウレタンＣＬ
窓台：集成材カウンターｔ４０
着色ウレタン塗装ＣＬ
マルチスペース調整室
床：フリーアクセスフロア Ｈ＝１００
下地コンパネｔ１２捨貼
タイルカーペットｔ１０
（超静電）
青少年コーナー
＋３３００（＋１４．９５）
Ｆ２ＦＬ ＋３３００（＋１４．
天井：木練付不燃有孔ボードｔ９
壁：ＰＢｔ９．５ウレタンフォームｔ２５ＧＬ工法
ＯＳボードｔ９両面研出しの上ＯＳＣＬ
木製建具：表面仕上 ＯＳボードｔ９両面研出しの上ＯＳＣＬ
床：ユニットフロア Ｈ＝１５０
下地コンパネｔ１２捨貼
チーク縁甲板ｔ１５
着色ウレタンＣＬ
ファクトリー廊下（２）
会議室（１）
± ０（＋１１．６５）
外部床：粘板岩石貼りｔ１５（ペルマーレ）
照明：光ファイバー側面発光１４．５φ
池縁石：御影石本磨き貼りｔ２０（グリーングランパ）
排水側溝：ウレタン塗膜防水
Ｆ１ＦＬ ± ０ （＋１１．
スラブ下断熱材：現場発泡硬質ウレタンｔ２５吹付け
ピット
−１７５０（＋９．９
ピット
−１２５０（＋１０．４）
テーパ部：御影石本磨き貼りｔ２０（グリーングランパ）
水落し部：御影石溝切ｔ２０（グリーングランパ）
止水板
池底：コンクリート金コテ
アスファルト防水３層
保護モルタルｔ２０
シンダーコンクリートｔ７０
豆砂利洗い出しｔ３０

矩計図2

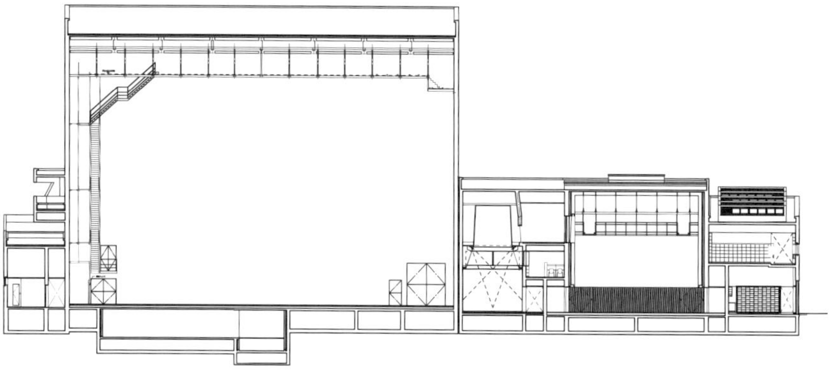

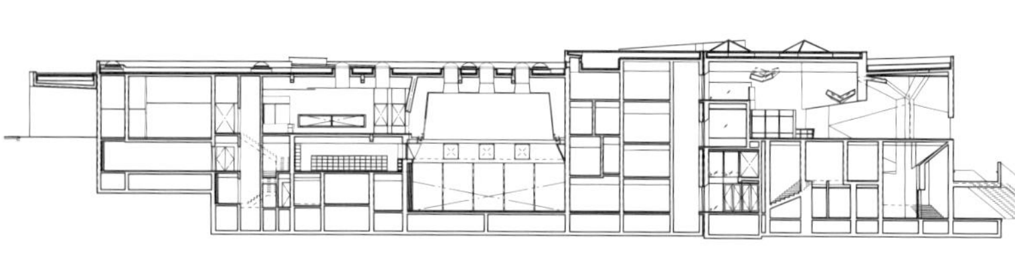

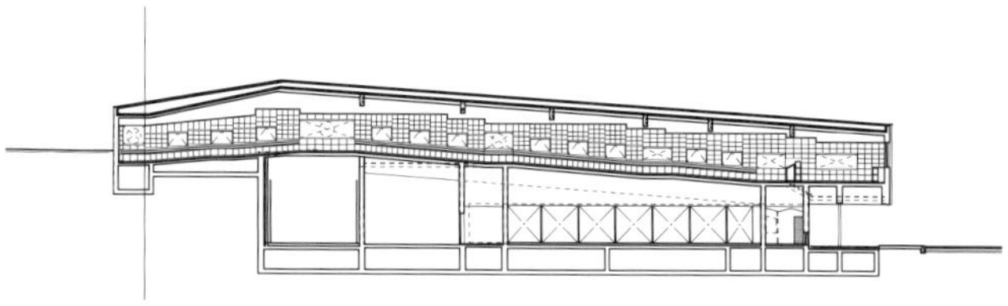

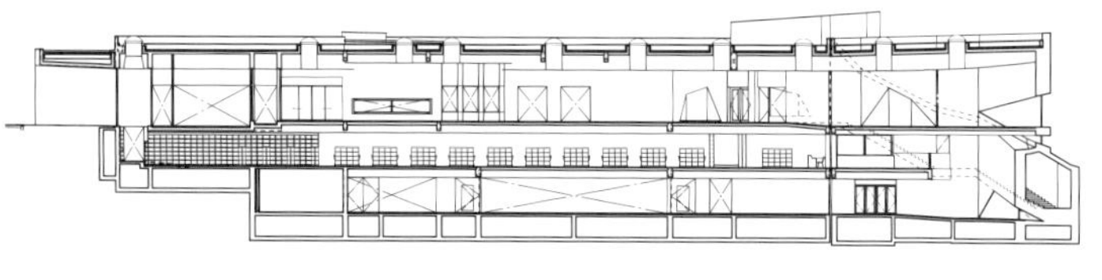

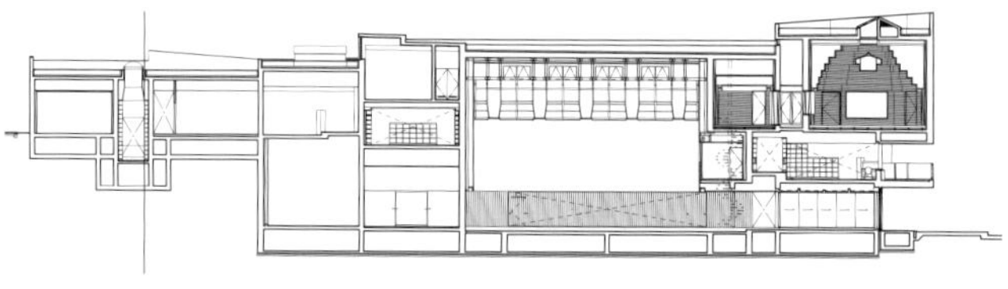

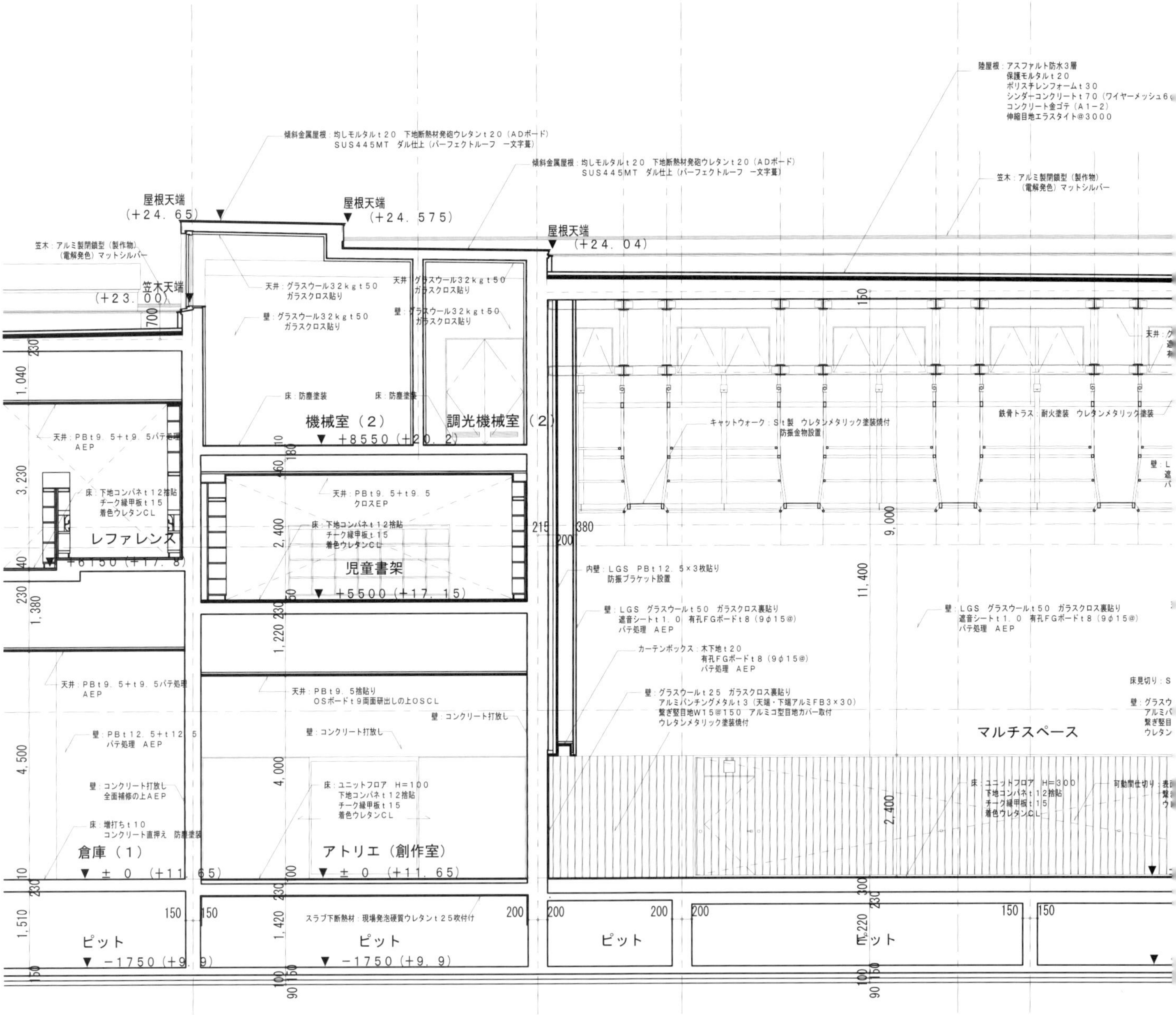
陸屋根：アスファルト防水3層
保護モルタルｔ２０
ポリスチレンフォームｔ３０
シンダーコンクリートｔ７０（ワイヤーメッシュ6
コンクリート金ゴテ（Ａ１−２）
伸縮目地エラスタイト@３０００
傾斜金属屋根：均しモルタルｔ２０　下地断熱材発砲ウレタンｔ２０（ＡＤボード）
ＳＵＳ４４５ＭＴ　ダル仕上（パーフェクトルーフ　一文字葺）
笠木：アルミ製閉鎖型（製作物）
（電解発色）マットシルバー
屋根天端
（＋２４．６５）
屋根天端
（＋２４．５７５）
屋根天端
（＋２４．０４）
笠木天端
（＋２３．００）
天井：グラスウール３２ｋｇｔ５０
ガラスクロス貼り
壁：グラスウール３２ｋｇｔ５０
ガラスクロス貼り
床：防塵塗装
機械室（２）
▼＋８５５０（＋２０．２）
調光機械室（２）
キャットウォーク：Ｓｔ製　ウレタンメタリック塗装焼付
防振金物設置
鉄骨トラス　耐火塗装　ウレタンメタリック塗装
天井：ＰＢｔ９．５＋ｔ９．５パテ処理
ＡＥＰ
床：下地コンパネｔ１２捨貼
チーク縁甲板ｔ１５
着色ウレタンＣＬ
レファレンス
＋６１５０（＋１７．８）
天井：ＰＢｔ９．５＋ｔ９．５
クロスＥＰ
児童書架
▼＋５５００（＋１７．１５）
内壁：ＬＧＳ　ＰＢｔ１２．５×３枚貼り
防振ブラケット設置
壁：ＬＧＳ　グラスウールｔ５０　ガラスクロス裏貼り
遮音シートｔ１．０　有孔ＦＧボードｔ８（９φ１５@）
パテ処理　ＡＥＰ
カーテンボックス：木下地ｔ２０
有孔ＦＧボードｔ８（９φ１５@）
パテ処理　ＡＥＰ
壁：グラスウールｔ２５　ガラスクロス裏貼り
アルミパンチングメタルｔ３（天端・下端アルミＦＢ３×３０）
繋ぎ竪目地Ｗ１５@１５０　アルミコ型目地カバー取付
ウレタンメタリック塗装焼付
天井：ＰＢｔ９．５＋ｔ９．５パテ処理
ＡＥＰ
壁：ＰＢｔ１２．５＋ｔ１２．５
パテ処理　ＡＥＰ
壁：コンクリート打放し
全面補修の上ＡＥＰ
床：増打ちｔ１０
コンクリート押え　防塵塗装
倉庫（１）
▼±０（＋１１．６５）
天井：ＰＢｔ９．５捨貼り
ＯＳボードｔ９両面研出しの上ＯＳＣＬ
壁：コンクリート打放し
床：ユニットフロア　Ｈ＝１００
下地コンパネｔ１２捨貼
チーク縁甲板ｔ１５
着色ウレタンＣＬ
アトリエ（創作室）
▼±０（＋１１．６５）
マルチスペース
床：ユニットフロア　Ｈ＝３００
下地コンパネｔ１２捨貼
チーク縁甲板ｔ１５
着色ウレタンＣＬ
可動間仕切り
スラブ下断熱材：現場発泡硬質ウレタンｔ２５吹付け
ピット
▼−１７５０（＋９．９）
ピット
▼−１７５０（＋９．９）
ピット
ピット
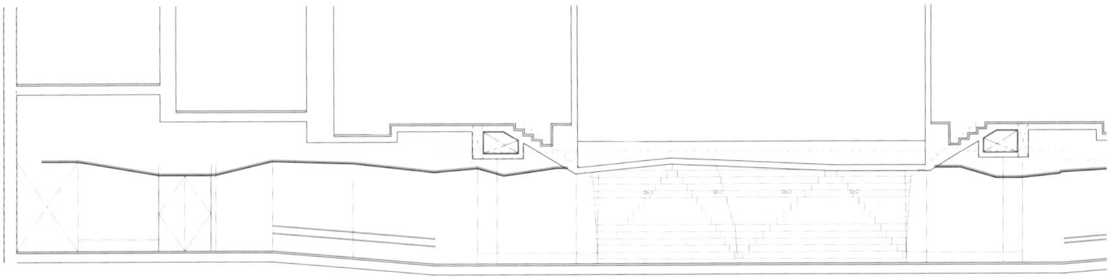
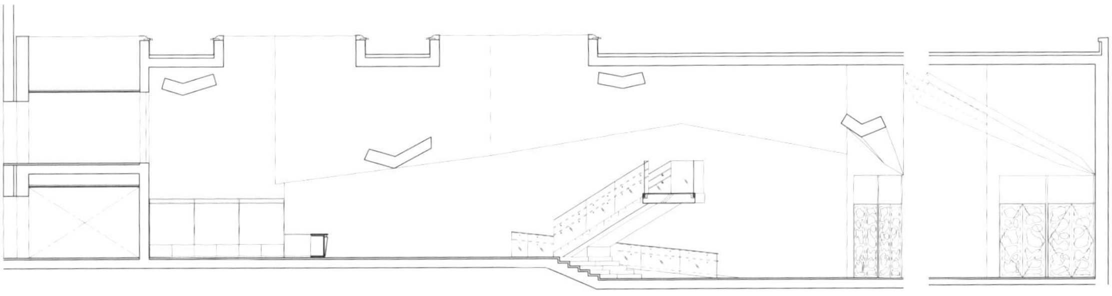
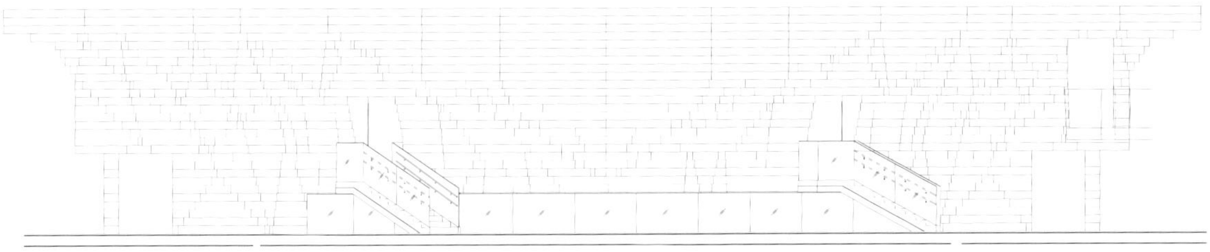

鹿島市民文化ホール SAKURAS

古谷誠章+NASCA | 2023 | Hall | 佐賀・鹿島

佐賀県鹿島市は有明海に面し、多良山系からの豊富な水が敷地北側の中川などを流れている。プロポーザル応募前に元の市民会館を見に行ったとき、たまたま地元の中学生たちのサマーコンサートに遭遇した。出演者たちが演奏後に玄関前で観客を見送る姿が印象的で、新しいホールに表も裏もなく建築そのものが、人を出迎え、見送る大きな舞台となるといいと考えた。建築の外貌は、人と建築を引き合わす重要なインターフェイスであると考え、敷地から南東の3kmほどの肥前浜宿に残る白漆喰で仕上げられた優美な曲面の軒の意匠を、この土地を象徴するモチーフとして、ホールの軒周りのデザインに採り入れた。

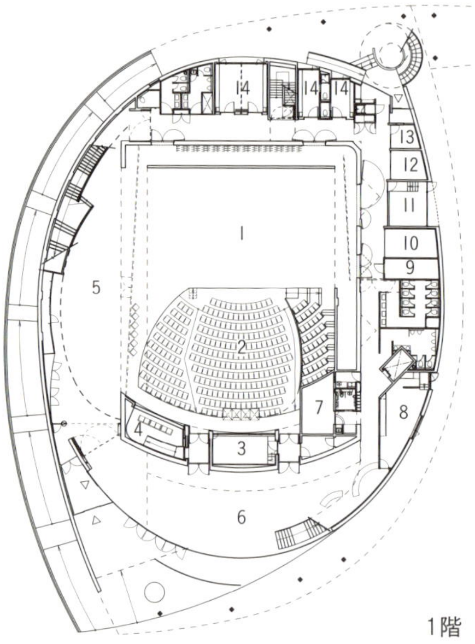

1階

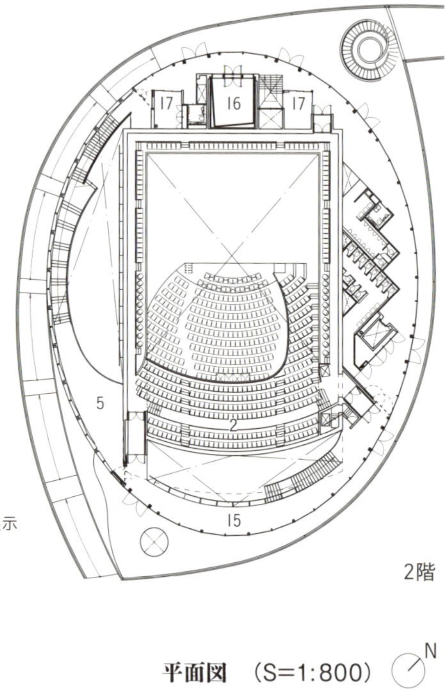

2階

1. 舞台
2. 客席
3. 調整室
4. 多目的視聴覚室
5. 交流ラウンジ
6. ホワイエ
7. 収蔵庫
8. 管理事務室
9. 備品庫
10. 大道具庫
11. 搬入口
12. 楽器庫
13. 楽屋事務室
14. 楽屋
15. 2階ホワイエ兼民俗資料展示
16. 練習室
17. 多目的室

平面図 (S=1:800) N

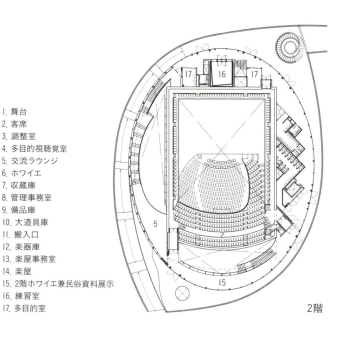

全景　左手に中川を、右手奥に有明海を望む

ホールの客席は延べ750席、防音間仕切りを開放すれば、舞台は下手側袖舞台から脇花道ともなるスペースまでが連続して、ホワイエまでも一体化できる舞台を実現している。これにより客席の下手側から主舞台にかけて空間が連続し、客席は「もみあげ席」を介して2階席にまでつながっており、客席と舞台とが継ぎ目なく融合するよう工夫した。ホール内部ではRC躯体そのものが音響反射性能を備えており、フライタワーや吊り下げ型の反射板等を設けず、演劇時には吊り幕によるプロセニアムを形成する。これからの住民使いを主体とする地方公共ホールのモデルの進化形を提示したいと考えた。

これらの試みは地域の子どもや住民が、自分たちの文化創造のために日常的に利用することを主目的としている。客席にいた人が次の出演者となって舞台に上がり、再び客席に戻るという、人々が往還する構造である。ホワイエからも自然光が入り、九角形の高窓からも採光ができる。楽屋、練習室などホール機能に加えて、館内を周回するホワイエの随所に郷土資料の展示がなされている。開館中は自由に滞在できるほか、館の外周を巡るデッキやスロープからの出入りも可能な構成となっている。旧市民会館時代にはやや閉鎖的であり、薄暗かった中川沿いの外構も開放的なものにして、文字通り裏のないホールが実現された。

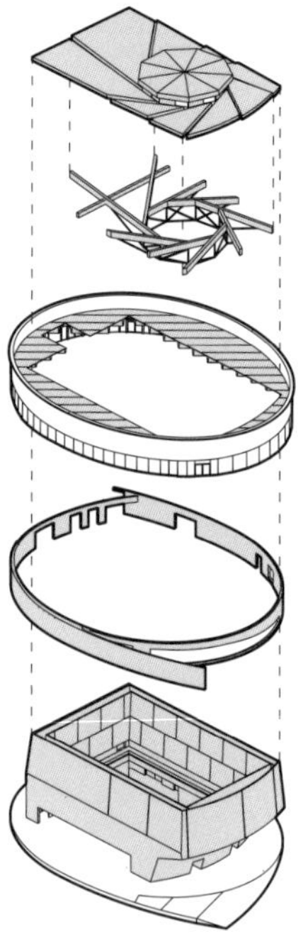
ホール屋根スラブ：
t=700mmのボイドスラブ
ホール屋根張弦梁：
上弦材（プレストレストコンクリート）
+下弦材（鉄骨）
3F床スラブ：
プレキャストコンクリート床版
+現場打ちコンクリート
1F外壁：
t=300mmのRC耐力壁
ホール壁：
t=400mmのRC耐力壁

構造ダイアグラム

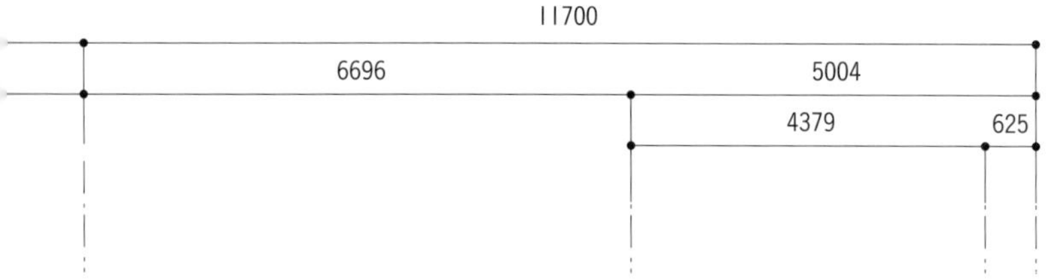
11700
6696
5004
4379
625

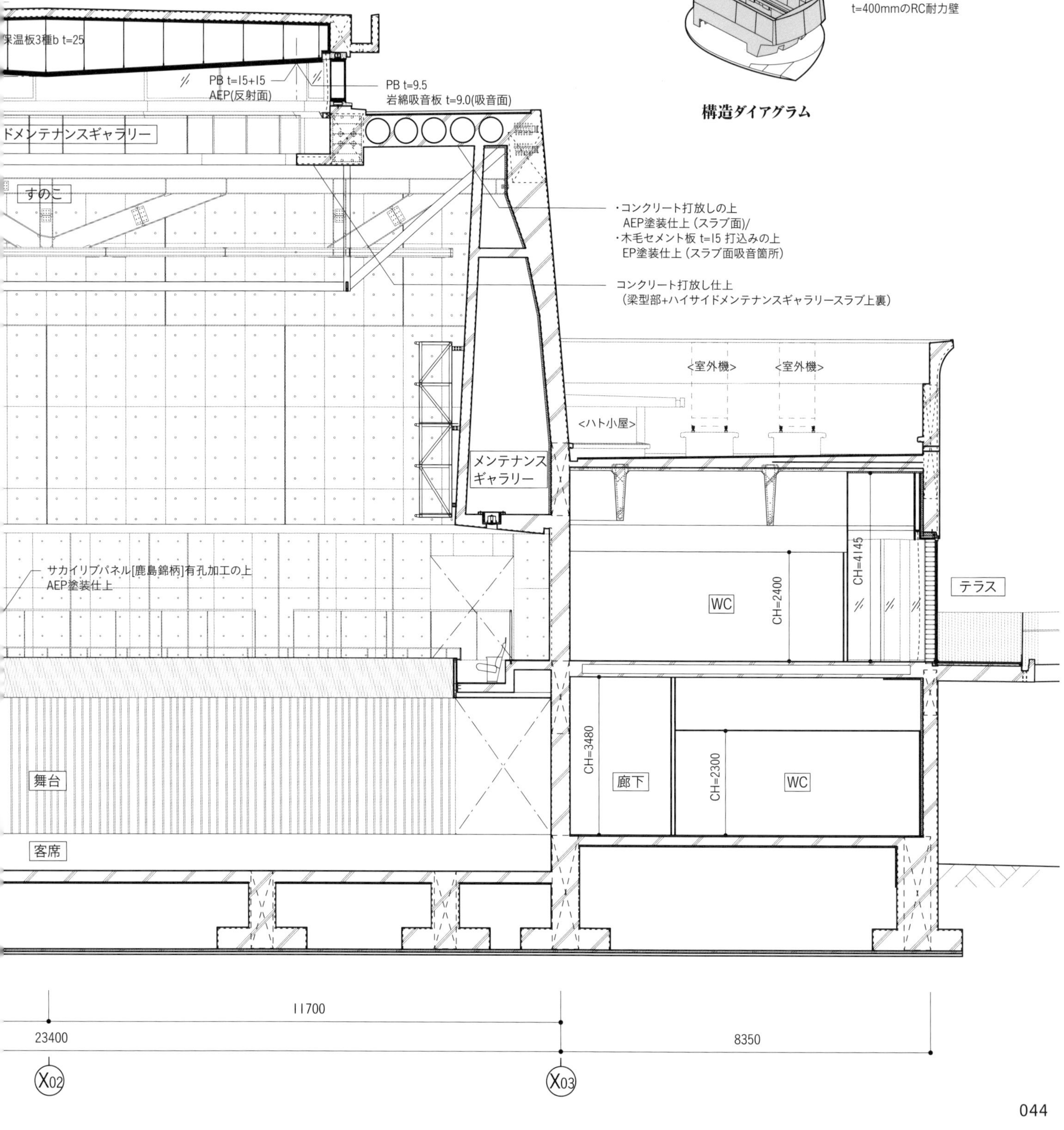
保温板3種b t=25
PB t=15+15
AEP(反射面)
PB t=9.5
岩綿吸音板 t=9.0(吸音面)
ドメンテナンスギャラリー
すのこ
・コンクリート打放しの上
AEP塗装仕上（スラブ面）/
・木毛セメント板 t=15 打込みの上
EP塗装仕上（スラブ面吸音箇所）
コンクリート打放し仕上
（梁型部+ハイサイドメンテナンスギャラリースラブ上裏）
<室外機>
<室外機>
<ハト小屋>
メンテナンス
ギャラリー
CH=4145
テラス
サカイリブパネル[鹿島錦柄]有孔加工の上
AEP塗装仕上
WC
CH=2400
CH=3480
CH=2300
廊下
WC
舞台
客席
11700
23400
8350
X02
X03

耐震コアであるホールは、RC躯体そのものが音響反射性能を備える打放し仕上げを基本としたシューボックス。フラッターエコーを防止するため内壁には3度の角度がつけられ、壁や天井の部分的な吸音面により適切な残響時間を実現している。ホールと交流ラウンジをつなげる無柱の大開口（幅約22m×高さ約3m）は、開口上部に壁同厚で流れる5380㎜せいの巨大梁により実現された。ホール屋根に設けられたハイサイド窓および交流ラウンジ外壁面の開口部より自然光が差し込む。

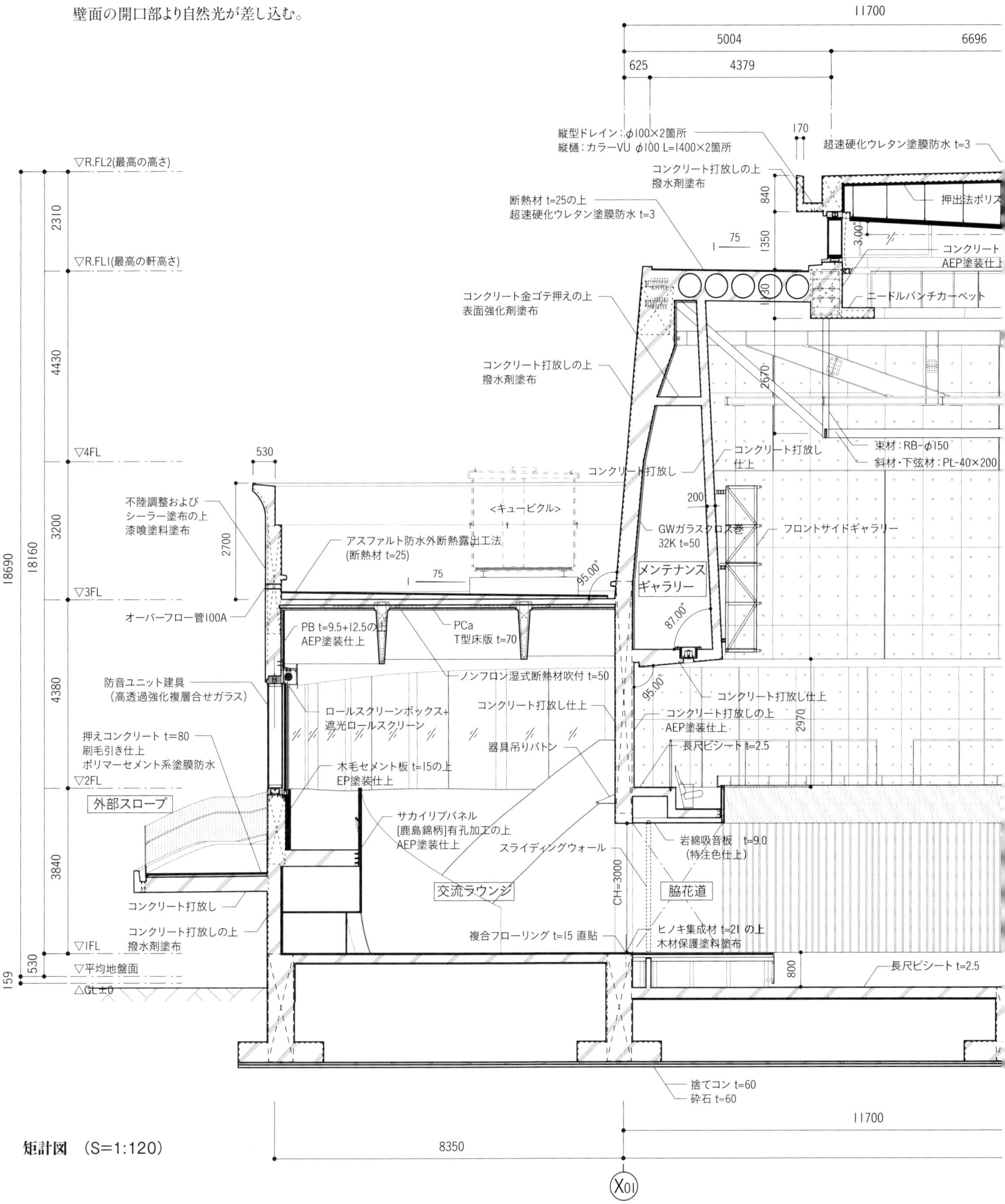

矩計図 (S=1:120)

ホール（防音間仕切り開放時）
舞台から交流ラウンジ・ホワイエまでがつながる

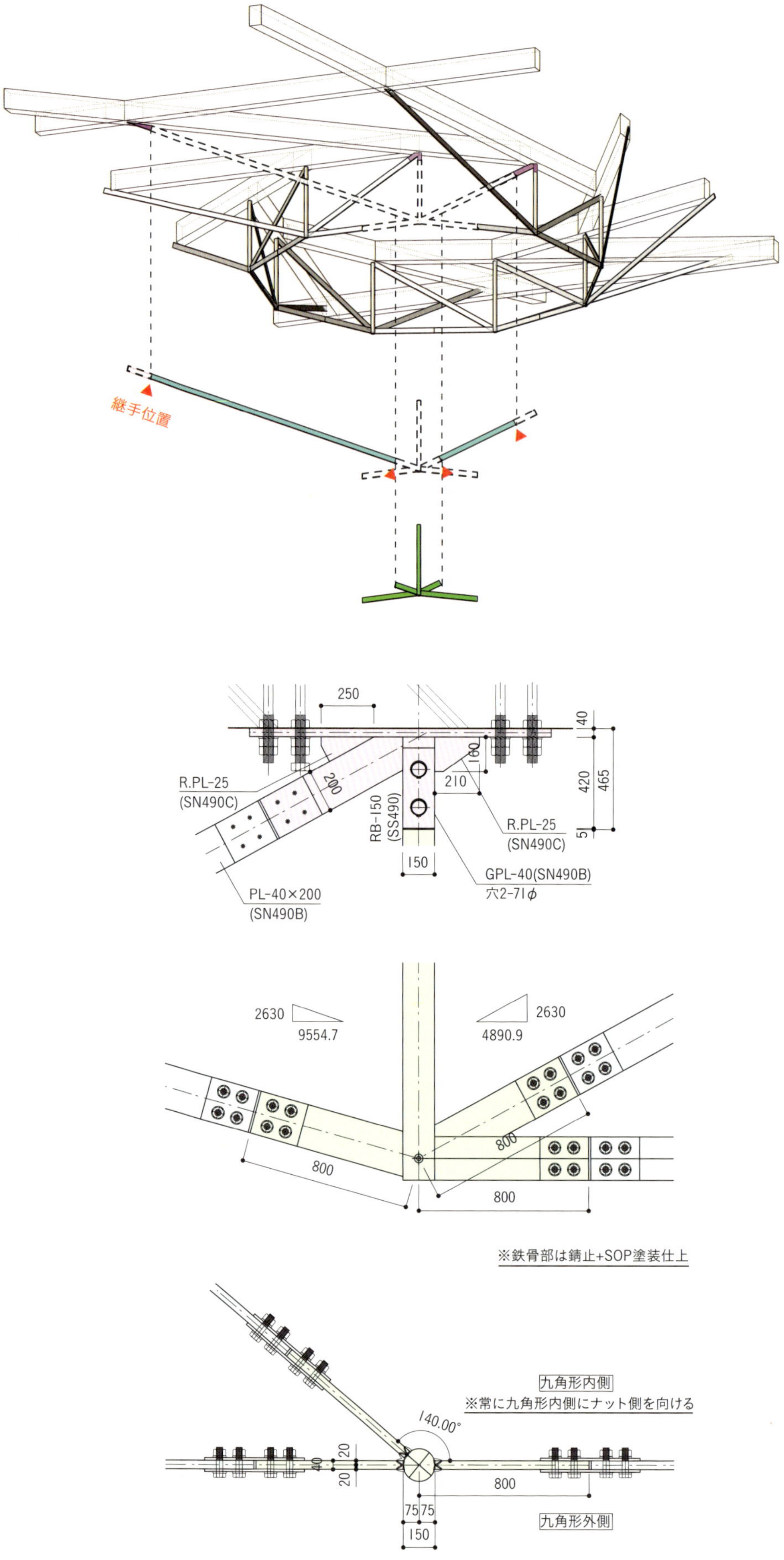

ホール屋根－鉄骨張弦梁詳細図　(S=1:30)

渦巻く動線の中心部に、ホールを象徴する九角形のリングが浮かぶ。これはホール屋根を支える9本の張弦梁をかけ合わせたものである。かけ合わせの方向に逆行するように回転止めとしての鉄骨ブレースが入ることで、二重の回転運動が交差した動的で求心性のある構造リングが実現できた。上弦材により分割された三角形平面のスラブは上弦材の上端と下端をつなぎ合わせるように角度がついている。この角度はホール内において、床と天井のフラッターエコーを防止する効果を発揮し、屋根面では雨水を排水する水勾配となっている。

ホール遮音区画内の開口部（交流ラウンジおよびホールハイサイド窓）には、コンクリート同等の遮音性能を備えた防音ガラスユニットを設置することで自然光が差し込む明るい空間を実現した。交流ラウンジ外壁面の開口部では、全長約45mにもおよぶ連続開口部の一斉暗転を、縦ガイドレール付電動遮光ロールスクリーンにより実現している。楕円の平面形状に対しロールスクリーンを多角に配置するため、ガイドレールの軸は任意の角度が決められる半円状の断面とした。

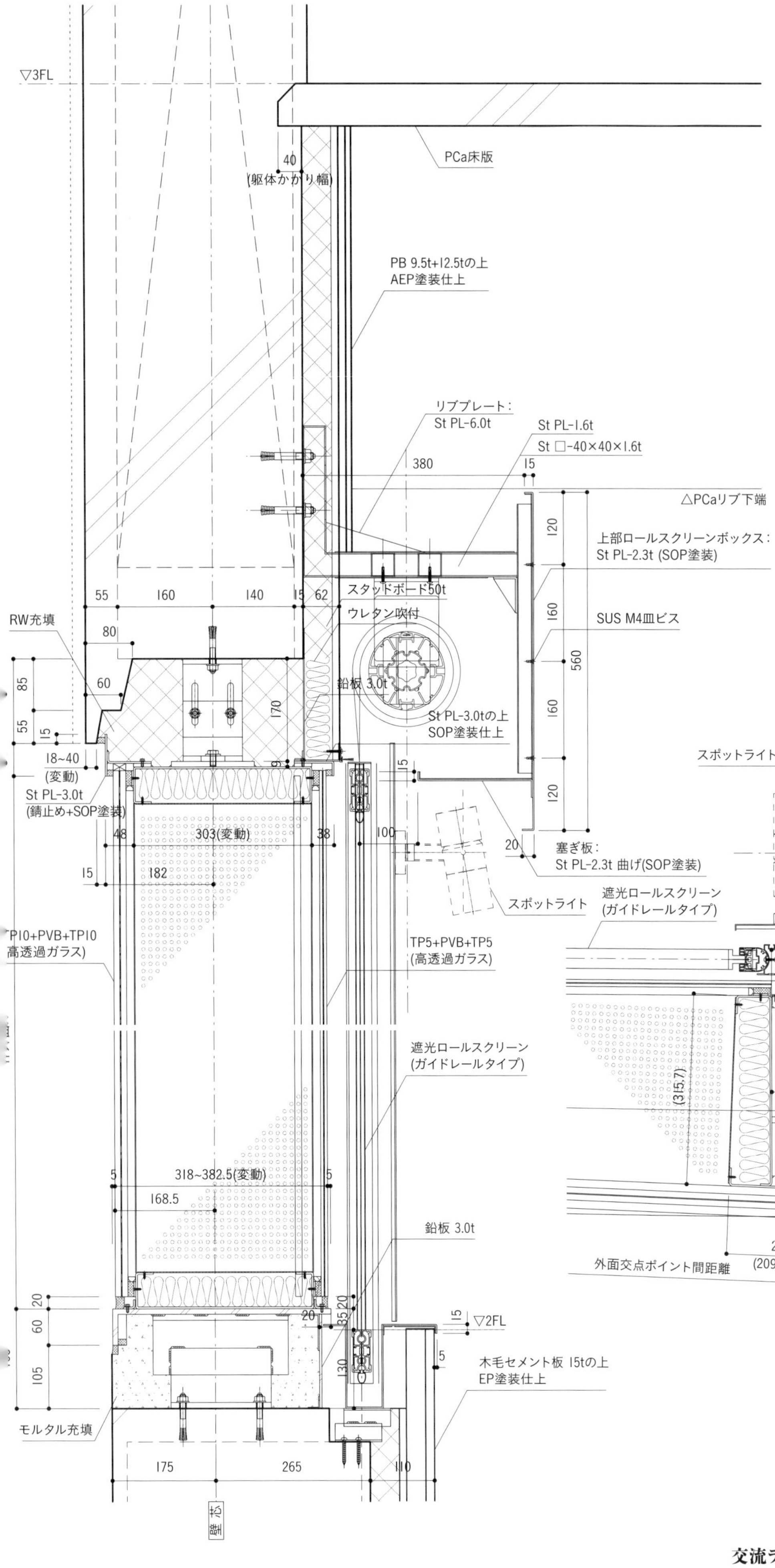

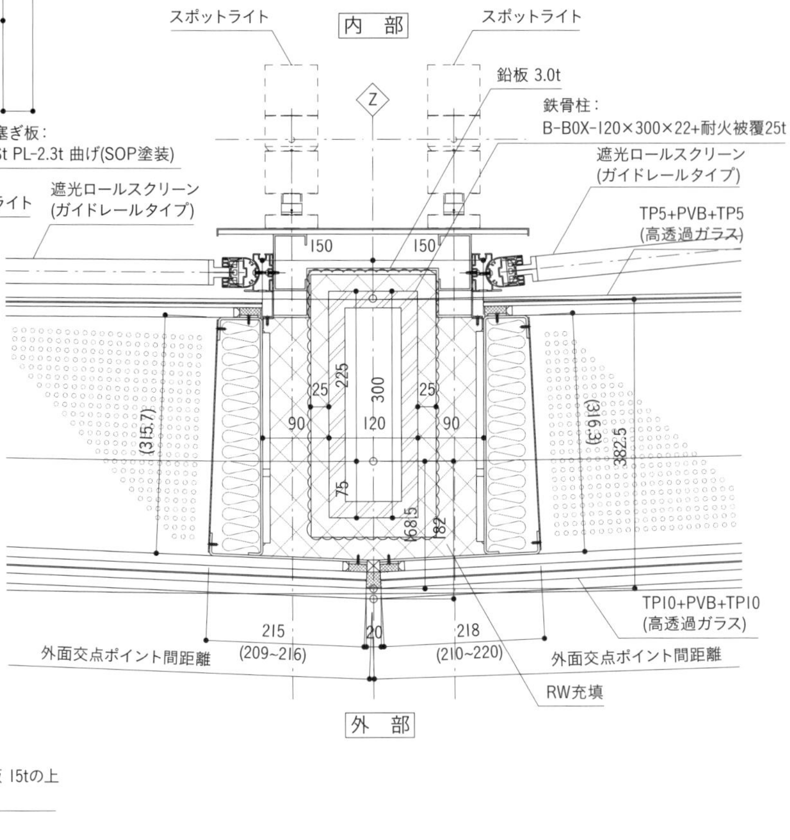

交流ラウンジ－防音ガラスユニット部詳細図　(S=1:10)

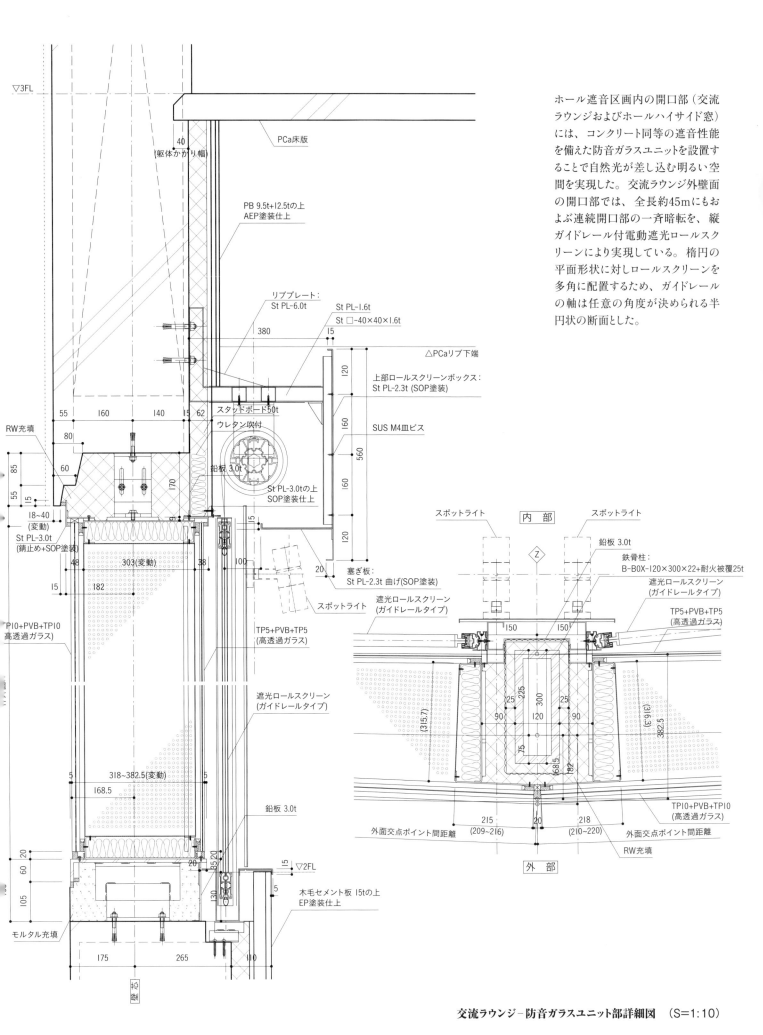

建築を構成する部分と、その統合（古谷誠章）

大学2年生のときの「基本製図」という製図の授業で、担当の池原義郎先生から「矩計図というのは、断面詳細のほかに、当該箇所の平面詳細、そこからの天井や軒天の見上げ詳細、部分的な立面詳細の四つの要素が描き込まれていなければいけない」と教わったのがとても印象的だった。事実、課題でトレースをした今井兼次先生の「大多喜町役場」の矩計図には、その四つの要素がA1の用紙に見事にレイアウトされており、とても繊細で密度の高い、かつ美しい図面であったことを思い出す。池原流の4要素が世に一般的であったのかは定かではないが、少なくとも僕の脳裏には強く印象づけられたのである。最近でこそ、僕自身が矩計図を描くことはなくなったが、「田野畑中学校特別教室棟」や「早稲田大学図書館本庄分館」など、かつて僕が描いていた頃の矩計図は、それをかなり忠実に遵守しようと努めていた覚えがある。

　では、翻って僕が矩計図の込めたいものはというと、建築という実体を通して、そこを訪れる人々に発するメッセージを体現するための要素を表すものだ。躯体と大地の交わり、躯体に象られる空気の形、内部を成立させる架構、建築の表情を生み出すマドの形式とディテール、人々を包み込む素材、目に触れるもの、手に触れるもの、足に触れるもの等々、建築を構成する部分と、その統合が描かれているべきだと考えている。

　その観点からは、かつての手描きの図面と違って、CADやBIMといった現在のツールによって描かれる矩計図は、手で描かれた線を眼でなぞる感覚が薄れてしまっているのが、いささか残念だ。線が描かれるのに使われた時間や、その時間が紡ぎ出す躯体の触感が、感じられなくなっている。おそらくすべての線分が一瞬にして同時に描出されているように見えるかだろう。建築の質感を感じさせるような矩計図は、今後どのように描き出したらよいのか、悩ましいところではある。

　一般的に平面図は天井からの視点で「頭」で描き、立面図・断面図は水平に見る視点から「眼」で描くものといえよう。しかるにいま一度、池原流の矩計図の4要素を解釈してみると、そこには両者の空間的統合の理念があったのではないか。詳細図であるから、対象の全貌を描くものではないが、その立体的全体像は、あの4要素を通して見る者が想像力を働かせて感知するものだ、という理念である。二次元の建築の図面の中で唯一、空間的統合を示していたのではないだろうか。いやまだなかなか及ばないものだ。

新島学園短期大学講堂　新島の森

手塚貴晴＋手塚由比＋矢部啓嗣／手塚建築研究所 | 2020 | Chapel / Hall | 群馬・高崎

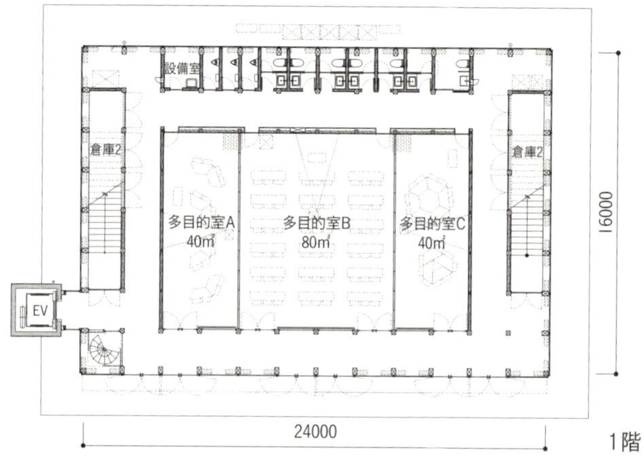

1階

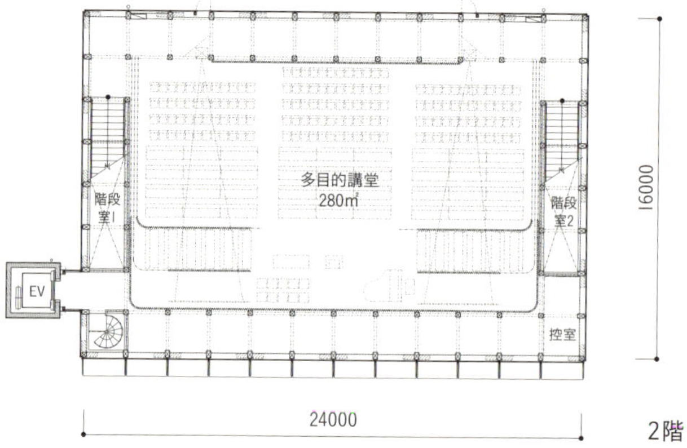

2階

平面図　(S=1:400)

会堂は透彫に覆われている。描かれているのは「新島の森」である。

江戸末期、禁を犯して米国に渡った新島襄はキリスト教を学び、日本へと帰り故郷安中の地に教を開いた。新島襄はその後さらに関西へと登り同志社を開いたことがよく知られている。さらにゆるり70余年を経て、安中の地に撒かれた種が芽吹き森として育ったのが現在の新島学園である。新島短大は新島襄が撒いた種から育ったもっとも若い森である。幅56mの壁面に描かれた森は現世に存在しない。森は東西に深く暗く、南に向けて明るく開けている。創世記にあるエデンを想い、深い森から明るい光が立ち込める野原へと向かう情景を描いた。知恵の実を食したがゆえに追放されたアダムとイブが辿った道筋である。エデンからの追放は悲劇であると同時に、人間社会という文明のはじまりでもある。優しく守られた学びの園から、学生たちは厳しくも自由な実社会へと旅立ってゆく。

脳裏に映った情景を6か月かけて描き出した空想の森である。よって原画や参照は存在しない。描画の単位は6㎜角である。小さな針穴を抜けた光が回折し、離れるにしたがいやわらかく滲む様は、実際の木漏れ日にきわめて近い。空間に落ちる木漏れ日は内部のすべてを包み込み実態を消し、奥行きが無限に連続する万華鏡の中に人を誘い込む。

装飾とは人類の叡智の叫びを伝える初元的な衝動である。空間と光だけが建築ではない。この森は一世紀を超えるモダニズムの轍からの脱却の試みでもある。歴史を振り返れば、装飾という恣意的な創作活動から建築家が追放されたのは、ごく近年の出来事であることがわかる。モダニズムは折衷様式の窮屈な規範から抜け出すべく自由への欲求であったはずである。その初期は過去のすべてを否定する運動ではなかった。時代を経てその自由への運動が成功すると、その運動そのものが社会の主導権を握りイズムとなった。イズムへと移行すると、自由への運動は規範へと変質する。

自然物に勝る構造は現世に存在しない。構造デザインの道標が自然物であることはいうまでもない。ゴシックの教会におけるヴォールト構造が森の木々の表彰であるという語り口は尽きない。ここには石材のもつ圧縮にしか対抗できないという材料特性がある。石材は積んでつくるものであるから水平力に弱い。石を扱う限りいかに屋根の重さを徐々に地面に伝えるかという創意工夫が不可避となる。結果として教会が自然物に似てくるのは自明のことである。一方、鉄骨や鉄筋コンクリートの場合は必ずしも自然物の形態に沿う必要はない。両者は自然物よりもはるかに強く、よほど大きな物をつくらない限り、多少構造力学と関係のない形態をつくっても差し支えがない。木造の場合はそうはいかない。木は弱い材料である。よって木造には習わしがある。とくに接合部は弱い。ゆえに日本ではそれを補強するべく斗栱という特殊な組物が柱の上に発達した。木構造様式の多くはいまや形骸化している帰来があるが、元々はほとんど構造面の欲求から生み出されてきた形状である。

今回の構造は揺れ動く森のように、互いにやわらかく支え合うフィーレンデール構造の集合体である。火打ちは合理性を保ちながらもランダムに分散配置されている。二重に並ぶ柱はゴシック教会の側廊と同様、力学にしたがっている。ゆえに森と同様に奥行きがある。この構造はエデンの梢を支える枝であり幹である。降り注ぐ光の網の中で単なる構造物であることをやめ、森の一部となる。

ピアノの透明な音が響く。平行な壁のもたらす不快な反響を防ぐために一枚一枚の透彫は傾いている。多孔質の壁は適度にやわらかく音を吸収する。森のピアノ。ここは新島襄の森。音も光も手触りもすべてひとつの存在であってほしかった。

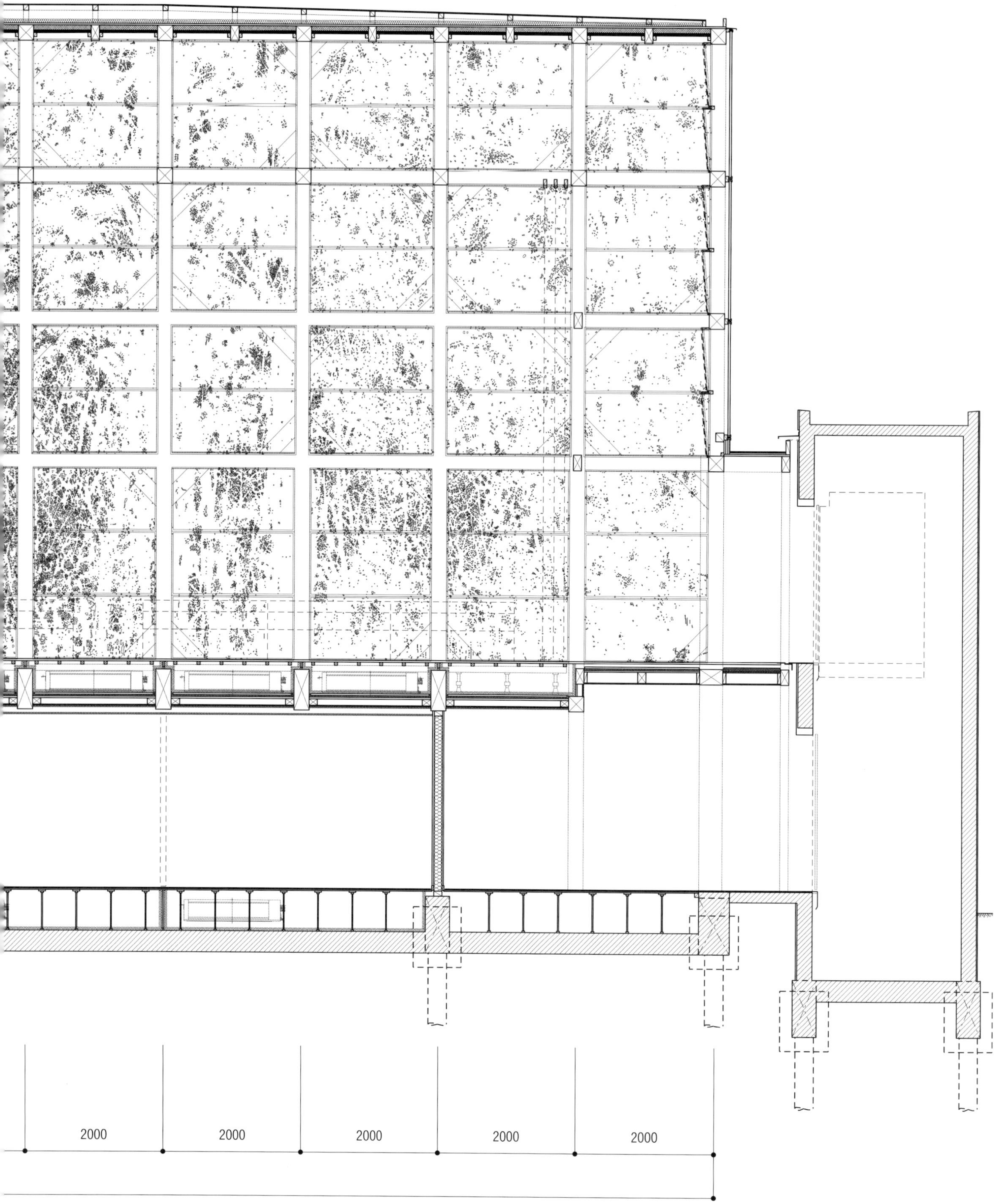

長手断面図　(S=1:70)

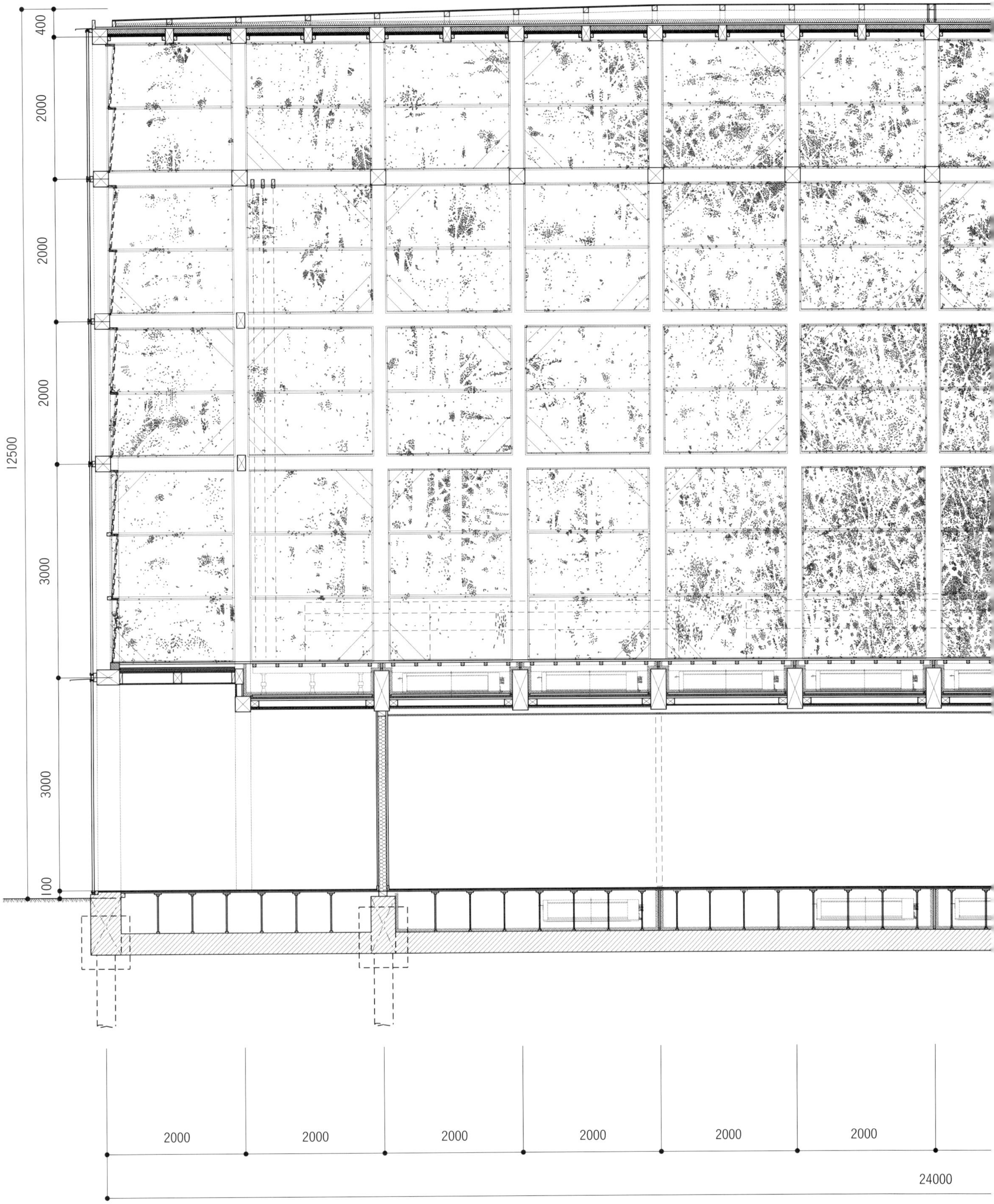

フィーレンデール構造の回廊が取り囲む空間。エネルギーを吸収するため、あえてトラスを使わずに、方杖を分散配置し、柔軟な構造とした。

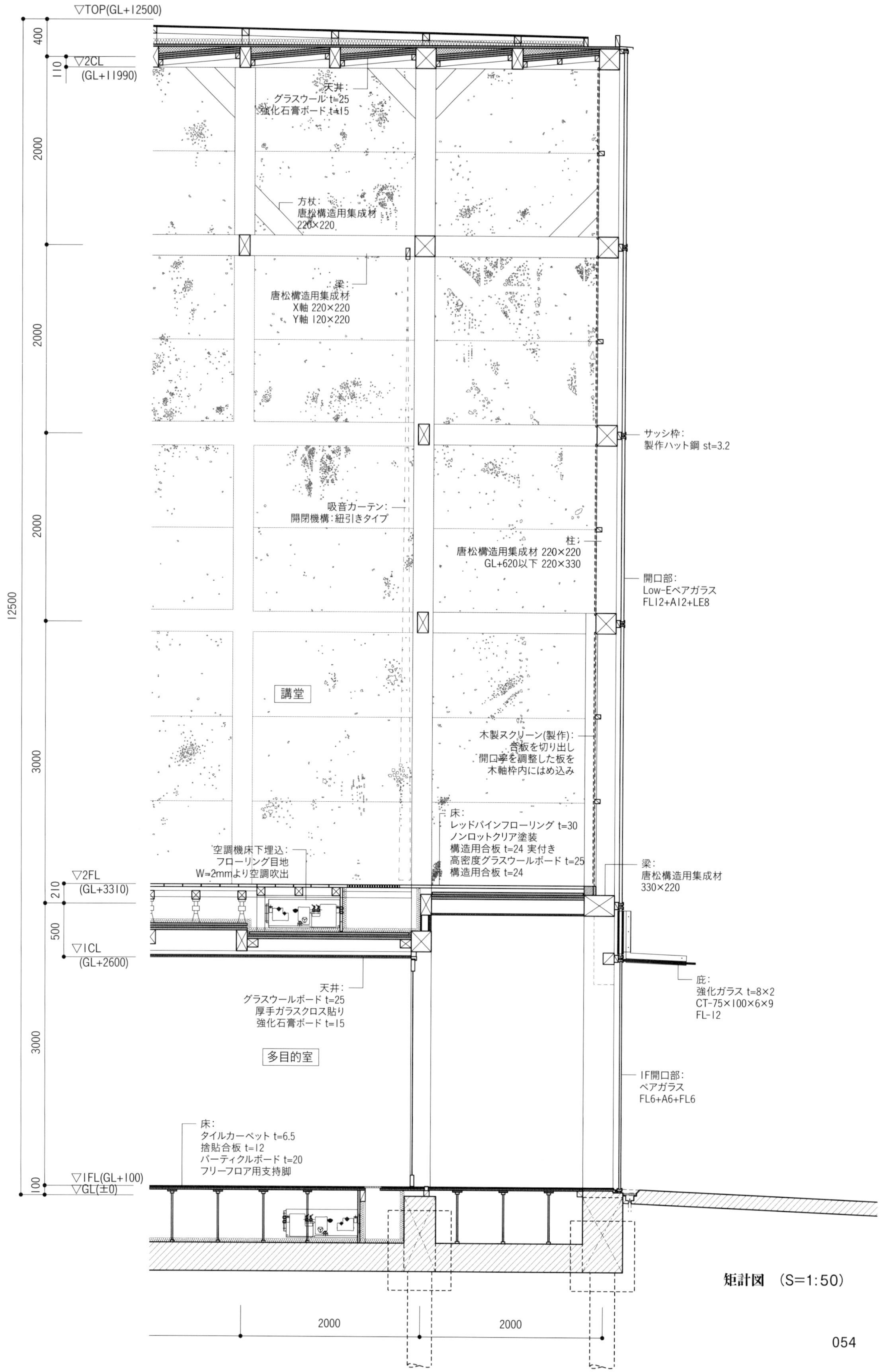

▽TOP(GL+12500)
▽2CL
(GL+11990)
400
110
2000
2000
2000
3000
12500
天井:
グラスウール t=25
強化石膏ボード t=15
方杖:
唐松構造用集成材
220×220
梁:
唐松構造用集成材
X軸 220×220
Y軸 120×220
サッシ枠:
製作ハット鋼 st=3.2
吸音カーテン:
開閉機構:紐引きタイプ
柱:
唐松構造用集成材 220×220
GL+620以下 220×330
開口部:
Low-Eペアガラス
FL12+A12+LE8
講堂
木製スクリーン(製作):
合板を切り出し
開口率を調整した板を
木軸枠内にはめ込み
床:
レッドパインフローリング t=30
ノンロットクリア塗装
構造用合板 t=24 実付き
高密度グラスウールボード t=25
構造用合板 t=24
空調機床下埋込:
フローリング目地
W=2mmより空調吹出
▽2FL
(GL+3310)
210
500
▽1CL
(GL+2600)
梁:
唐松構造用集成材
330×220
庇:
強化ガラス t=8×2
CT-75×100×6×9
FL-12
天井:
グラスウールボード t=25
厚手ガラスクロス貼り
強化石膏ボード t=15
多目的室
3000
1F開口部:
ペアガラス
FL6+A6+FL6
床:
タイルカーペット t=6.5
捨貼合板 t=12
パーティクルボード t=20
フリーフロア用支持脚
100
▽1FL(GL+100)
▽GL(±0)
2000
2000

矩計図 (S=1:50)

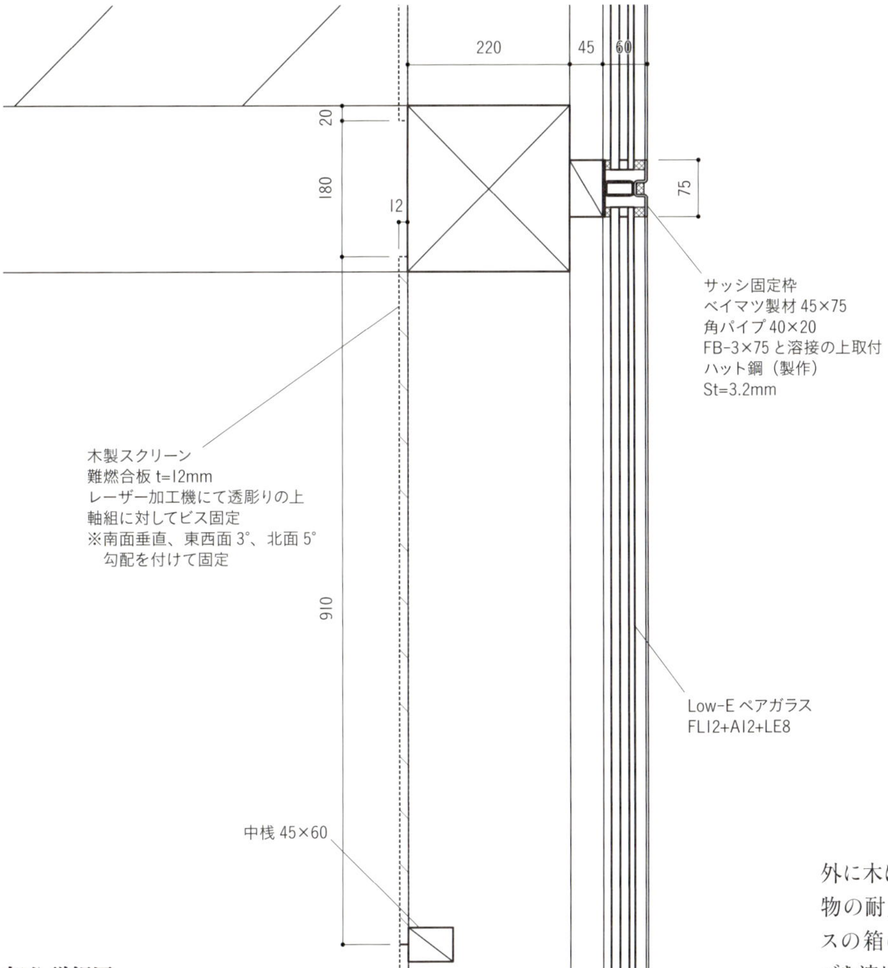

部分詳細図

外に木は露出しない表現とした。建物の耐久性のためでもあるが、ガラスの箱に入った宝石のようなイメージを演出する効果も期待している。

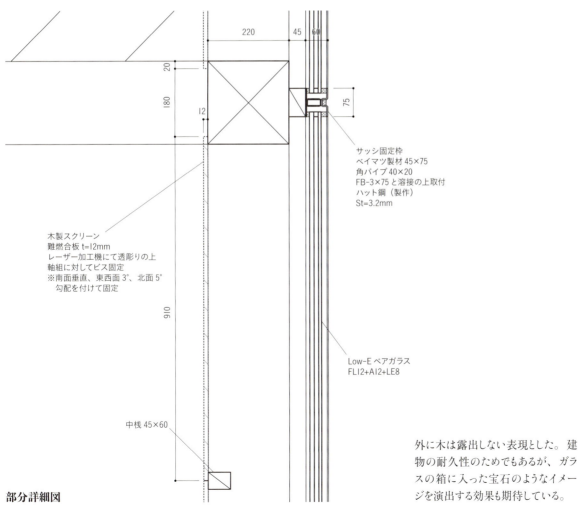

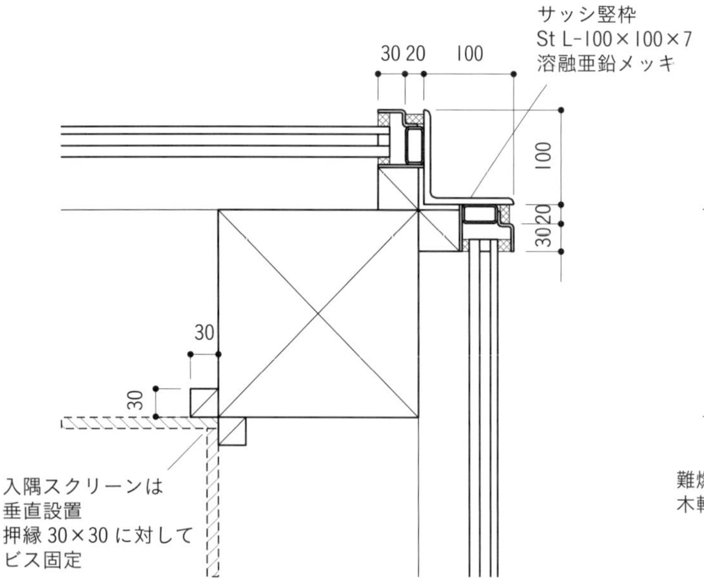

コーナー部詳細図　(S=1:8)

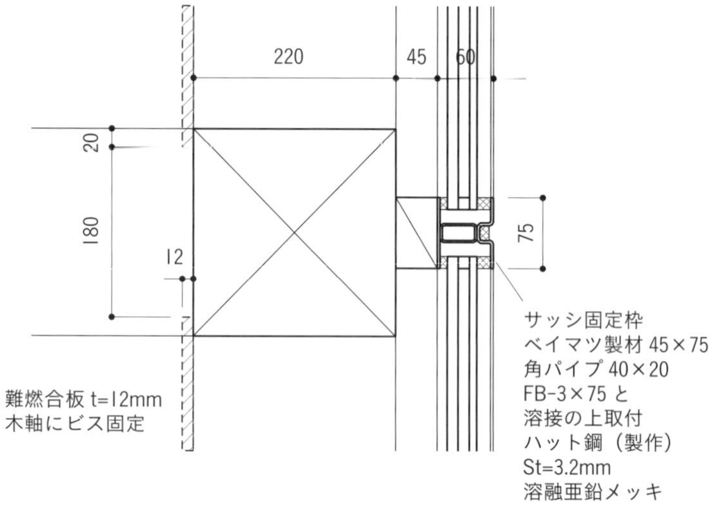

木製スクリーン／木軸断面詳細図　(S=1:8)

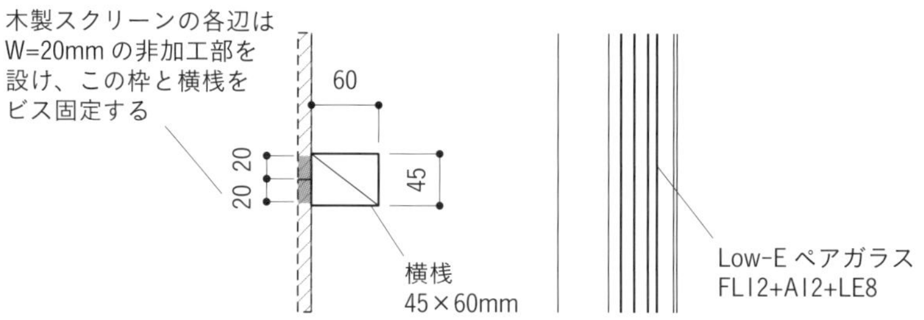

木製スクリーン中間ジョイント部詳細図　(S=1:8)

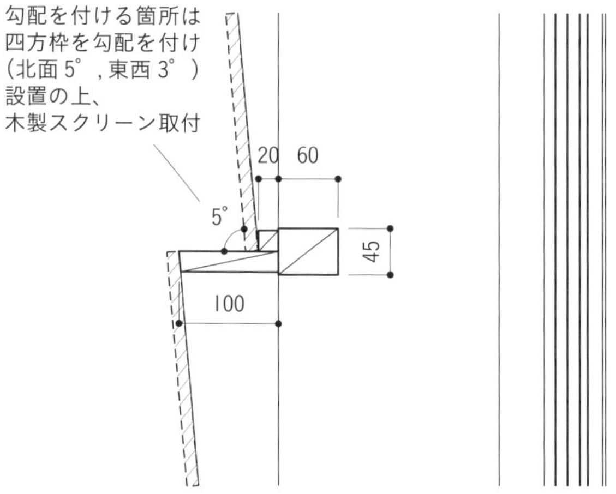

木製スクリーン中間ジョイント部（勾配あり）詳細図　(S=1:8)

木製スクリーン

エデンの園を表現した透かし彫りは、6か月かけた6㎜の点描。理想的な音響を演出するため、一枚一枚のパネルは傾けられている。透かし彫りの穴には適度な音が回り込む。音響はやわらかい。カーテンは残響時間の調節する装置である。

矩計図というものは難しい（手塚貴晴）

矩計は大学で教わらない図面である。というより、教えようがない図面である。矩計は少々の知識で描けるようなものではない。新人が矩計図の真似事が描けるようになるまで、最低3年はかかる。しかも3年目の新人が描いた図面は嘘ばかりである。5年生になると、ようやくそれらしいものが描けるようになるが、それでも「ようやく」という程度である。そのくらい矩計図というものは難しい。

建築家の作品には熟練の度合いが表れる。その違いはWebではわからない。Webでは面白可笑しい形態の運動会が展開されている。3D曲線を使ったり不思議な色合いを醸し出せば、アクセス数が増え、あっという間に有名になる若手もいる。今時は実際に建っていなくても3Dが華やかであれば持て囃される。しかし若手諸君には気がついてもらいたい。画像は虚像に過ぎないのだということを。料理でいえばメニューに過ぎない。メニューであれば、どんな嘘も書ける。写真を撮るだけであれば、食えなくてもよい。華やかにするために食べられない華やかな植物をアレンジしても問題ないのだ。しかし実物となるとそうはいかない。微妙な味わいは修行を重ねた板前にしか出せないのだ。建築も同じで、画像や動画で華やかであった建築に訪れて愕然とすることがある。もちろん建築にとってコンセプトや空間は大切である。しかし適切な取り合いが処理されていなければ目も当てられない結果になってしまうのである。

詳細の価値の違いに気がつくようになるためには熟練が必要である。私も例に漏れず、学生時代はその価値がまったくわからなかった。漠然とその意味を感じはじめたのは槇文彦の「TEPIA」を訪れたときであった。その抜き身の磨き上げられた日本刀のような凄みに圧倒された。1989年のことである。しかし自らがなぜ感動しているかはまったくわからない。次に感動を覚えた詳細は、ピエール・シャローの「ガラスの家」。ペンシルバニア大学のパリワークショップで訪れた。図面で表そうとしたが、描けば描くほど、目眩く世界が現れ出て終わるところがない。次に衝撃を受けたのが、「ロイズ・オブ・ロンドン」。雑誌で見たときは大して興味がなかったのであるが、実物を目にして圧倒的な迫力に度肝を抜かれた。ここまで書いて気がついたのであるが、私の詳細への興味はハイテックスタイルにはじまっている。機械の詳細にはすべて意味がある。ハーレーダヴィッドソンやトライアンフといったオートバイのエンジンの美学と似ている。嘘がない。機械の美学を映したハイテックスタイルには機能美がある。時折見かけるこれみよがしの表現主義のハイテック風とは桁が違う。

結局私はその「ロイズ・オブ・ロンドン」を設計したリチャード・ロジャースのところに就職することになった。就職すると、今度は感動する側ではなく自らがつくる側になる。これがなかなかできない。物事の成り立ちがわかっていないと、何をどう表現していいのかわからない。ロイズを手がけた詳細の達人に囲まれると、自らの未熟さがあからさまになってひたすら恥ずかしい。学んでも学んでも先が見えない。ボルト一本取捨選択することさえできない。かつら剥きさえできない料理学校出の小僧が、熟練した板前の技に感涙を覚えるようなものである。そうこうするうちに4年もすると、ハイテックスタイル以外の建築の詳細も見えるようになってきた。次に衝撃を受けたのは、日本の古建築群。5年間の修行を終えて日本に帰った。ふと奈良へ京都へと足を運ぶと、飛鳥から平安にかけての建築が物怪のように恐ろしげに見える。もちろん千年の昔からある建築が変わるわけがない。見ている私の目が変わったのだ。単なる装飾のように見えた木組みには、すべて意味があったのだ。ふとそのとき、かつて広瀬鎌二が黒板に描いた詳細図が脳裏に蘇った。なんと私はその授業の価値を理解するのに、10年を要したのだ。愚か者である。一度そういう回路ができてしまうと、フランク・ロイド・ライトやミース・ファンデル・ローエの建物にも良し悪しがあることに気がついてきた。恐ろしいもので、建築を素直に楽しめなくなってしまった。人体をレントゲンにかけるように、骨や内臓が透けて見えてしまう。建築の病気が見えてしまう。

「新島学園講堂」は一見するとパネルを通る光だけが目に入る。その表現を見て装飾と批判する向きもあった。しかし違うのである。間違ってもCGではない。6か月かけて描いた巨大な絵である。エデンの園を描いた。そこからが難しい。建築家が描く絵は額縁に入らない。構造や取り合いは隠すものではなく、あるべきものがあるべき状態で存在すると違和感がない。気にならなくなる。パネルは音響を演出するべく一枚一枚傾いている。同じ角度ではない。光を通す穴の大きさは光の回折を促す大きさと形を模索して6㎜角と決めた。構造は森の木々が揺らぐように、方杖を微妙に手加減して分散した。手摺は時を越えるべく大きく強く表現した。木は雨に濡らさない。外皮は亜鉛メッキの金属で仕上げ、宝石箱の中に飾られた小細工のように木を魅せる。しかしここまで書いて気がついた。無粋である。言葉は結局詳細図を超えて取り合いを表現できないのだ。

上野東照宮神符授与所／静心所

中村拓志＆NAP建築設計事務所 | 2022 | Shrine Juyosho / Meditation Pavilion | 東京・上野

上野東照宮社殿に至る回廊型の奥参道と、樹齢600年超の御神木を中心とした祈りの庭の設計である。1627年創建の上野東照宮は、江戸城の鬼門の方位にある上野の台地に鎮座し、徳川家康公（東照大権現）を神としてお祀りする神社である。豪華絢爛な権現造の社殿は、幕末の上野戦争や関東大震災、第二次世界大戦の空襲を奇跡的に免れ、いまも変わらぬ姿で参拝者に安らぎを与えている。計画にあたっては、御神木の根に負荷をかけていた動線を見直し、周囲を五郎太石敷きで清めた聖域としての庭園と回廊型の参道を整備した。道中に架けられた二枚の片流れ屋根の建築のうち、ひとつは拝殿形式の「神符授与所」、もうひとつは拝観前に御神木と対面して心を清め落ち着かせる「静心所」である。

神符授与所では、初穂料を納めお守りや御朱印といった神符を授与されることもひとつの祈りの行為と位置づけた。巫女の背景となる大きな窓からは、社殿を囲う二重菱格子の透塀と奥参道を臨むことができる。社殿で清められた神符が巫女によって運ばれ、ここで授与されるという儀式性を空間に込めている。

屋根は透塀の結界性を踏襲して、その下が神聖な空間となるように意図した二重菱格子構造である。垂木の一方の軸を社殿と日光東照宮を結ぶ真北方向に、もうひとつの軸を久能山東照宮のある駿府に振っている。そのため内部からは、徳川家康公が一周忌を経て久能山から不死の山（富士山）を越え、江戸は真北の空に輝く北極星が指し示す日光に勧請されたという、家康公が神（東照大権現）になる過程をダイナミックに追体験できる。ここは、巨大都市東京の創造主が青年期と晩年期を過ごし、いまは墓所に眠る「駿府」と、神として鎮座する「日光」への遥拝所でもある。

静心所の屋根架構材は、この場所で長らく防火樹として社殿を守ってきたが倒木のおそれがあるためにやむなく伐採された大イチョウである。われわれは枝葉を広げたような屋根としてイチョウを蘇らせようと考えた。ただし腐朽による空洞化が著しく長径材が量的に確保できないため、最小断面60㎜角に乾燥した製材を用いて屋根を構成した。シェル構造によって剛性を高めた長さ3mの軒を支点から跳ね出し、反対側をやじろべえのように引っぱることで、御神木側に柱が一切落ちない空間とした。

座する一人ひとりの頭上を包み込むヴォールト屋根は、意識を自己へと向けさせ、社殿を敬うようにこうべを垂れる軒先は、瞑想時の半眼や祈りを導くだろう。

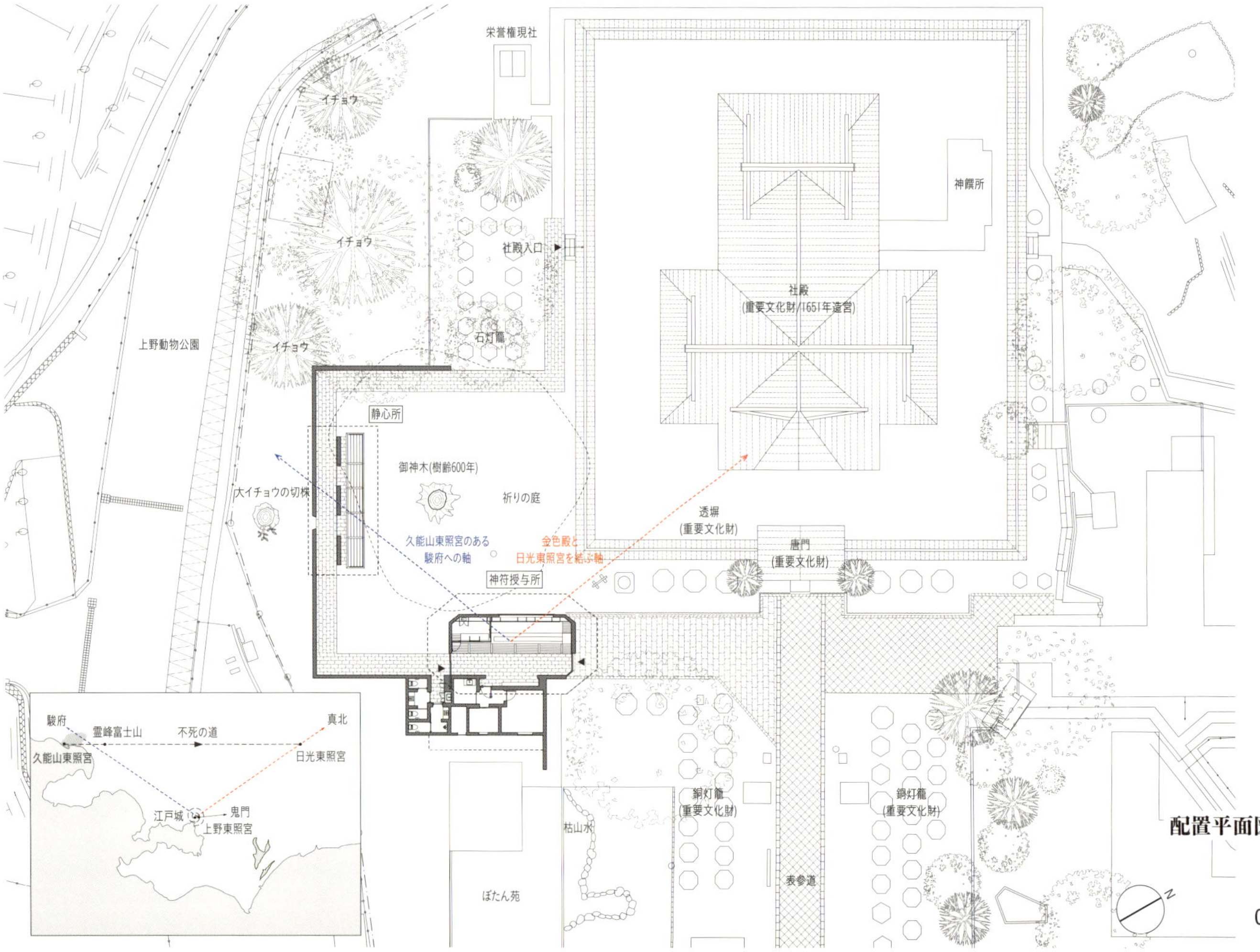

配置平面図

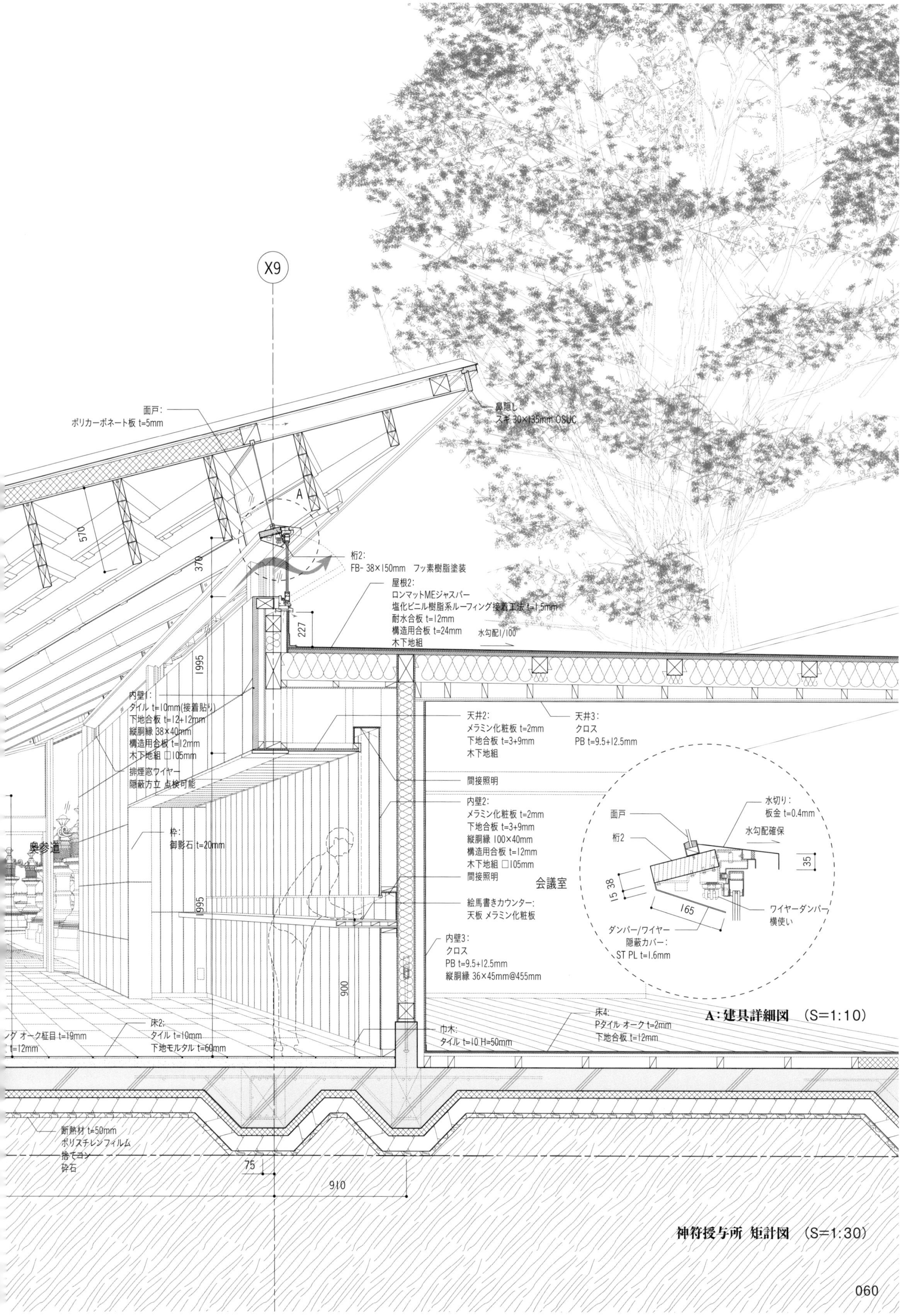

A：建具詳細図 (S=1:10)

神符授与所 矩計図 (S=1:30)

社殿に対してこうべを垂れた神符授与所の屋根架構は、透塀と連続するように、鼻隠しの下端を二重菱格子の上端に揃えている。
屋根は妻側にも1.95mの深い軒を実現し、拝観者を懐深く迎え入れる。

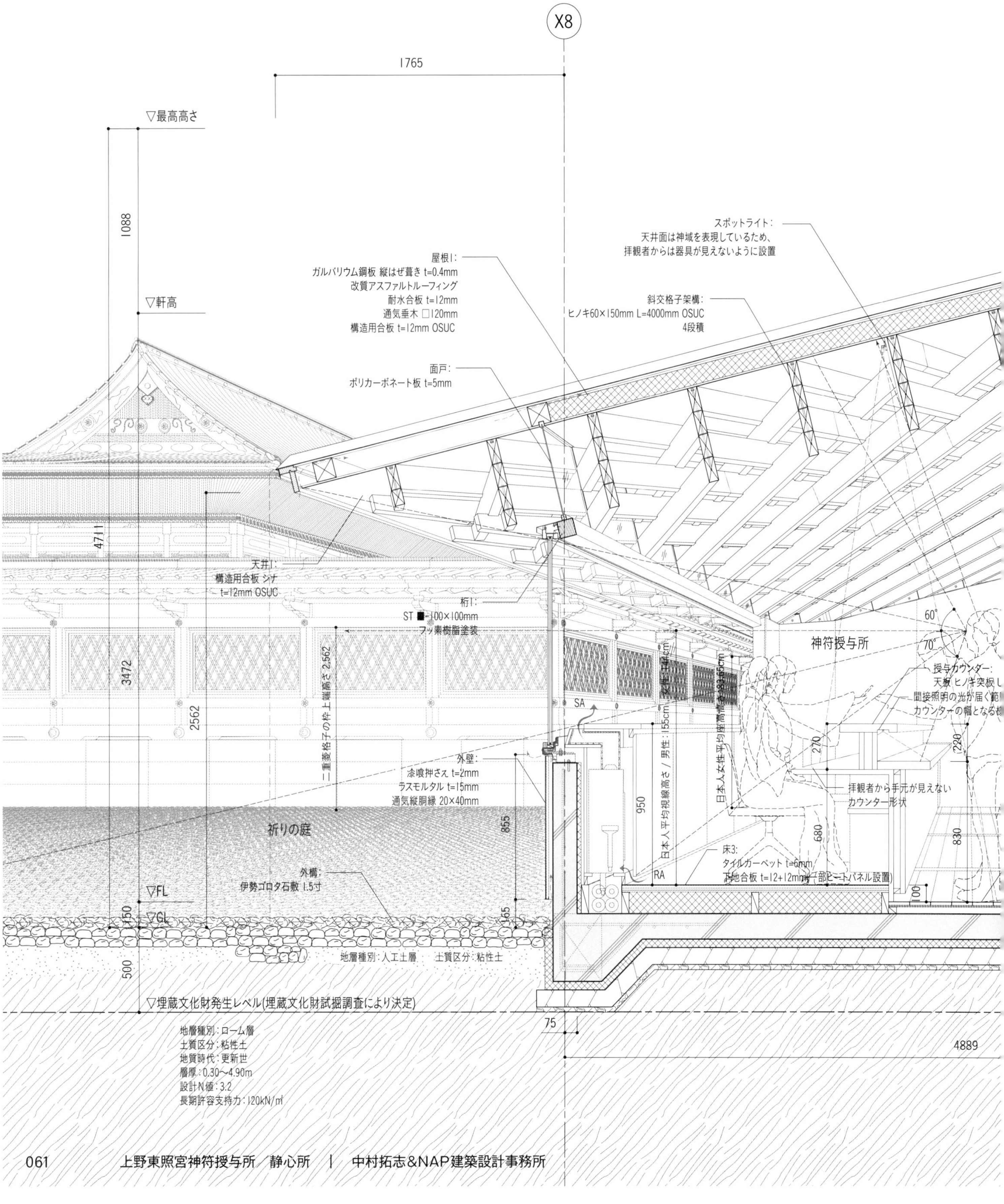

パーソナルなシェル構造

三枚の壁の前に座ると頭上にパーソナルなドーム状の瞑想空間が現れる。御神木や社殿から音がドーム反響し、独特の音の場に包まれる。

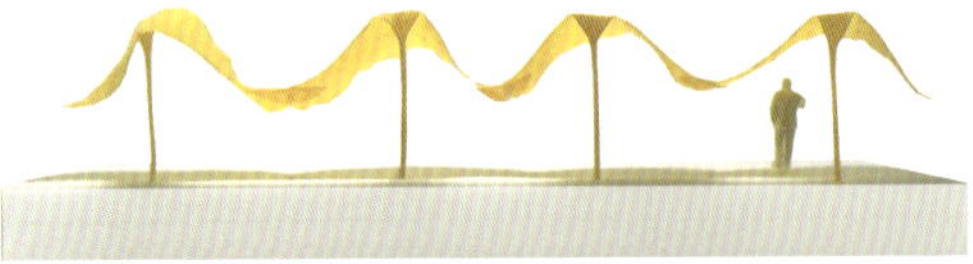

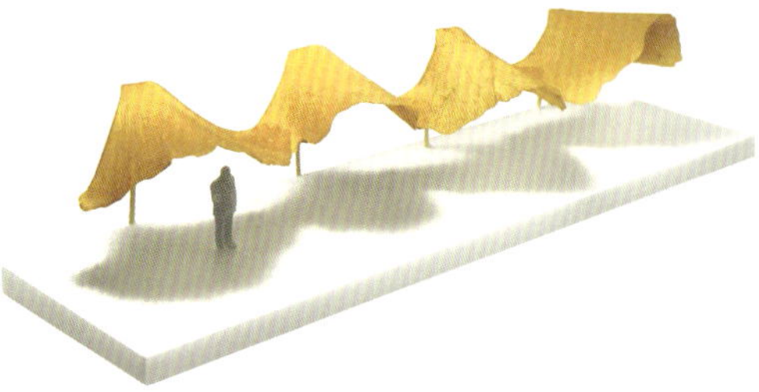

コンセプト模型

イチョウの葉を広げたようなヴォールト屋根が参拝者を包み込む。背後の反響壁とともに、木の葉の擦れる音に耳を澄ましたような独特の音の場が形成されると同時に、本殿の金箔貼りに呼応するような天然の黄金色の空間が現れる。

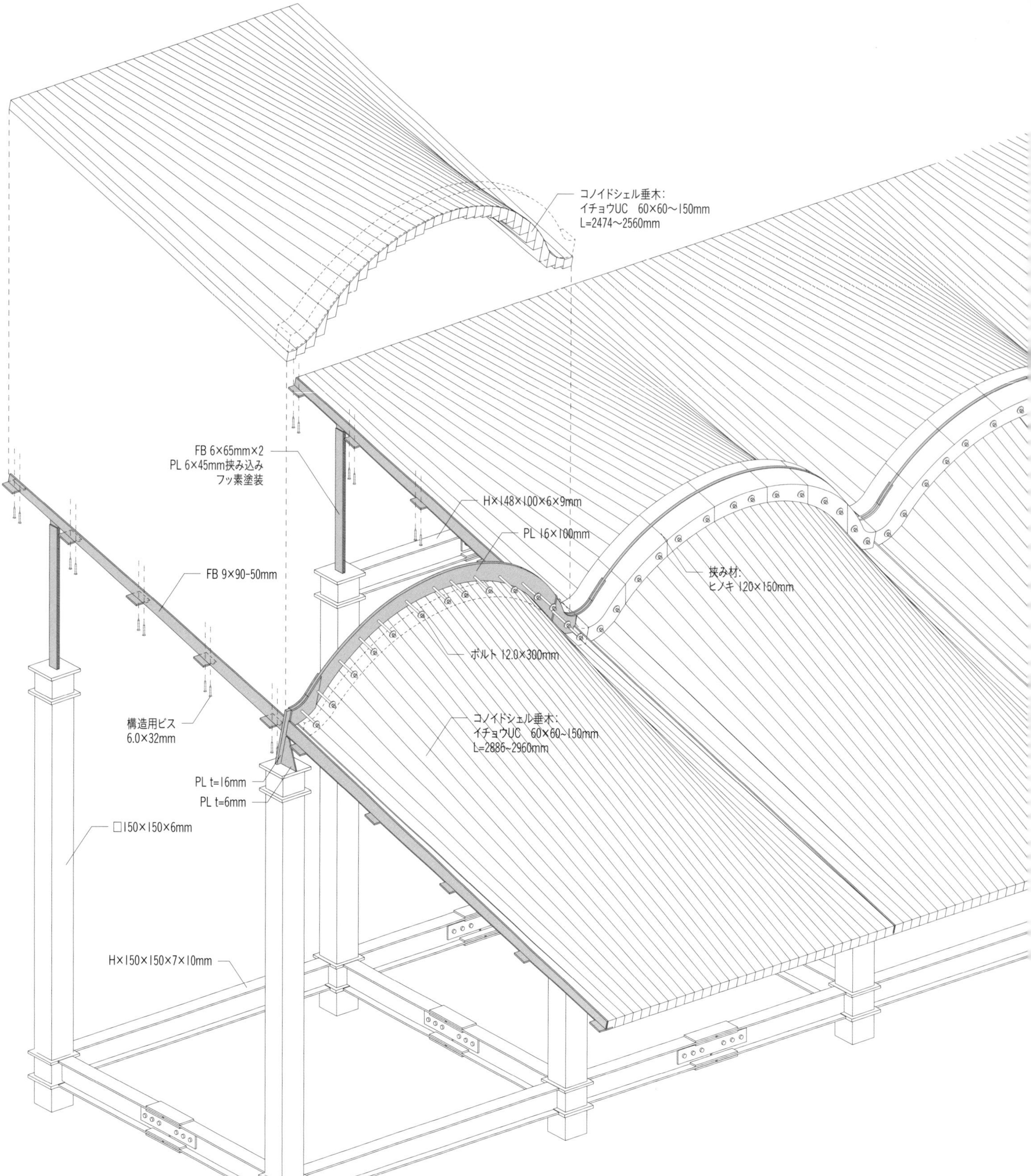

アクソメ図

イチョウ材を並べた静心所のコノイドシェル構造

小断面のイチョウ製材を用いた片持ちのシェル構造である。シェル形態は、片持ち梁の力学特性、通直材による構成、「社殿を敬うようにこうべを垂れる」という建築コンセプト等の理由から、通路と休憩スペースの境界位置で最大曲率となるムクリが、先端で直線となるコノイド曲面を採用している。幅60㎜のイチョウ材を隙間なくずらしながら並べてビス打ちし（補助的に接着剤を併用）、その天端に構造用合板を曲げながら貼ることで面内性能を確保している。この屋根を、境界壁上ではピン接合で固定し、背面壁上ではバックステイで引っぱることで2.9mもの跳ね出しを実現した。
（山田憲明／山田憲明構造設計事務所）

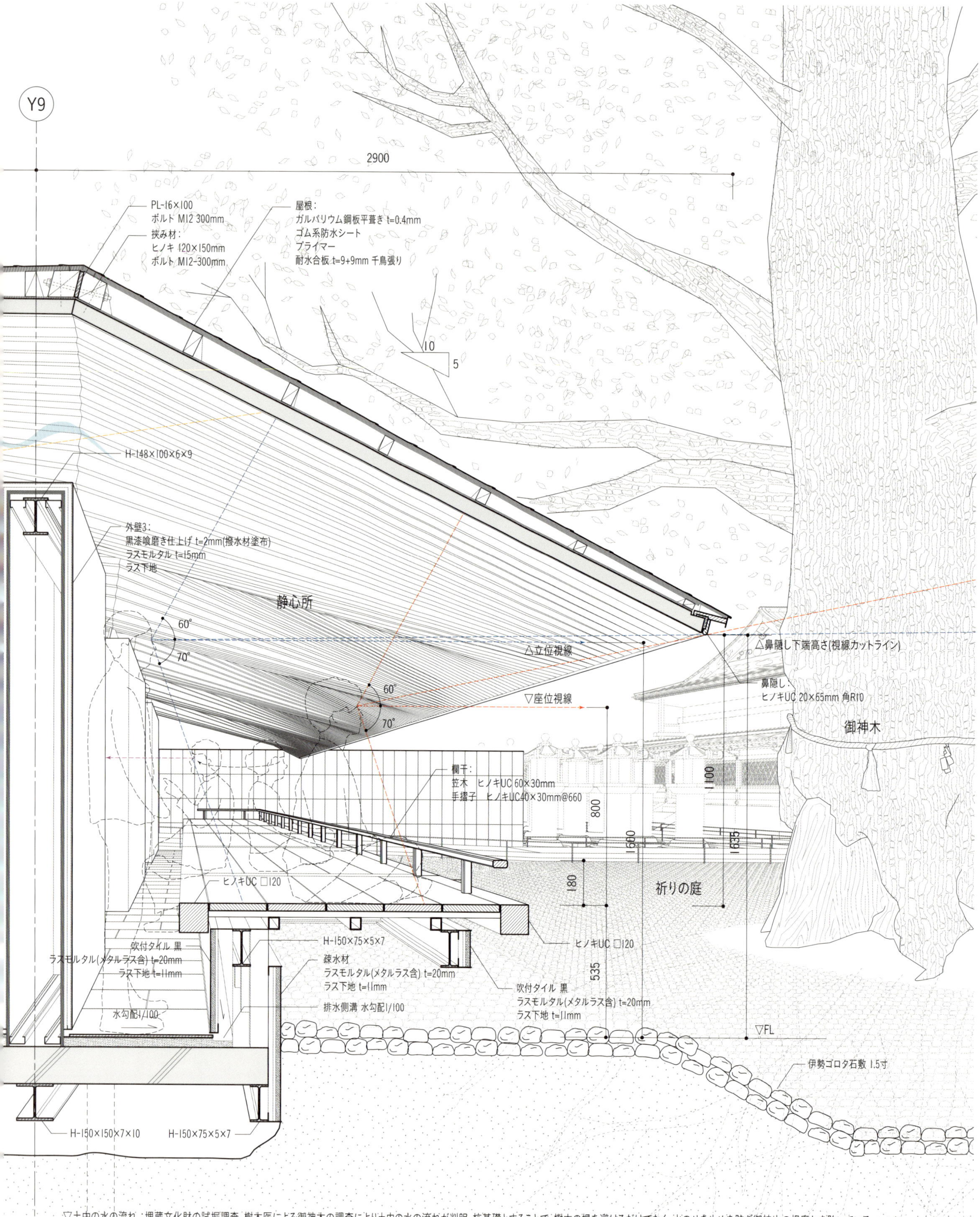

▽土中の水の流れ:埋蔵文化財の試掘調査、樹木医による御神木の調査により土中の水の流れが判明。杭基礎とすることで、樹木の根を避けるだけでなく、水のせき止めを防ぎ御神木の根腐れを防いでいる。

静心所 矩計図 (S=1:20)

瞑想を終えて振り返ったときにはじめて大イチョウの切株が見窓を通して眺められ、切株から新しい枝葉が育っていることを発見できる。

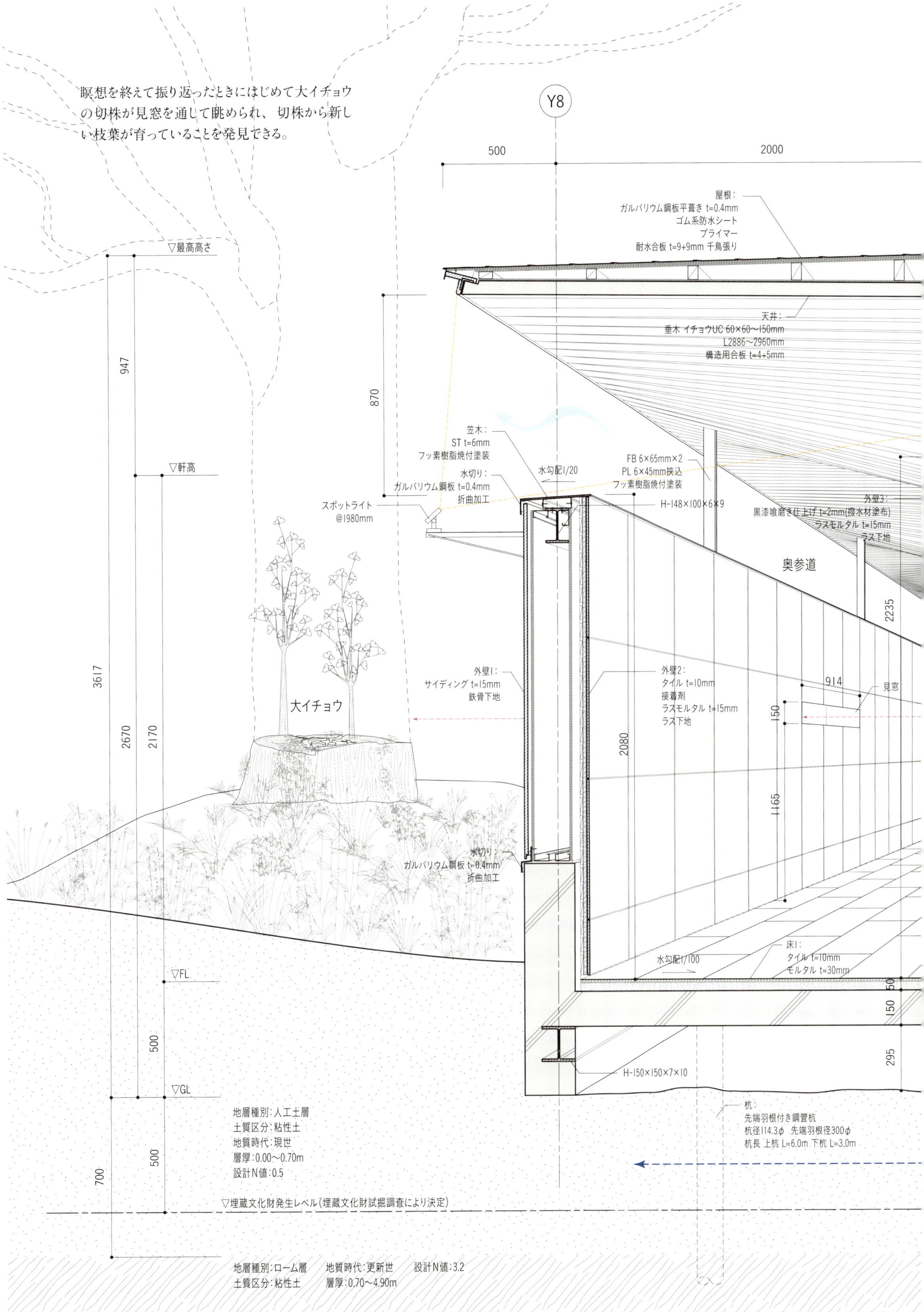

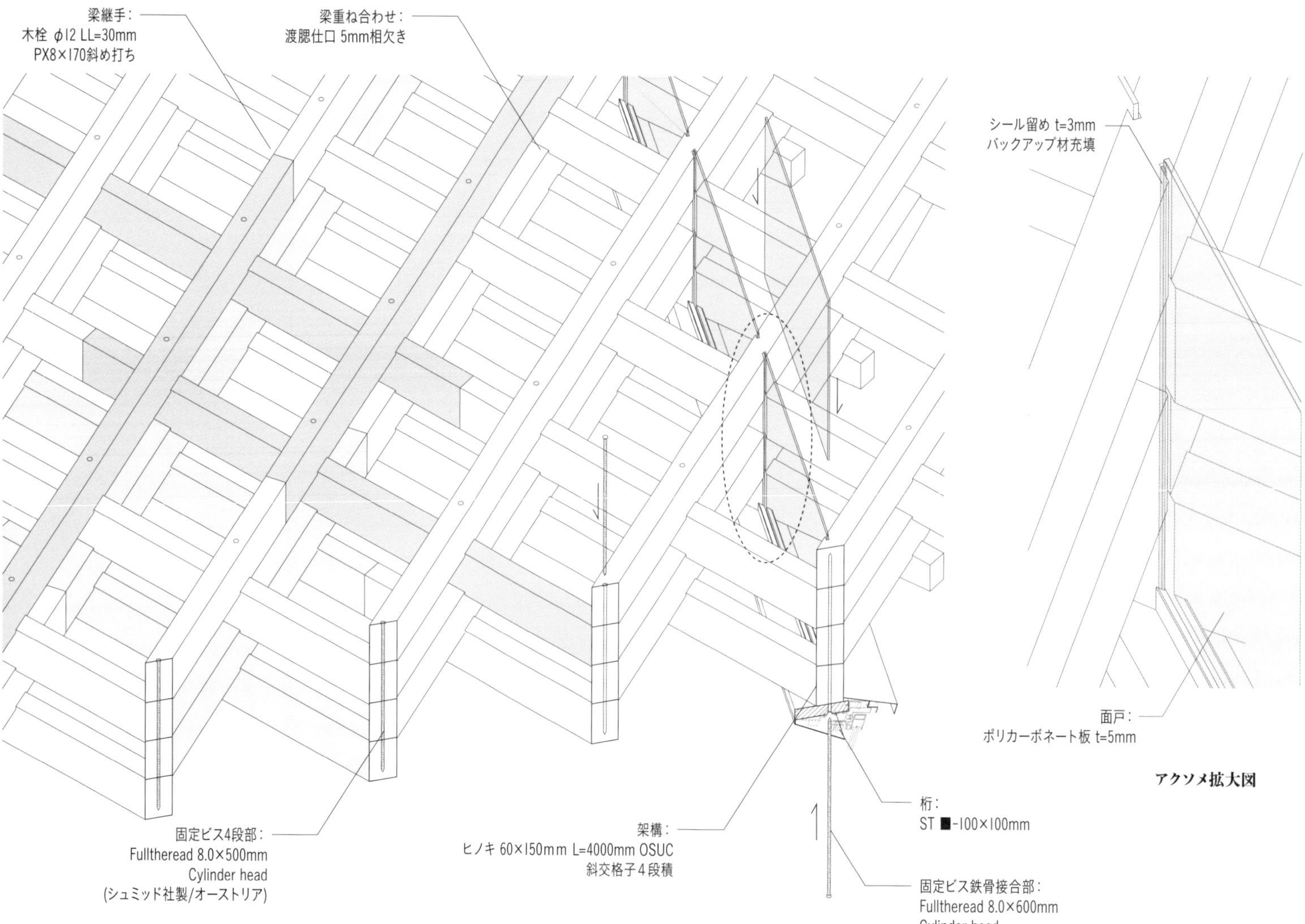

神符授与所 二重菱格子架構アクソメ(見下げ)

内外を遮る面戸には、ポリカーボネイト板を用いた。ガラスに比べ厚みを抑えることができるため、架構部材の断面欠損を最小に抑え、押縁の見えない納まりすることで二重菱格子の架構が内外に連続し浮遊感のある屋根としている。斜交材の角度が上下で異なることで、バックアップ材とシール留めの見え方が交互に変わってくるため、検討にはアクソメを用いた。

左：施工時の様子。支保工を用いて仮設梁を設け施工精度を保持
中央：下段から順に施工し４段積みあげていく
右：４段すべて積み上げた後、全ネジ長ビスで縫いつける

レシプロカルな二重菱格子屋根

神符授与所の屋根は、軒先方向の社殿に敬意を表すため、片流れとなった。そのため、二つの出入り口はそれぞれ妻入りになったが、この屋根の純粋性を守るため、桁を介さずに屋根だけで持ち出すことが条件であった。桁行方向に1.95m、梁間方向に1.765mの深い軒の跳ね出しと、広さ4.9m×10.4mの室内の無柱化空間を、幅60×せい150㎜×長さ4mのヒノキ製材を用いて互い違いに4段重ねる斜交格子梁で実現している。最長12mとなる斜交材は最低2か所の継手が必要だが、各段の継手をずらしたり井桁のように配置することで、レシプロカル構造の支え合う仕組みをつくり、全体としてモーメントを伝達させている。格子梁の交差部は、各段の梁のせん断力伝達や、暴風時の吹き上げに耐えるため、梁材上下端を互いに5㎜ずつ欠き、渡腮仕口にしてずれ止めをしたうえで、最長600㎜もの1本の全ネジ長ビスで縦方向に縫いつけている。
(山田憲明／山田憲明構造設計事務所)

平面図の罪（中村拓志）

世界を水平に切ることで、建築は身体と自然から切り離された。19世紀末の機能主義以降、平面図を過剰に重視する建築設計が犯した罪だ。より正確にいえば、平面図が身体や自然現象の記述に不向きなことで、設計者はそれらと対話の機会を逃し工学的世界へ邁進したのである。平面図において身体は米粒のような形でしか現れず、ふるまいの差異が見えにくい。それゆえか、人間を標準化・画一化して考えがちになる。同じく平面図には重力や気圧によって垂直方向に動く自然現象は記述されず、空や太陽といった人間を超越した存在は見えにくい。屋根が表現されないため、内と外の領域の曖昧さが主題になりにくい。そのような水平思考が20世紀全体を支配し、傾斜地は平坦に造成され、そこに平面図をそのまま立ち上げたような建築が量産されたのである。陸屋根で風の抜けない温室建築が、居場所や固有のふるまいを徹底的に排除したわけだ。

その一方で矩計図は、人や自然との関係を考えるためのメディアである。矩計図には空と大地があり、その間には重力にしたがう自然現象が展開する。雨や垂れる結露、落葉、木漏れ日、煙突効果で上昇する部屋の暖気、沈降する湿度、壁内の通気層を昇る気流といったように、鉛直方向に動く現象を捉えることができる。身体やふるまいもまた、具体的に現れ、立つ・座るといった高さ方向に変化する行為や視線の変化と、建築や風景の関係が明らかになる。もたれる背や座面の角度による居心地の感覚も確認しやすい。その中心となるのが、居場所と風景を結ぶ窓だ。人は窓から遠くを眺めて、過去や未来について考え、大事な人のことを想う。何かストレスを感じたとき、窓の向こうに視線を逃し、心を遠くの場所に移すこともある。あるいは光によって救われるかもしれない。人々の希望や救いのために、われわれの矩計図にはサッシのディテールとともに、ふるまいと居場所、風景が描かれているのである。矩計図の花形は屋根である。屋根は人々の安心と庇護のためにある。とりとめもない世界から私たちを囲い、その下に安定して秩序だった内的世界を現し、人々を分け隔てなく迎え入れる優しさをもつ。だからわれわれは架構とそれにかかわるふるまいを重視する。

世界を垂直に切るのか、水平に切るのか。そしてそれを俯瞰するのか、微視するのか。設計のメインフレームとしてどの態度を選ぶかで、現れる建築は大きく異なってくる。私たちは自然を尊重してその原理とともに生き、人々のふるまいに寄り添い、尊厳を育む居場所をつくっていかなければならない。そのために私は、矩計図を中心とした建築設計論が必要だと考える。世界を垂直に切り、それを微視すること。自然や人の動きを観察する微視的設計がいま、問われている。

ROKI Global Innovation Center -ROGIC-

小堀哲夫／小堀哲夫建築設計事務所 | 2013 | Laboratory | 静岡・浜松

古くから、自然の中でどこに居場所を見つけどう自然と向き合うかという回答としてひとつの建築がはじまり、戸や障子により外部とゆるやかに折り合いをつけながら、美しく豊かな生活環境をつくり込んできた日本人の感性は、世界に誇れるひとつの独自性である。

本施設は、自動車産業向けフィルタを中心にろ過技術を提供するメーカーの研究・開発を行っており、プロジェクト単位でグループを組み研究を進めている。研究施設では温熱、光ともに人工的に調整された空間が要されることが多い。だが、今回あえてひと続きの空間体験の中でゆるやかに環境の階調差を顕在化させる場づくりを試みた。多くの建築環境が数値化・均質化され、自然との結びつきに乏しくなっている私たちにとって、その階調差こそが新しい価値をもち得るのではないか。建築体験として圧倒的に感じられる木格子天井とＲＯＫＩフィルターによるフィルトレーションルーフは、この企業のアイデンティティである。これは同時に自然光や風を濾過するインターフェースとして機能し、人間にとって心地よく感じられる自然要素を濾過して取り入れ、「建築がなかったとき」よりリアルに自然を感じられる環境をめざした。南側全面引戸による解放性により外部環境との一体化を図りつつ、ひとつ屋根の下で各自が快適な環境を選択できる働き方を提案した。それぞれの場の環境インフラ（床輻射、床吹き出し冷暖房、照明、弱電ＬＡＮ、ＴＭＤ）は

常に自然を感じられるオフィス空間

本社ビルに隣接してつくられた研究開発棟

６５０㎜の逆梁スラブの中にすべて集約され、２７５０㎜と抑えた階高により、親密な距離感とコンパクトな一体感をもたせた。また、立体的にずらし積層しながら空間を仕切ることで、多層的なワンルームとした。天井高の違いや視線の抜け、空間の明るさなど多様な環境グラデーションを生んでいる。研究施設機能として重要なことに実験機器の更新性、コントロールされた空調空間を実現するため、実験機器はすべてオフィス下部に人が入ってメンテナンスできるＩＳＳ空間をはさんで配置し、それにつながるＤＳやＥＰＳ空間と十分な屋外機スペースを設けている。人間と実験機器それぞれの環境を完全分離することで、執務環境の快適化と実験スペースのコンパクト化、省エネ化を図った。

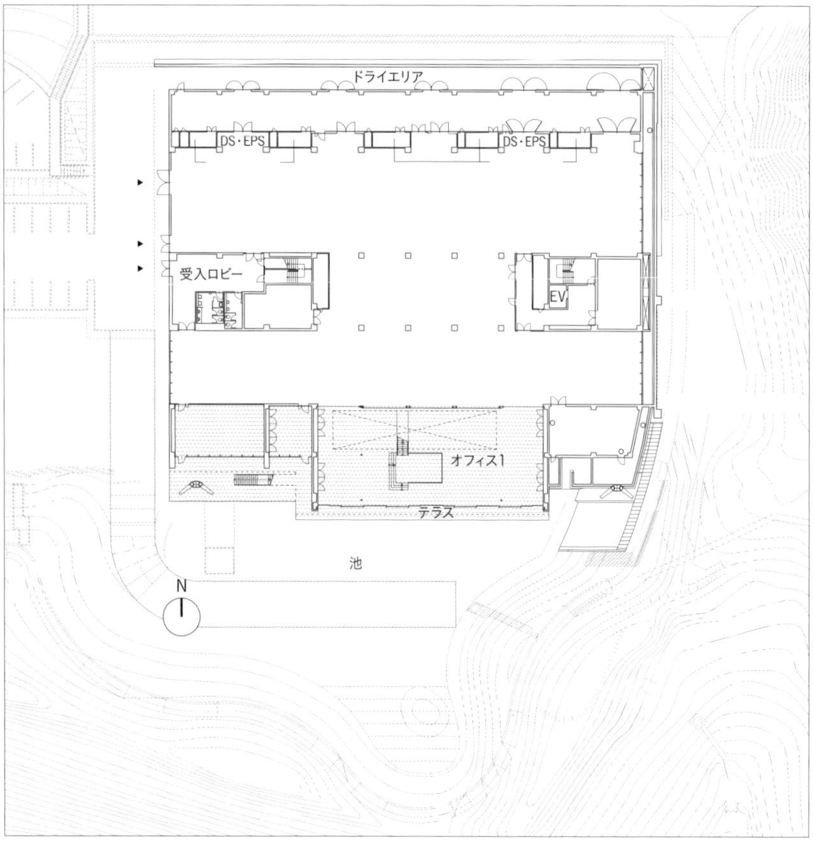

1階

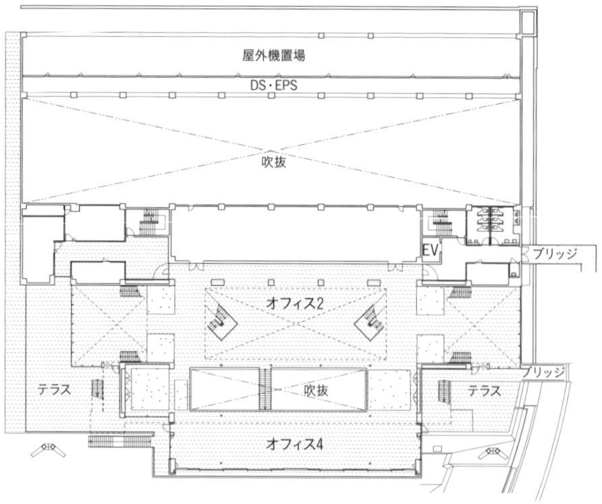

2階

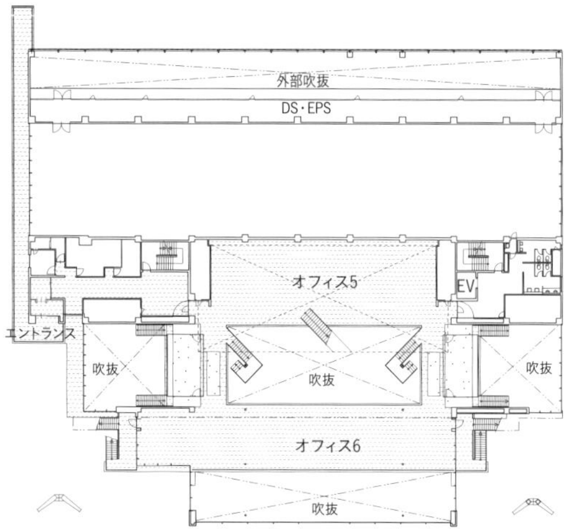

3階

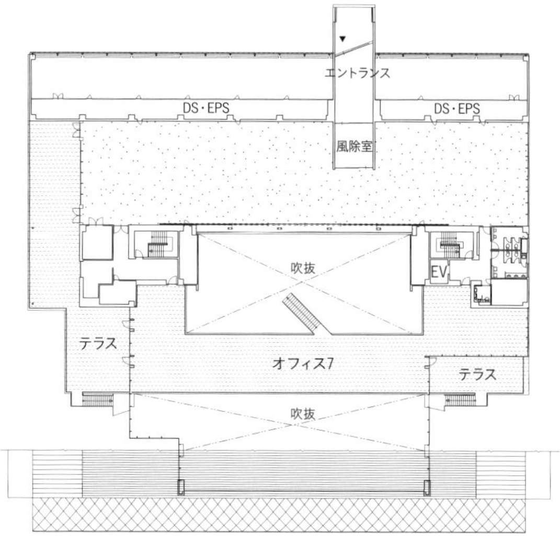

4階

平面図　(S=1:1000)

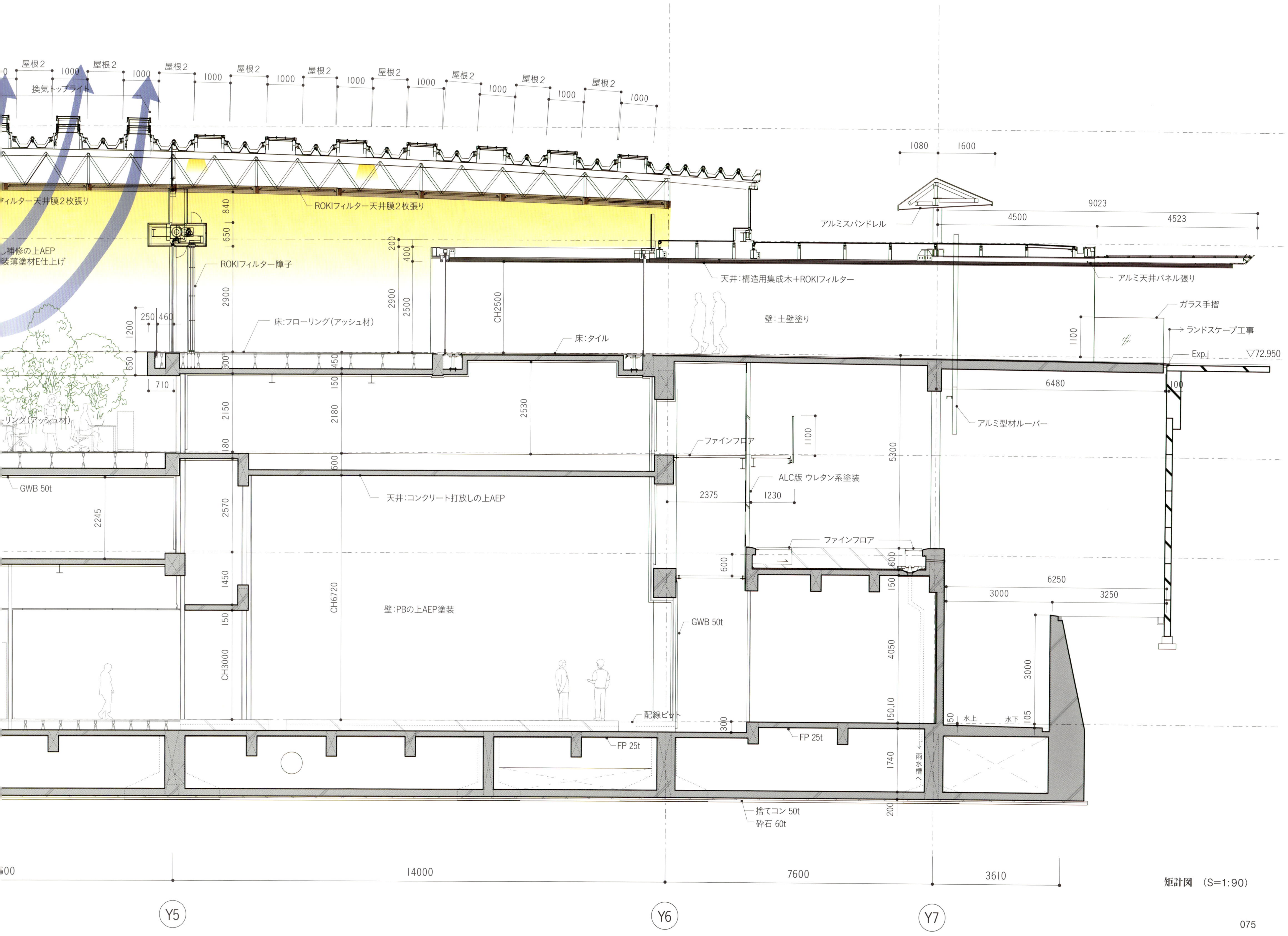

屋根2
1000
換気トップライト
ィルター天井膜2枚張り
ROKIフィルター天井膜2枚張り
補修の上AEP
装薄塗材E仕上げ
ROKIフィルター障子
床:フローリング(アッシュ材)
床:タイル
天井:構造用集成木+ROKIフィルター
アルミスパンドレル
アルミ天井パネル張り
ガラス手摺
ランドスケープ工事
壁:土壁塗り
Exp.j
▽72,950
アルミ型材ルーバー
ファインフロア
ALC版 ウレタン系塗装
天井:コンクリート打放しの上AEP
壁:PBの上AEP塗装
GWB 50t
配線ピット
FP 25t
雨水槽
水上
水下
捨てコン 50t
砕石 60t
1080
1600
9023
4500
4523
6480
6250
3000
3250
2375
1230
CH2500
CH6720
CH3000
14000
7600
3610
Y5
Y6
Y7

矩計図 (S=1:90)

身体的に縦寸法を押さえ、矩計図が語りかけること（小堀哲夫）

私がはじめて矩計を描かせてもらったのは、入社数年目の理化学研究所のプロジェクトだった。当時組織設計事務所にいた私は、一般図をまとめる係として、普及しはじめたCADでパソコンを使って作図していく喜びを感じていた。設計担当のリーダーである幾左田さんに、「二面矩計を描いてみるかい？」と聞かれ、「やります！」といいつつ、何からはじめていいかさっぱりだった。幾左田さんからは「矩計はデザインのすべてが詰まっている一番大事な図面だ」という言葉にはじまり、縦の寸法を示すこと、ファサードの見え方と平面のあり方を統合すること、ディテールを書き込むこと、つくられ方を書き込むこと、など多くの言葉をいただいた。

しかしながら、何をしていいのかさっぱりわからず、いつまで経ってもCADの縮尺を大きくした一般図から抜け出ることができなかった。そうすると、幾左田さんが方眼用紙にびっしりと鉛筆で描かれた矩計スケッチを僕に見せてくれた。それは何度も何度も紙に描き込まれた美しく、愛おしい図面スケッチだった。CADの平坦な無機質な図面より、とても有機的で歴史を感じる、手垢の残った矩計スケッチだった。幾左田さんは多くを語らなかったが、寸法も身体的に捉えないといけないし、自分の手で身体的に描かないといつまで経っても建築はできないよと教えてくれたような気がした。寸法はCADで測るものではなく、与えるものだとも。意思をもって、寸法を与えること。これはとても勇気のあることである。つまり、自分がその縦寸法に自信をもって、建築に与えることができるのかということだ。作図途中に、設計事務所の吹抜けや、エントランスや、エレベーターホールに連れて行かれて、「この天井高さをいい当ててごらん」といった。私は感覚で伝えた後、その場で測ってくれて、「ほら感覚と実際は違うでしょ？」、そして「どの寸法だったら自分がよいと思える？」といった。そこでなかなか自分の身体的な心地よい寸法や、目地の幅、見付、見込みなど、縦寸法の意味を知るようになった。寸法のないスケッチや、概念だけのスケッチしかしない他の先輩と違って、幾左田さんはすべてにおいて寸法に一番の意味があると教えてくれた。それ以来私は、まず矩計図を自分の意思をもって方眼紙に鉛筆で描き、それを清書するためにCAD化するクセがついた。いまではこの考えは古いかもしれないが、コンピュータから抜け出して、身体的に触って、確かめて、作図すること、そして実測し、さまざまな建築を測る訓練こそが、とても大切なことだと思うようになった。私がかつて陣内秀信研究室で、既存の建築や街などをフィールドサーヴェイした経験も活かすことができ、そこから学び、実際に自分から寸法を与える。じっくり、紙に鉛筆で矩計図を描いていくと、心の奥底からじーんとその空間やファサードが見えてきて、私の建築だと思えるようになってくる。矩計図とはそういうものだといまでも思っている。そうすると、それを見た人や施工者や大工は、矩計図面から語りかけてくる設計者の思いや、建築がなりたい姿を感じてくれるのではないかと信じている。

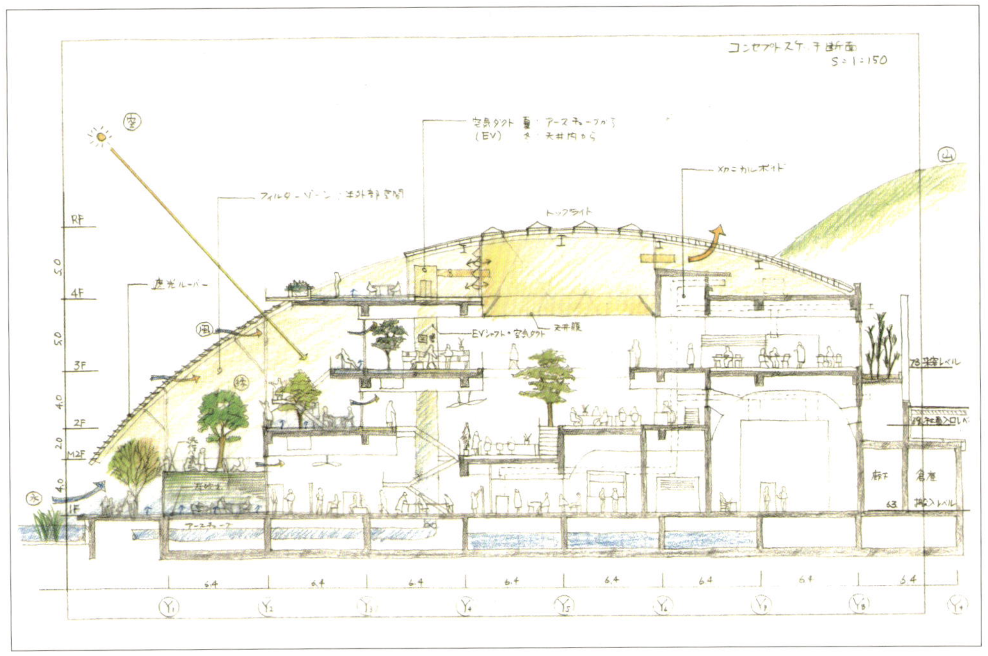

小堀による矩計スケッチ

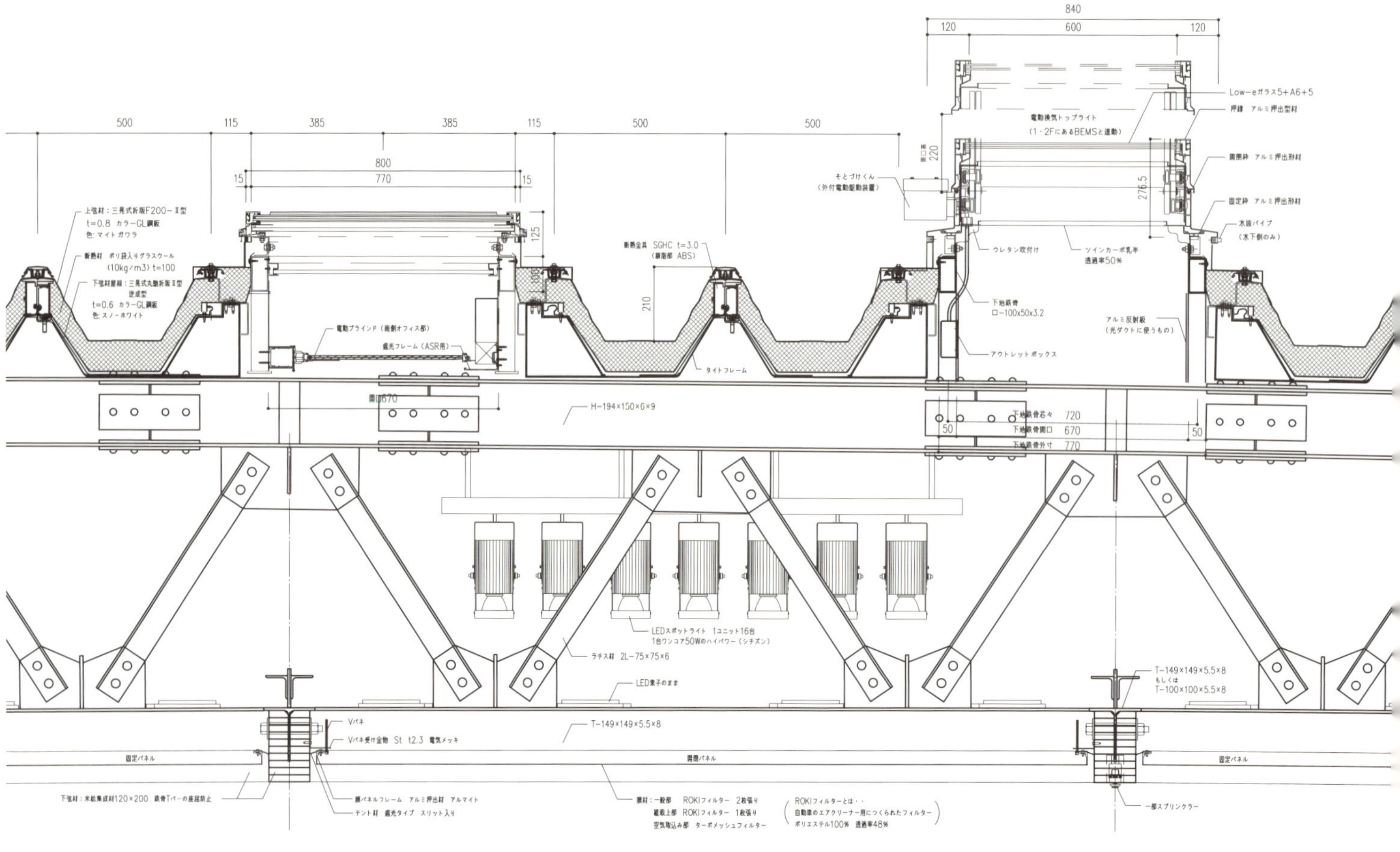

屋根部 断面詳細図 （S=1:20）

Low-e ガラスのトップライトで一定量の入射量を遮蔽して温熱環境に配慮しつつ、アルミ反射板によって光を取り込み ROKI フィルターで拡散させる。張り出したルーバーにより日射負荷を低減する。

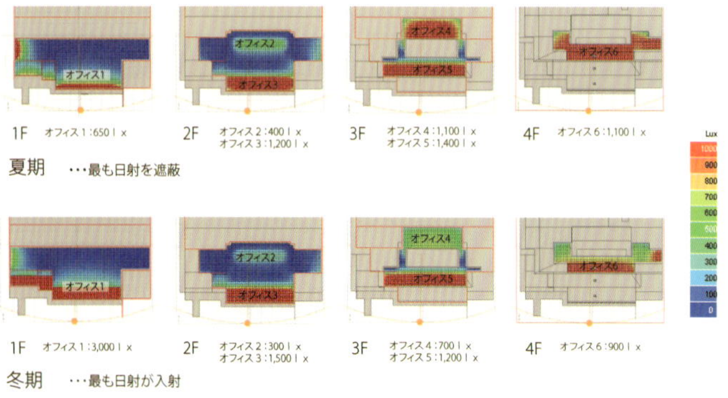

昼光率シミュレーション

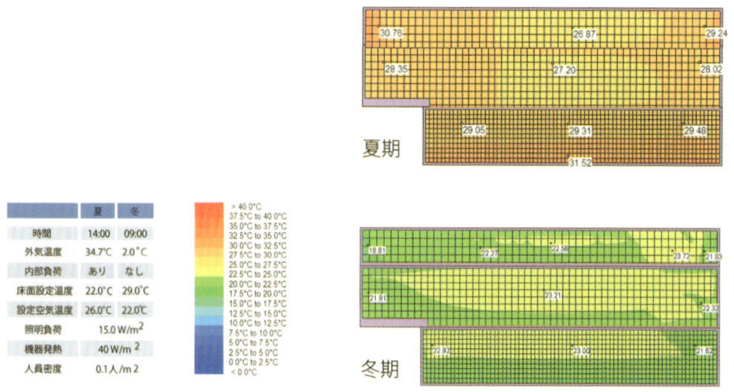

平均放射温度分布図

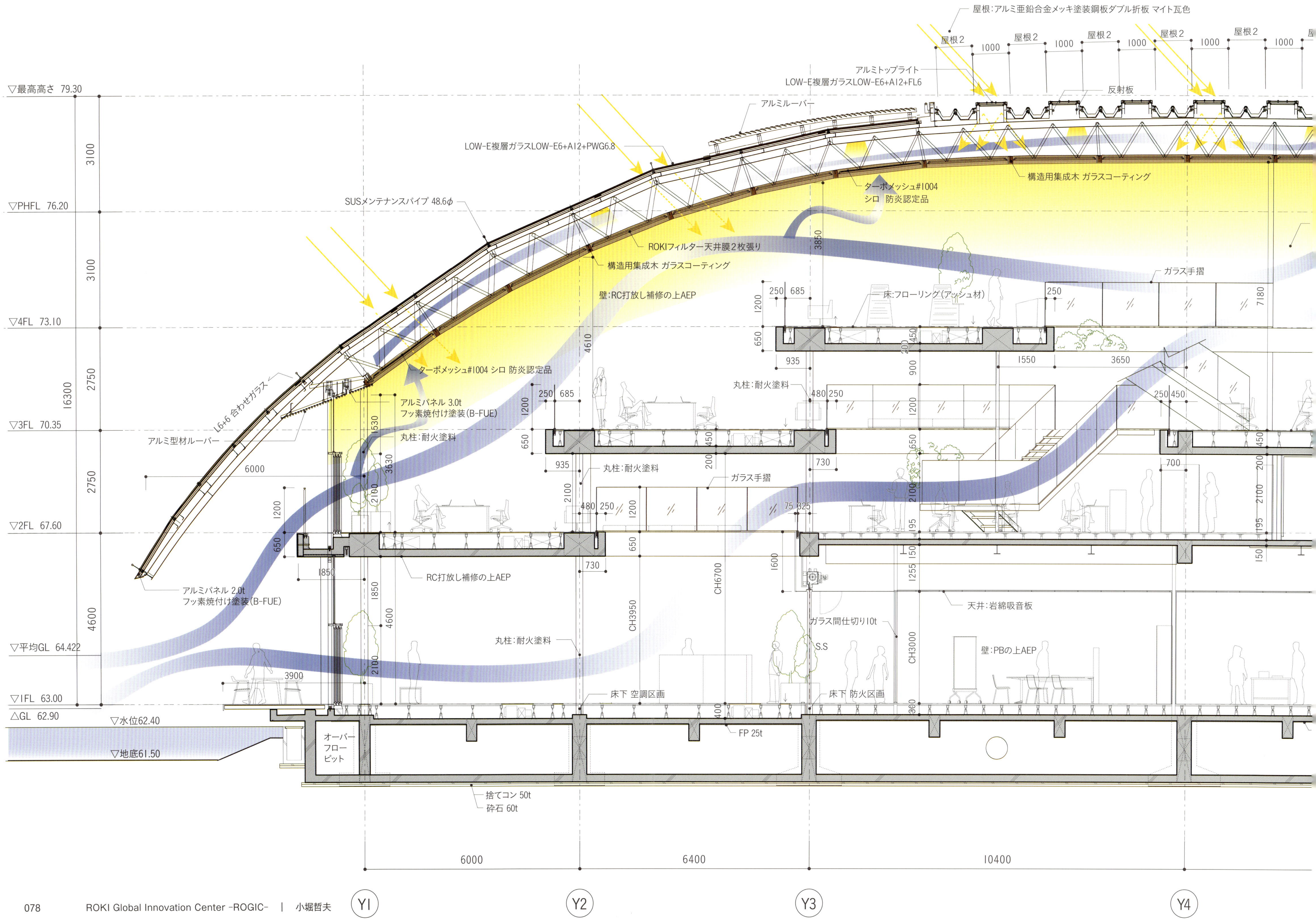
屋根:アルミ亜鉛合金メッキ塗装鋼板ダブル折板 マイト瓦色
屋根2
1000
アルミトップライト
LOW-E複層ガラスLOW-E6+A12+FL6
反射板
アルミルーバー
LOW-E複層ガラスLOW-E6+A12+PWG6.8
構造用集成木 ガラスコーティング
ターボメッシュ#1004
シロ 防炎認定品
SUSメンテナンスパイプ 48.6φ
ROKIフィルター天井膜2枚張り
構造用集成木 ガラスコーティング
壁:RC打放し補修の上AEP
床:フローリング(アッシュ材)
ガラス手摺
ターボメッシュ#1004 シロ 防炎認定品
L6+6 合わせガラス
アルミパネル 3.0t
フッ素焼付け塗装(B-FUE)
丸柱:耐火塗料
アルミ型材ルーバー
丸柱:耐火塗料
ガラス手摺
RC打放し補修の上AEP
アルミパネル 2.0t
フッ素焼付け塗装(B-FUE)
丸柱:耐火塗料
天井:岩綿吸音板
ガラス間仕切り10t
S.S
壁:PBの上AEP
床下 空調区画
床下 防火区画
FP 25t
オーバーフローピット
捨てコン 50t
砕石 60t
▽最高高さ 79.30
▽PHFL 76.20
▽4FL 73.10
▽3FL 70.35
▽2FL 67.60
▽平均GL 64.422
▽1FL 63.00
△GL 62.90
▽水位62.40
▽地底61.50
CH3950
CH6700
CH3000
6000
6400
10400
Y1
Y2
Y3
Y4

宮島口旅客ターミナル

乾久美子／**乾久美子建築設計事務所** | 2020-(2025予定) | passenger terminal | 広島・廿日市

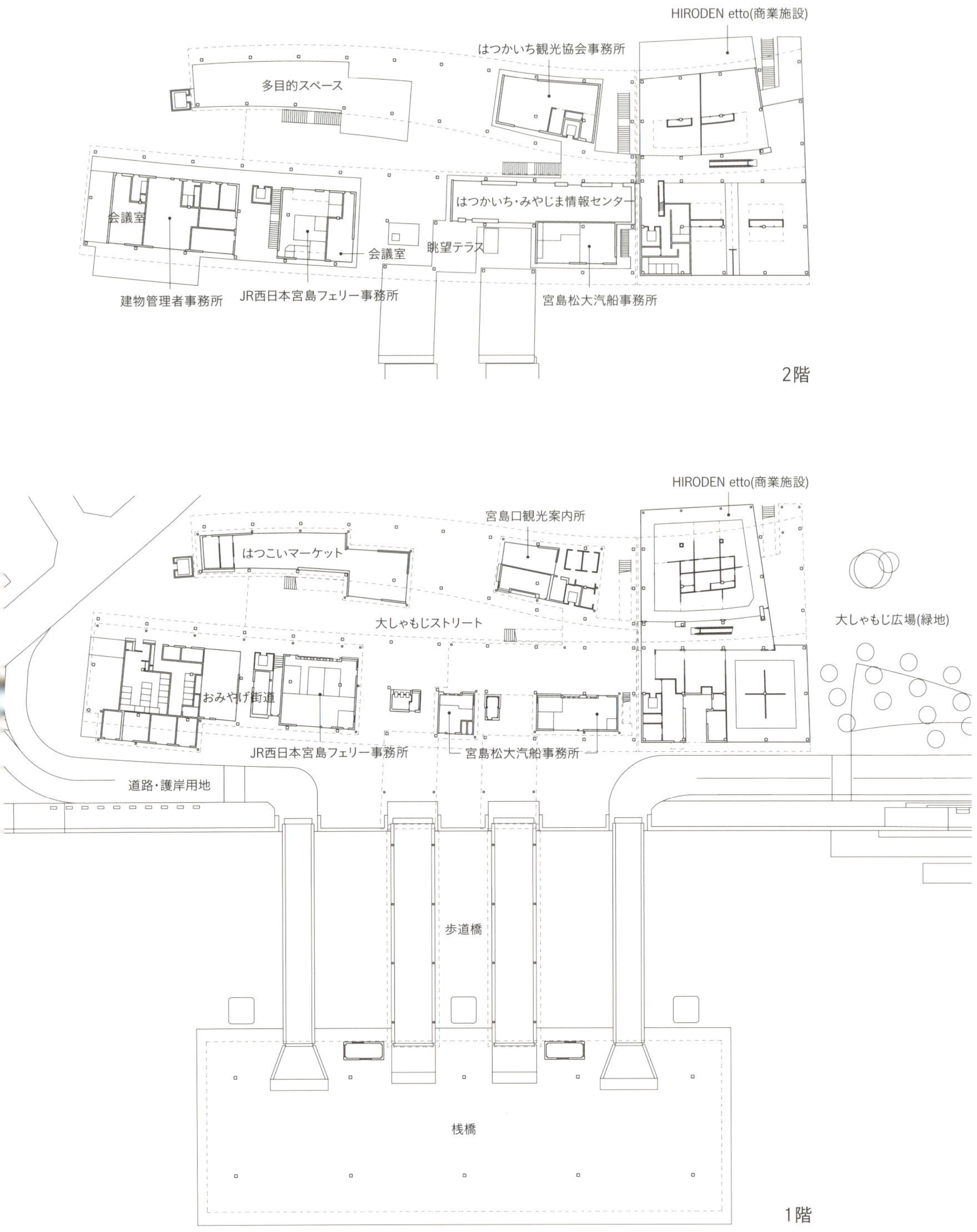

平面図 (S=1:1000)

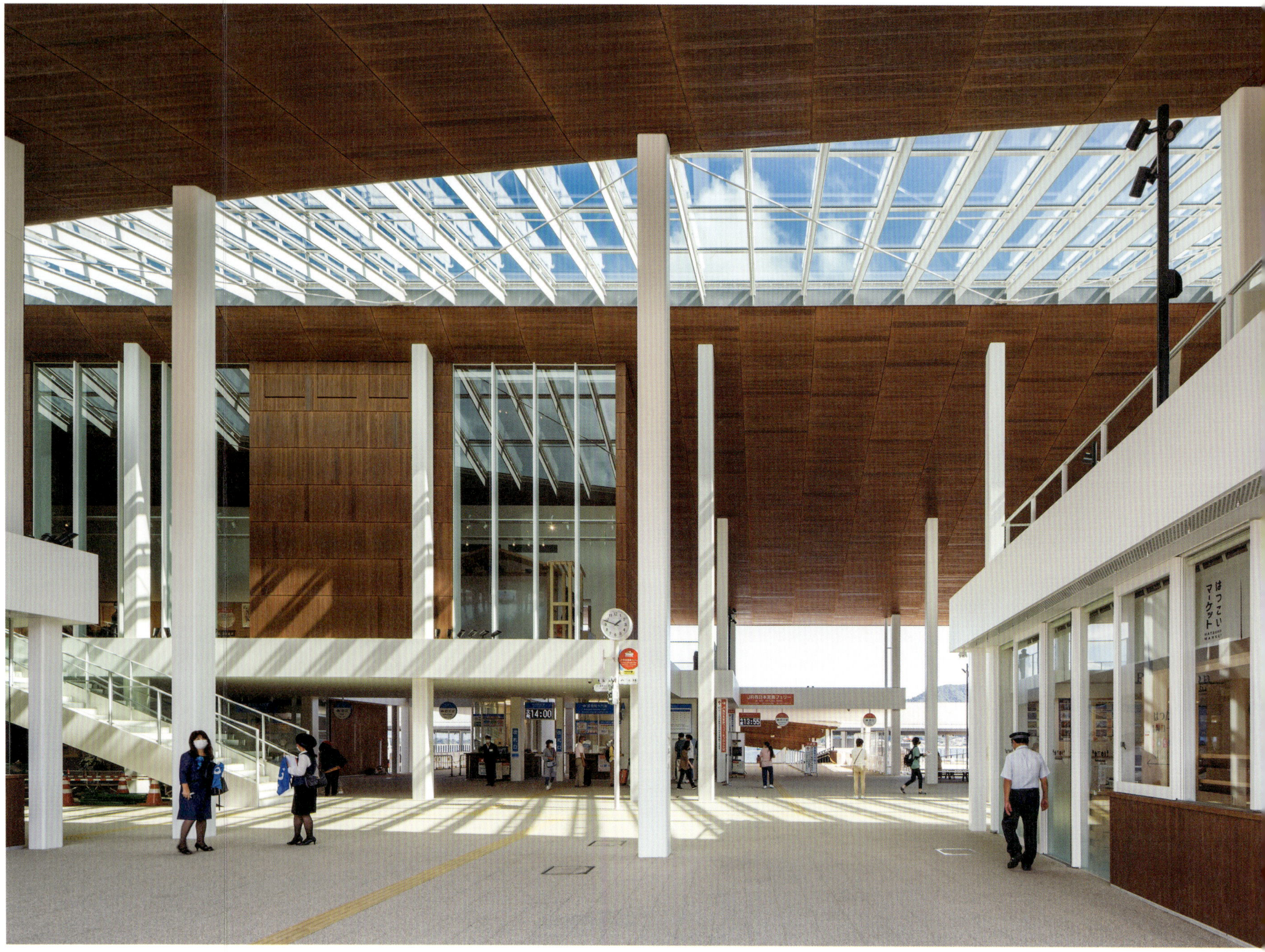

宮島の玄関口であるフェリーターミナルとして、年間400万人が訪れる施設である。広島県が開催する設計プロポーザルで選定され、設計から工事監理までかかわってきた。敷地のある宮島口地区は駐車場が多く、宮島観光の通過点としての位置にとどまっていることが地区の悩みの中、2016年に策定された「宮島口地区まちづくりグランドデザイン」によって、地区全体の訪問客の滞留性を向上させることがめざされるようになった。その成果をふまえて実施されたフェリーターミナルの設計プロポーザルでは、宮島とのつながりを意識した景観づくりと宮島口地区全体の回遊性の向上を担うような提案が求められた。それに対してゆったりとしたカーブを描くおおらかな屋根が特徴の建築を提案した。

敷地は世界遺産・宮島の対岸で、目の前に広がる瀬戸内海の美しい風景や気持ちのよい気候に誰しもが感銘を受ける場所である。設計をするにあたり、ターミナルを室内に閉じた施設としてつくるのではなく多くの居場所を半屋外空間にすることで、これから宮島へと向かう人々の気持ちを開放するような場所にできればと考えた。フェリー運航事業の事務所やお土産物屋、観光案内所などは、いくつかのハコに分けて、屋根の下に入れ子状に散りばめている。

ハコは周辺にあるお店のサイズに近づけて小さくし、ターミナルにおける活動を周辺のまちなみに連続させることを大切にした。設計中、敷地に通う中で周辺のお店がひとつひとつ魅力的であることを発見し、そうしたお店と一体となって、地域全体の新しいにぎわいを生み出せればと考えた。

構造形式は厳島神社の大鳥居の独創的な構造形式から着想した。大屋根とその鉛直力を受ける柱（メインフレーム）に下部構造（サブフレーム）が取り付くことで、全体を安定させるような合理性を構造設計者と一緒に追及した。屋根は二枚に分かれており、その隙間に「海辺の回遊軸」と呼ばれる護岸沿いの遊歩道（将来建設予定）を敷地内に引き込むような形をしている。遊歩道はターミナルを貫き、その先にある「宮島口しゃもじ広場」へと人々を導く動線になっている。

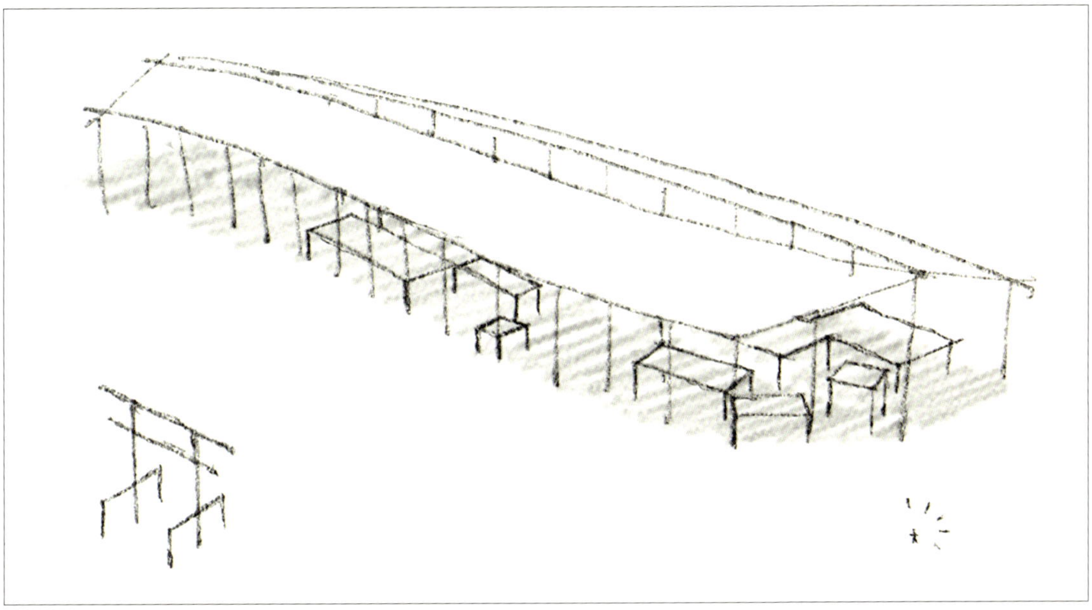

乾によるスケッチ

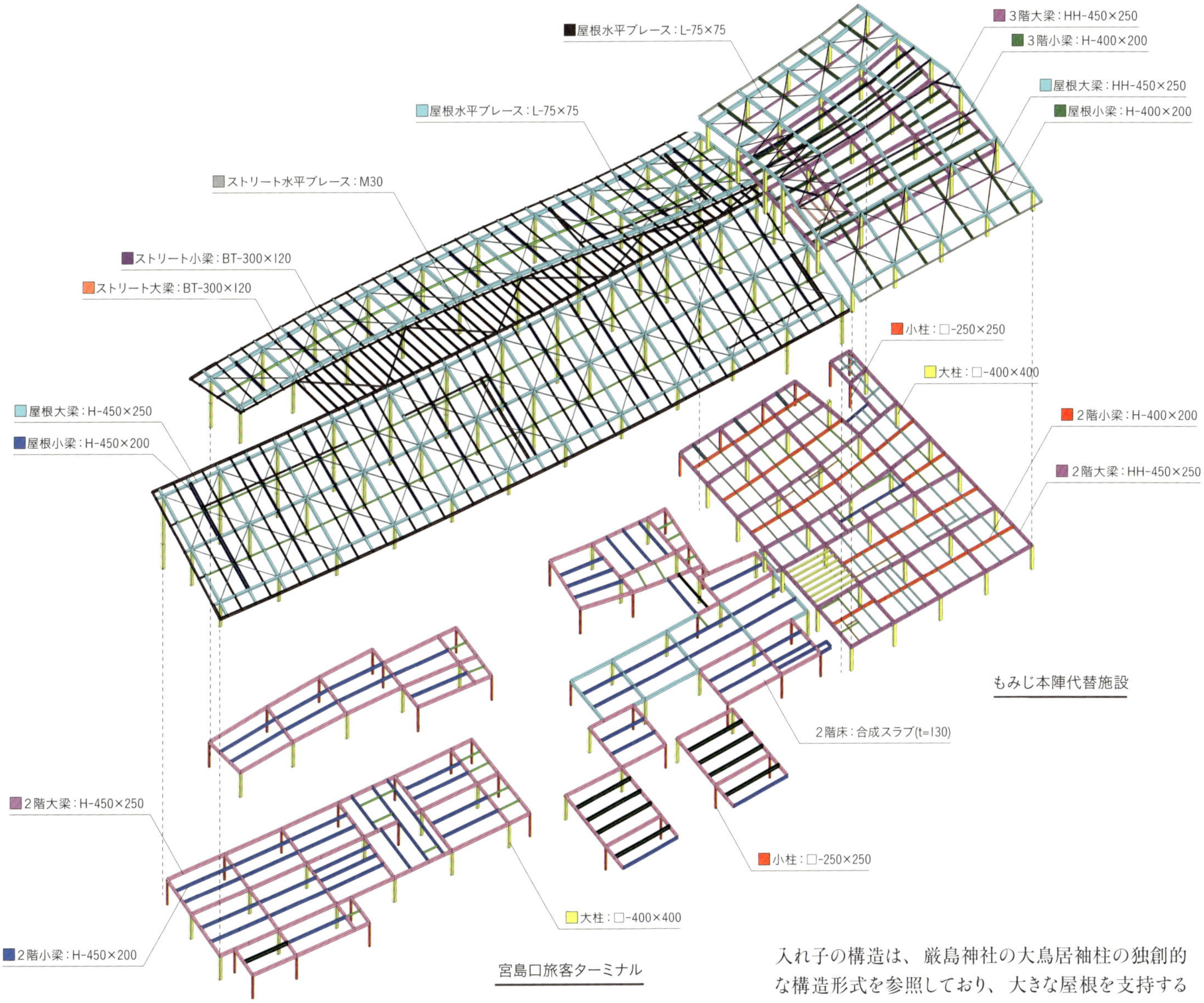

構造モデル図　©小西建築構造設計

入れ子の構造は、厳島神社の大鳥居袖柱の独創的な構造形式を参照しており、大きな屋根を支持するメインフレームに、小さなハコとしてサブフレームが取り付くことで水平力を負担している。これにより垂直ブレースをなくすことができ、海への抜けを阻害しないすっきりとしたラーメン構造が実現できた。

屋根の勾配は、桟橋と旅客ターミナルともに、厳島神社などに合わせて3寸勾配とした。屋根を軽やかな印象とするために、柱と梁の仕口を屋根勾配なりにして、屋根の厚みをできるだけ薄くした。また、軒先とトップライト側、妻側部分は梁にテーパーをかけて、端部の見付を薄く絞った。

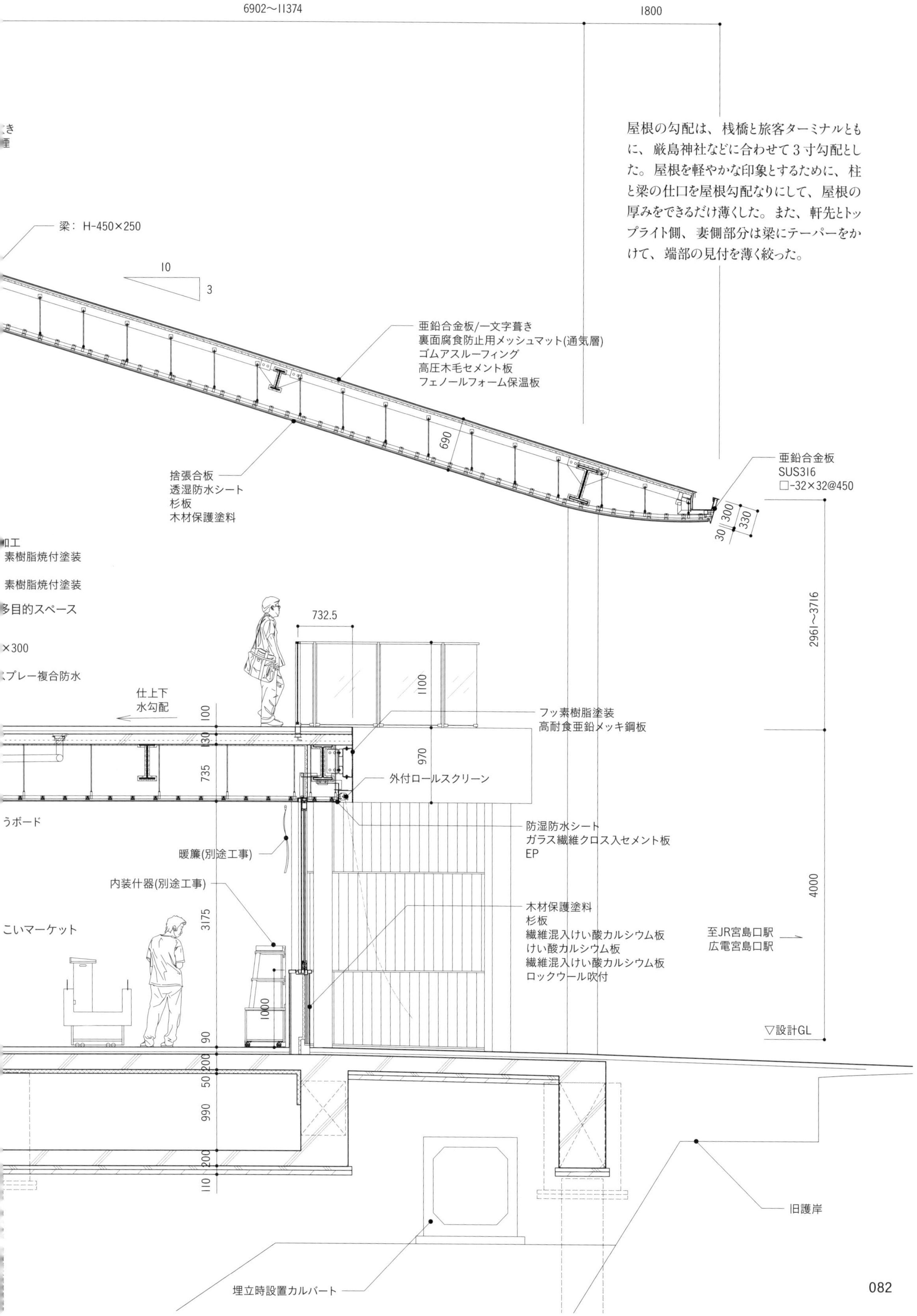

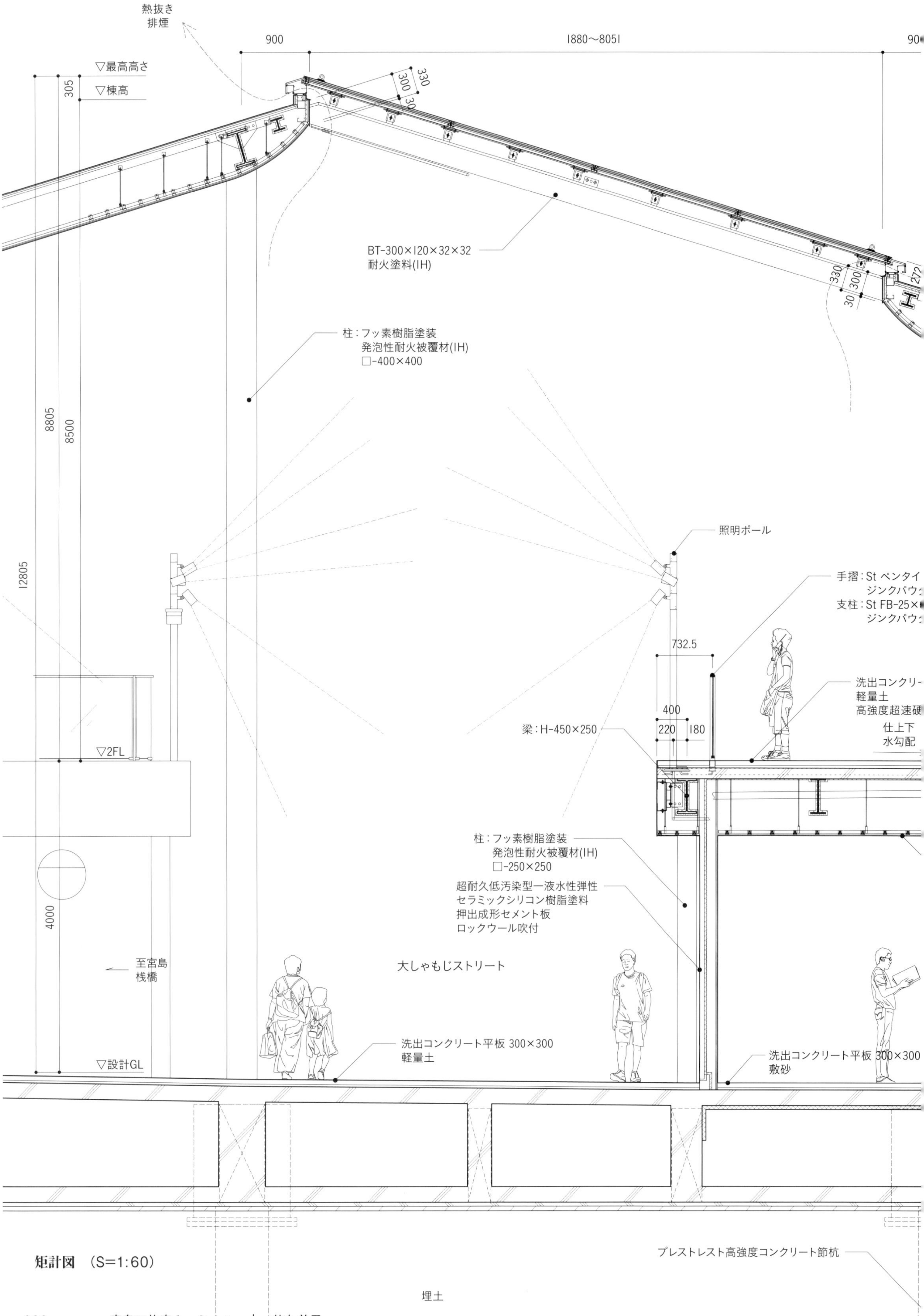

熱抜き
排煙
900
1880〜8051
▽最高高さ
▽棟高
305
330
300
30
BT-300×120×32×32
耐火塗料(IH)
柱:フッ素樹脂塗装
発泡性耐火被覆材(IH)
□-400×400
8805
8500
12805
照明ポール
732.5
400
220
180
梁:H-450×250
▽2FL
柱:フッ素樹脂塗装
発泡性耐火被覆材(IH)
□-250×250
超耐久低汚染型一液水性弾性
セラミックシリコン樹脂塗料
押出成形セメント板
ロックウール吹付
4000
至宮島
桟橋
大しゃもじストリート
洗出コンクリート平板 300×300
軽量土
洗出コンクリート平板 300×300
敷砂
▽設計GL
軽量土
仕上下
水勾配
プレストレスト高強度コンクリート節杭
埋土

矩計図 (S=1:60)

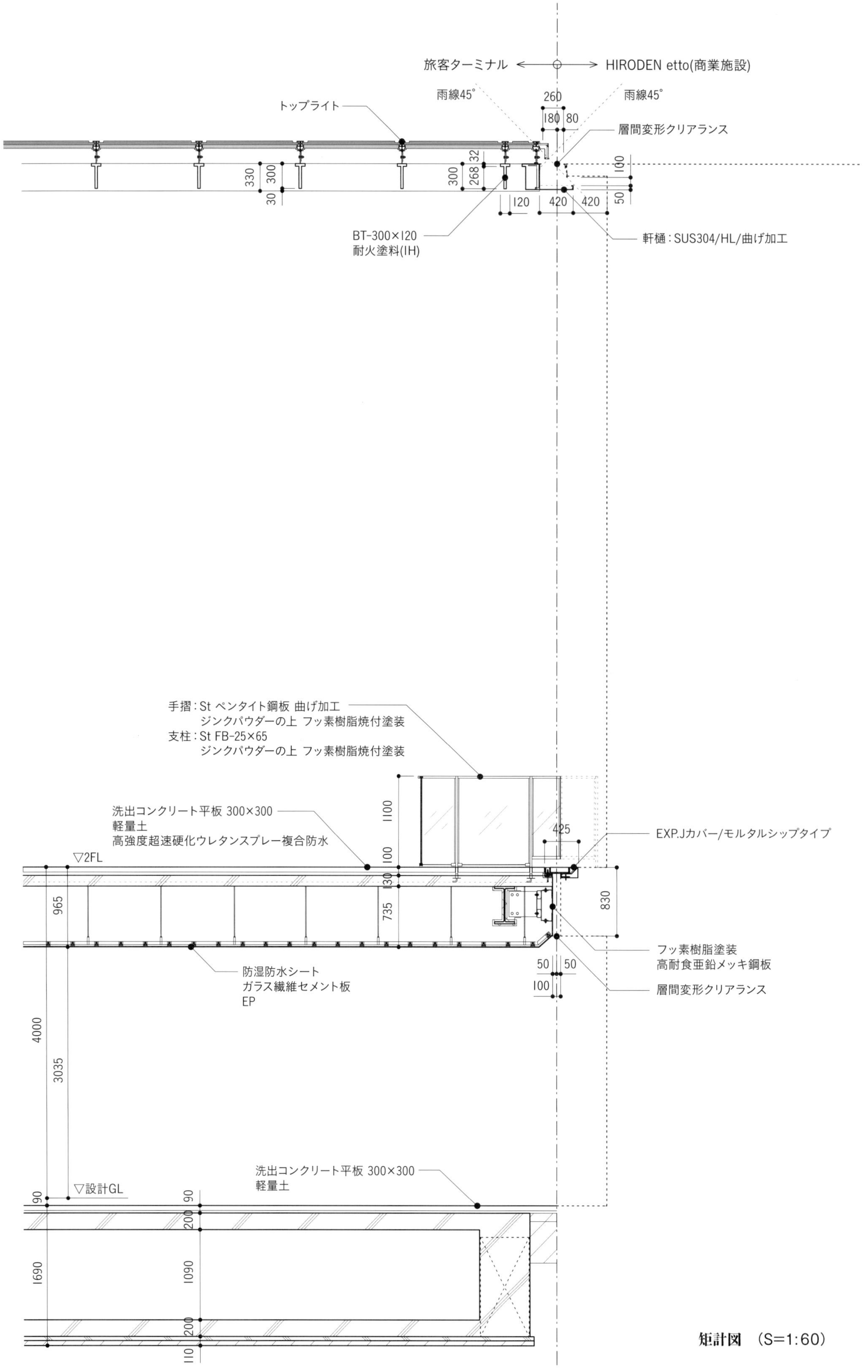
旅客ターミナル
HIRODEN etto(商業施設)
雨線45°
雨線45°
260
180
80
トップライト
層間変形クリアランス
100
330
300
30
300
268
32
120
420
420
50
BT-300×120
耐火塗料(IH)
軒樋：SUS304/HL/曲げ加工
手摺：St ペンタイト鋼板 曲げ加工
ジンクパウダーの上 フッ素樹脂焼付塗装
支柱：St FB-25×65
ジンクパウダーの上 フッ素樹脂焼付塗装
洗出コンクリート平板 300×300
軽量土
高強度超速硬化ウレタンスプレー複合防水
▽2FL
1100
100
130
735
965
425
EXP.Jカバー/モルタルシップタイプ
830
フッ素樹脂塗装
高耐食亜鉛メッキ鋼板
50
50
100
層間変形クリアランス
防湿防水シート
ガラス繊維セメント板
EP
4000
3035
洗出コンクリート平板 300×300
軽量土
▽設計GL
90
90
200
1690
1090
200
110

矩計図 (S=1:60)

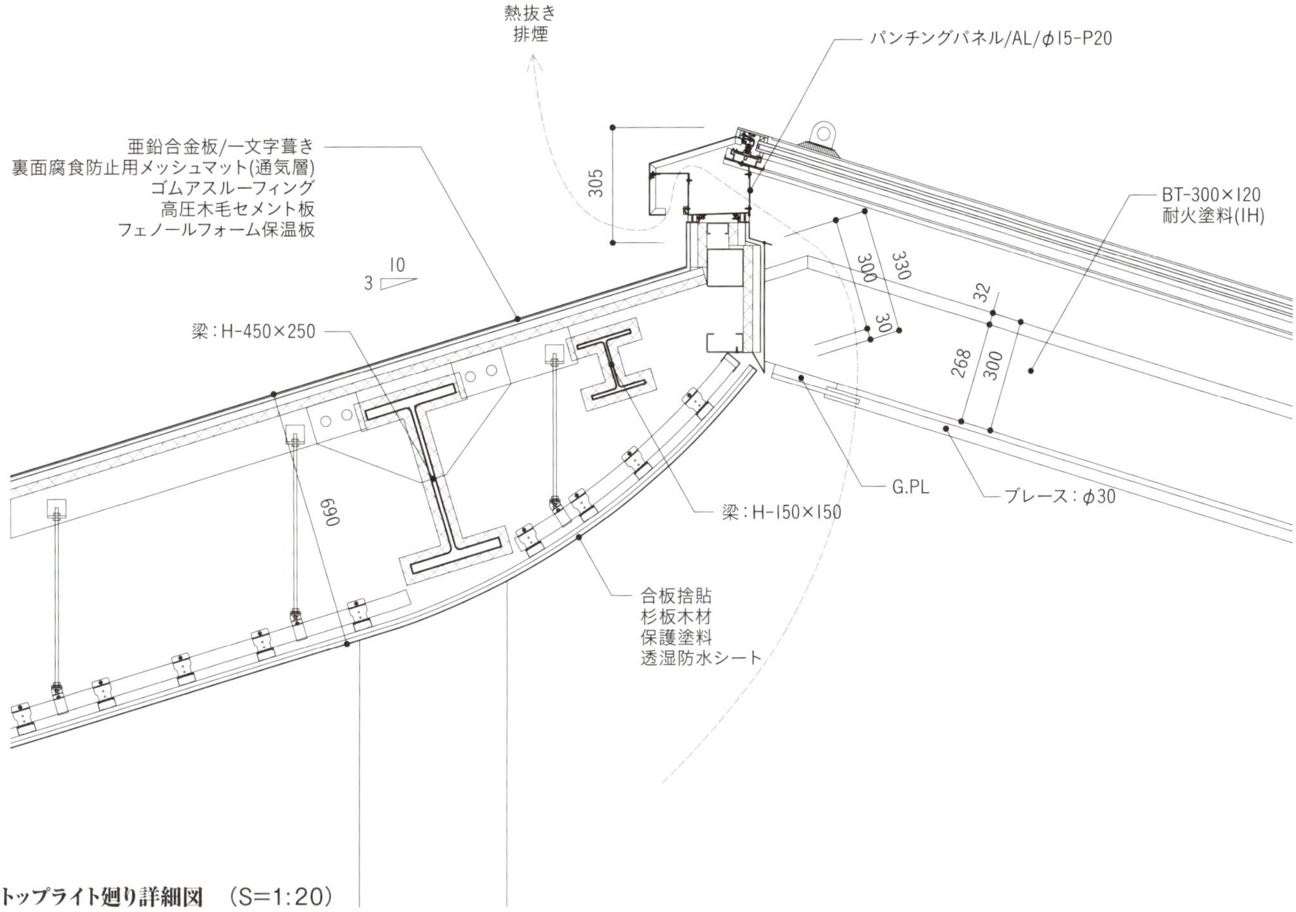

トップライト廻り詳細図　(S=1:20)

二枚の屋根をつなぐブレースは、天井や屋根仕上げとは縁を切り、トップライトを支持するT字鋼の底部にガセットプレートを付けて設置したが、これは力のベクトルが、屋根仕上げ内部の梁接合点に向かうことにより構造的に効いている。

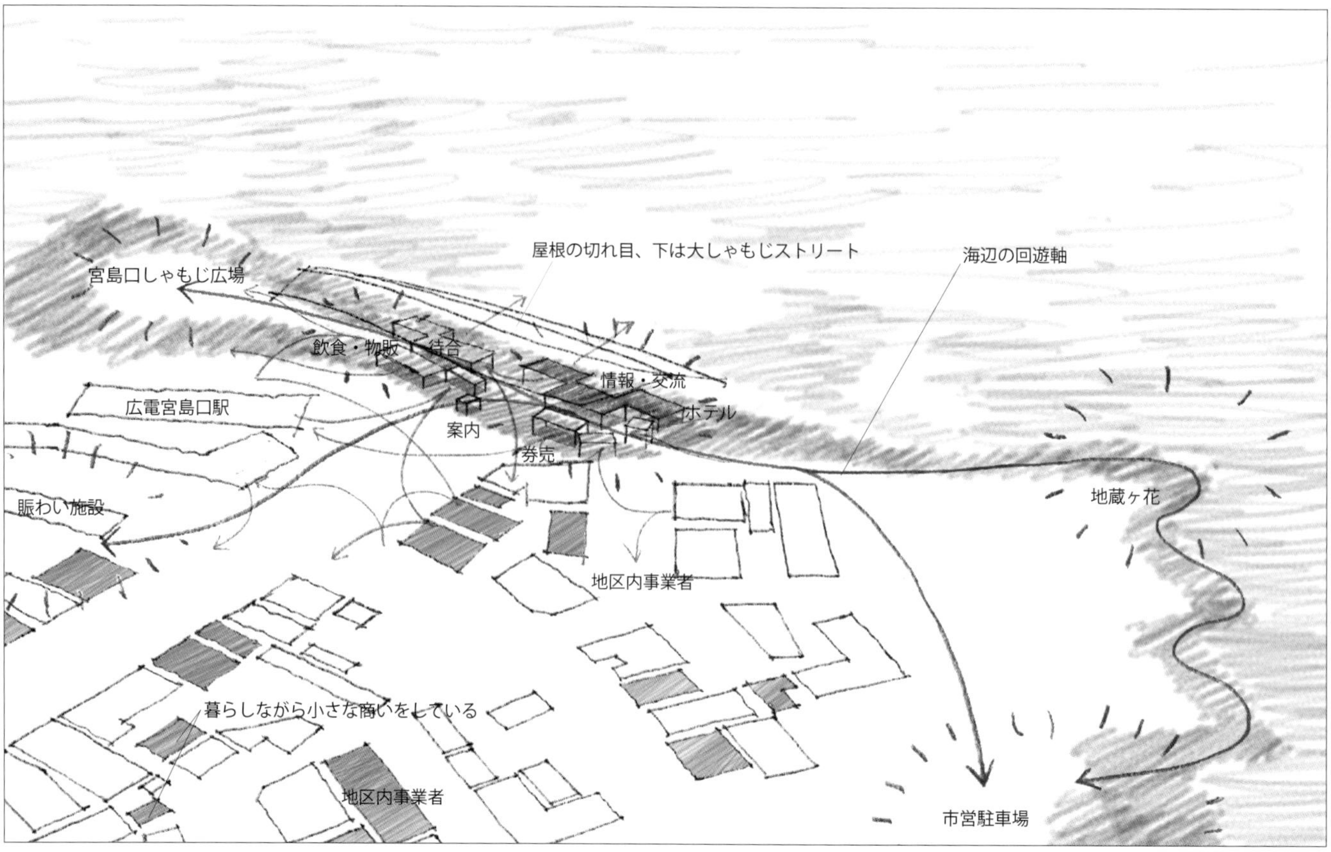

動線イメージ図

屋根の下には切符売り場や運行者事務所、物販や観光案内にかかわる諸室を配置したハコを入れ子状に配置した。ハコとハコの隙間から、周辺の鉄道駅のみだけでなく、外部の市営駐車場やまちなかの商店などから多様で複雑な動線を引き込むことを可能にしている。屋根の下の入れ子状のハコは、まんじゅう屋や食べ物屋など、周辺のまちなみを構成する建物の単位に近づけている。大きなハコとしてインテリアに機能を詰め込むのではなく、建物としての境界が曖昧であり、周辺へと連続してしまっているような、まちに溶け込んでいくような建築のあり方を追い求めた。

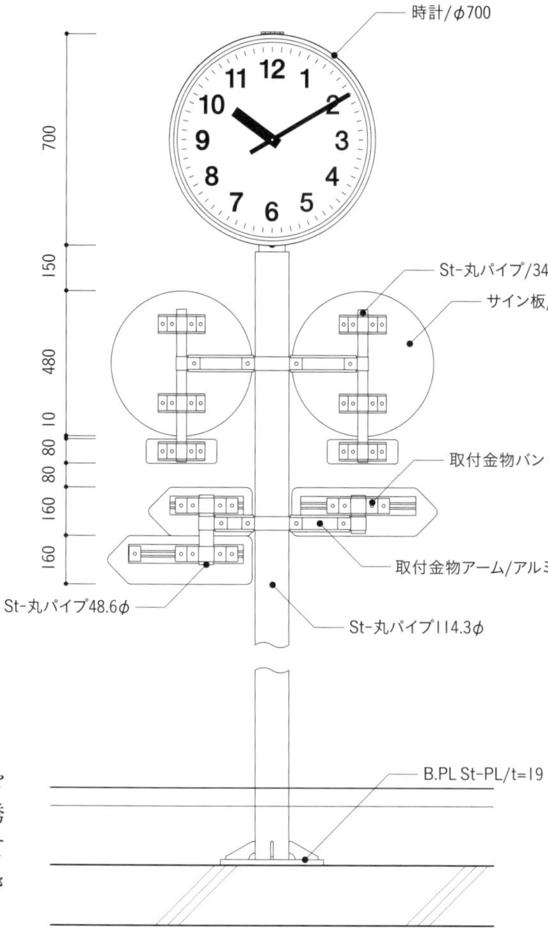

交通標識の標準的な金物を使って、ポールを立てて丸看板や矢羽サインを取りつけることで誘導サインとしている。サインも建築の一部として一体的に計画、検討を行った。容易に変更できるように既成品の金物を使用している。

サイン詳細図　(S=1:25)

矩計は見るものである以上に書くものである（乾久美子）

以前に勤めていた東京藝術大学で「材料」という授業を受けもったことがある。本来であれば、その専門の研究者にお任せすべき授業と思われるが、なぜか意匠設計を専門とする私に話が回ってきた。同大学でかつて教鞭を執っておられた山本学治先生の『素材と造形の歴史』という教科書的な本が頭をよぎり、素材からはじまるデザインの可能性を学ぶ機会にならないかと奮闘した。ただ、素材と造形について語るとはいっても、素材をメインテーマにした建築作品のみを取り扱うのも表面的な気がして、もう少し普通のディテールにさえさまざまなエンジニアリング的な知恵が内在していることを知ってもらいたいと考えた。そのようなことを考える中で、学生に矩計を書いてもらう演習形式へと向かっていった。

実をいうと、矩計を演習で練習する方式はイエール大学の大学院時代での経験からきている。エドエワード・アレン先生という構法と材料のスペシャリストの授業では、宿題が矩計を書くことだった。風などの外力、雨、熱、湿気、その他の多様な要因を受け流しながら快適な環境をつくり出す技術が、普段見えていない壁や天井の中で緻密に構成されていることを知るのはとても面白く、毎回の宿題を楽しみにしながら取り組んだ。

このように、私は学生という早いタイミングからすんなりと矩計の世界に入れたわけだが、建築意匠に向かう知性にはいろいろな方向性があり、必ずしもそうでもない人もいて、スタッフを見ていても得手不得手の個人差は歴然としている。最近はディテール集の発行が盛んだから、不得手でもそれらしい図面を真似をしながら書くことはできる。だた、ちょっとした応用を求めはじめると、基本の成り立ちを理解していない不得手側のスタッフは、すぐにボロを出してしまう。性能的に破綻しているディテールをそれと気づかず書いてしまうのだ。それでも、丁寧に書き続けることで、そのおかしさを理解することができるようになる。私はすべての図面は道具だと思っているが、中でも矩計の道具としてのユニークさは際立っているように思う。矩計は見るものである以上に書くものであり、書きながらそのメカニズムを肉体化していくような、つまり書く者もデザインしていくような側面があるからだ。

クルックフィールズ シフォン／ダイニング

藤原徹平／フジワラテッペイアーキテクツラボ | 2019 | Chiffon / Dinning | 千葉・木更津

上：シフォン棟　下：ダイニング棟とシフォン棟

クルックフィールズは千葉県・木更津市の30haの農場を舞台に、新しい農の可能性を探求しているプロジェクトで、音楽家の小林武史氏が総合プロデューサーを務めている。私たちは、開業時までの全体マスタープラン、地域計画、地区設計、ランドスケープデザイン、および複数の建築物の設計を行った。

有機農業のかたちを整える

この場所では多様な実践が展開しているが、「有機野菜の生産の場」であり、「平飼い卵の養鶏業」や「希少な乳牛・水牛種の酪農業」といったリアルな産業の場である点が重要である。用途地域の整理、産業専用の搬出入道路、農業生産拠点整備など、有機農業を支える基盤づくりから着手している。

水のかたちから考える

ランドスケープデザインでもっとも重視したのは「水のかたち」である。大きく場内を囲む土塁を築き、これをやわらかいセキュリティラインとしつつ大きく修景した。排水不良の地形だったので、段々状の畑をつくり、水が中央の池に向かって、渦を描いて流れるよう地形を整えた。こうした決断は、パーマカルチャーデザインの実践における第一人者である四井真治氏の理念を軸とすることで、固まっていった。

新しい農業の表現、交流の場をつくる

並行して、農業の六次化を表現する複数のプロジェクトをデザインしていったが、従来の農のテーマパークの考えを超えた、斬新なプロジェクトが集積した場になっている。ここでは、「シフォン」と「ダイニング」という私たちが担当した二つのプロジェクトを紹介する。

シフォン：命の尊さを考える場

シフォンが表現するのは「命の手触り」というヴィジョンである。毎日多くの鳥の命をいただくということについて、働いている人も、買いに来る人も、その尊さを考えることができるような建築の在

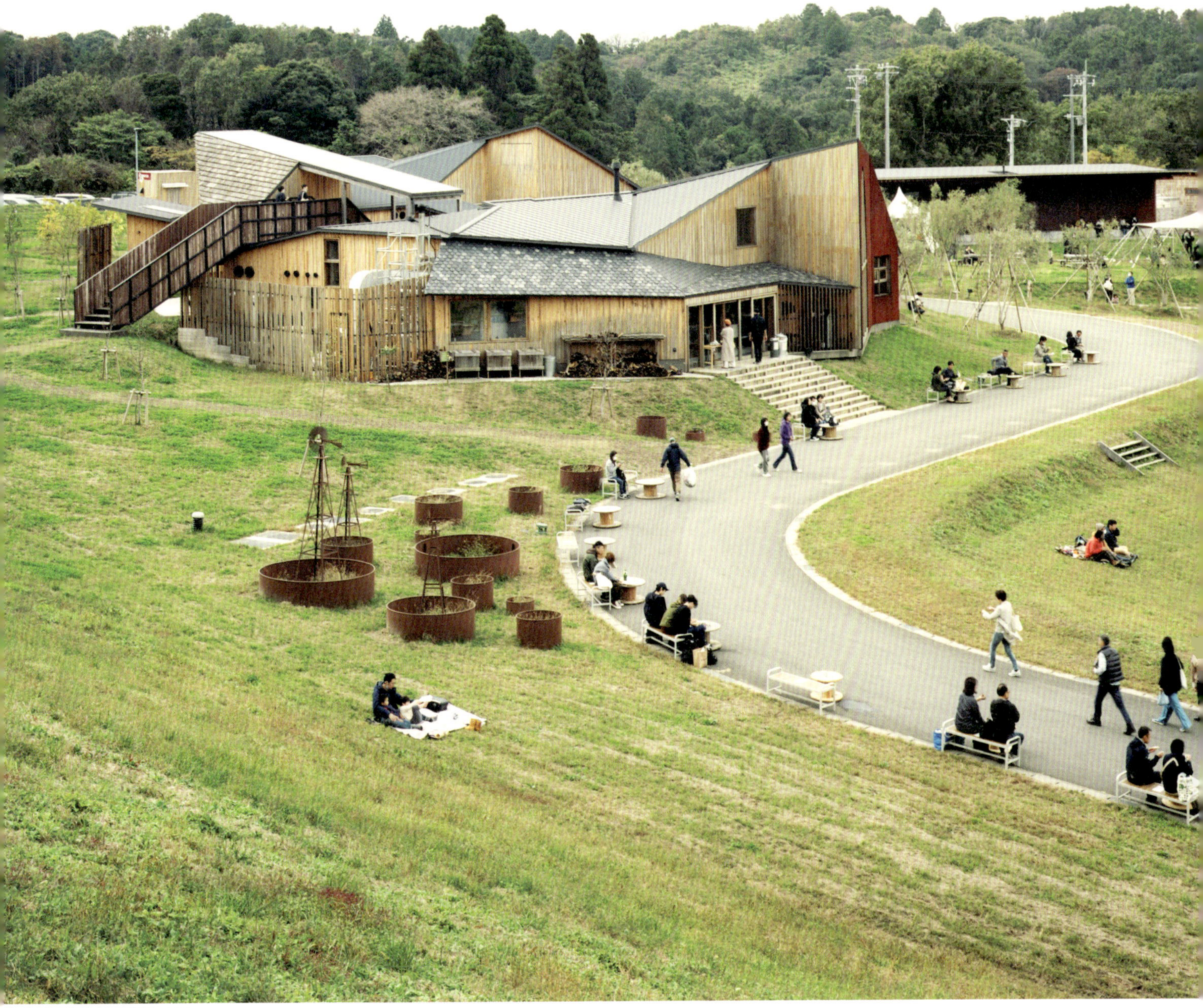

ダイニング棟と広場

り方を考えた。工房の空間は、のぞき窓からその丁寧な生産工程を見ることができる。ショップは、礼拝堂のような垂直性と有機的な感覚が混在したデザインとしている。建築の内外の仕上げは、この場所の土を久住有生氏に左官してもらった。

ダイニング：多様な事物が集まる場

ダイニングには、キオスク、ベーカリー、レストランやそれらを支えるキッチンが集積し、農場内の人や物が集まってくる。村の交差点、広場のような場所で、建築デザインにおいても複数の造形の言語からつくり、また小屋的なスケールが集まったような構造形式としている。

農場でつくられる卵や牛乳やチーズや野菜。ハムやソーセージやパン。それらがすべて続々とここに集まって、料理され、テーブルの上にやってくる。ピザの上はまるで美しい畑のランドスケープのようである。農場の活動、運動のすべてが凝縮してここに集まる。

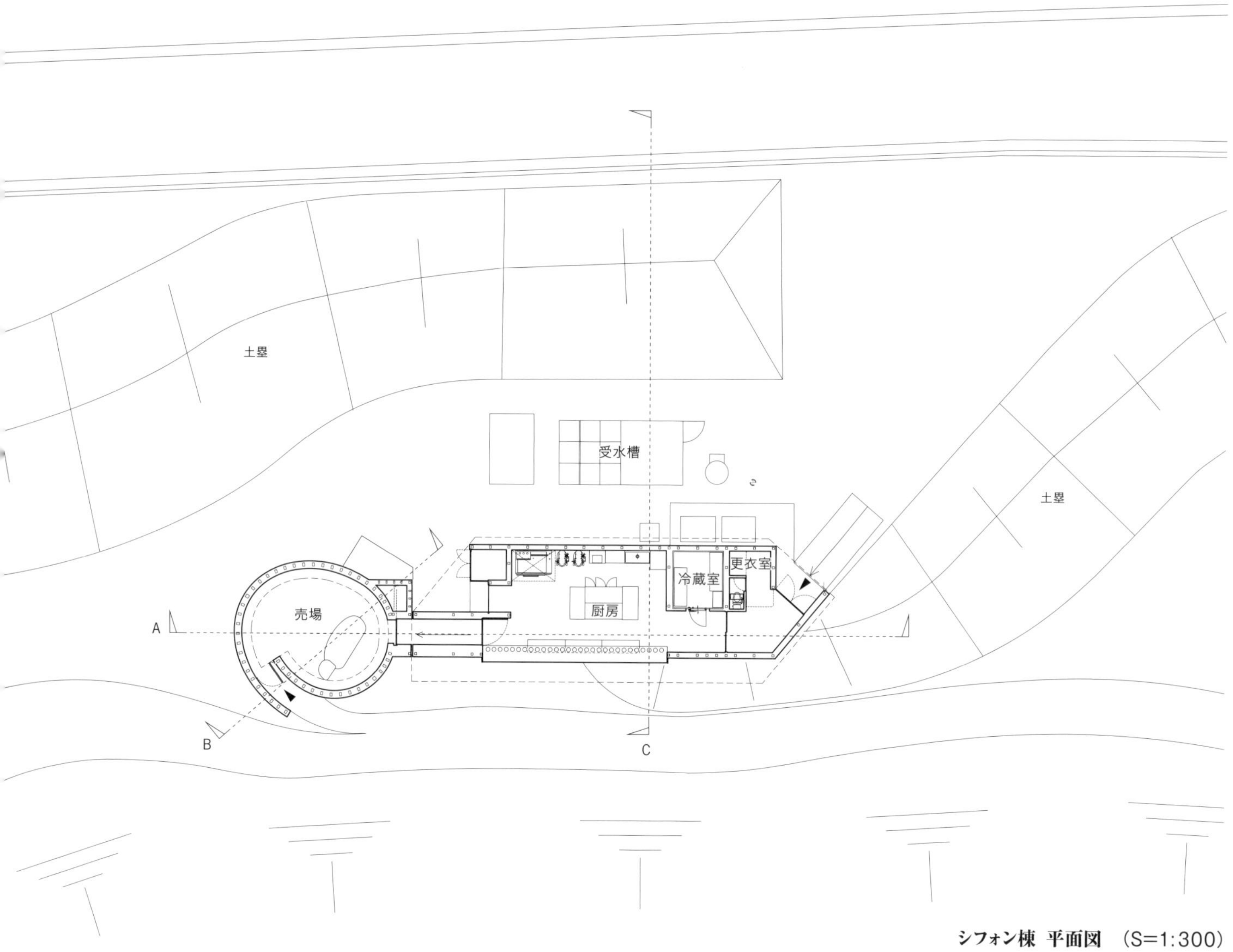

シフォン棟 平面図 (S=1:300)

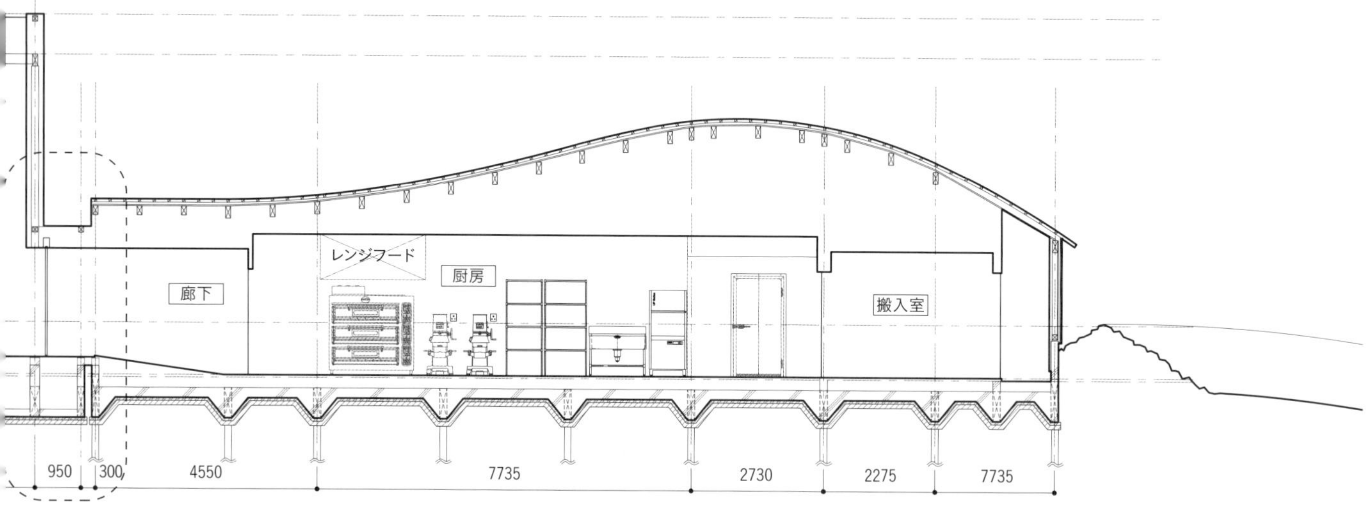

シフォン棟 A断面図 (S=1:150)

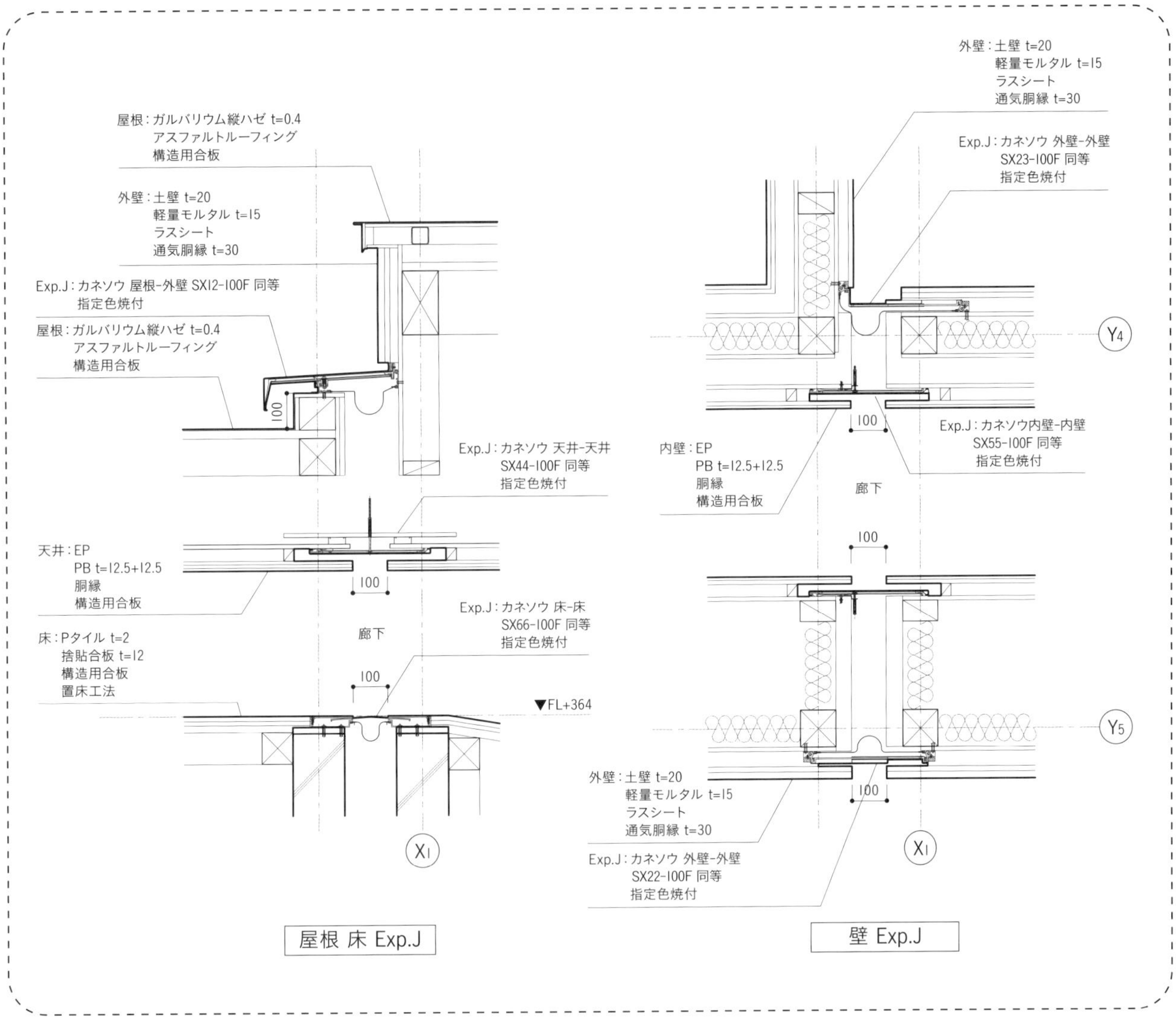

Exp.J 詳細図 (S=1:20)

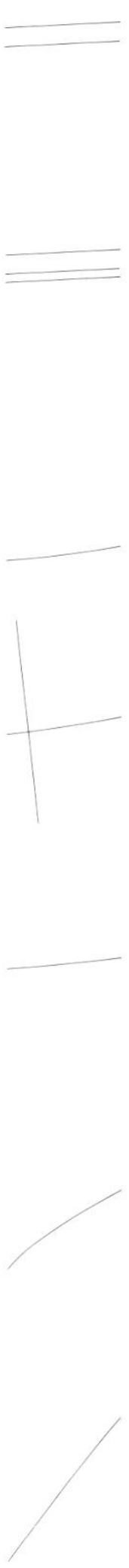

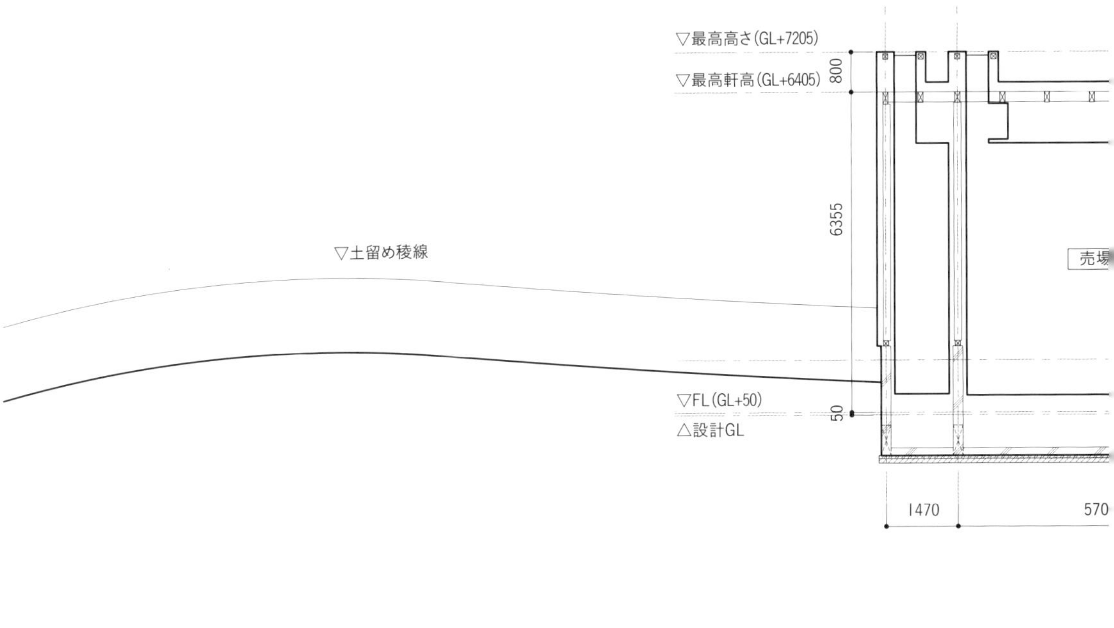

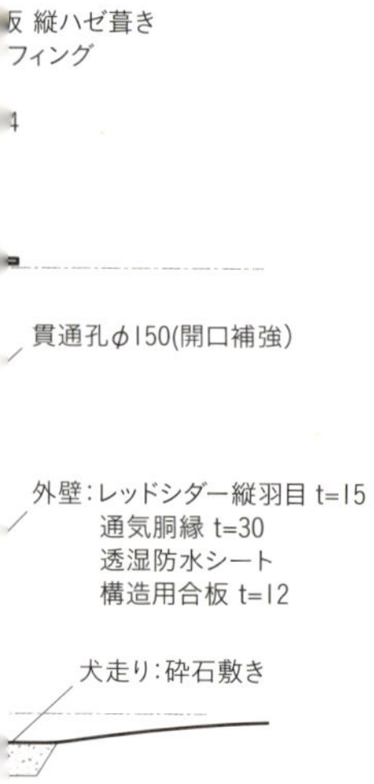

シフォンを販売する売場は、単なるショップとしてではなく礼拝堂のように、天空からの光がやわらかく包み込むような特別な空間をめざした。木架構で有機的な平面形状をつくり、自然採光、空調スリット、間接照明、トップライトのメンテナンスを考慮した矩計としている。インパクトのある左官壁は、久住有生氏がこの土地の土で左官した。波状の仕上げで天井からの自然光が空間にダイナミックな揺らぎを生み出している。

シフォン棟天井見上げ

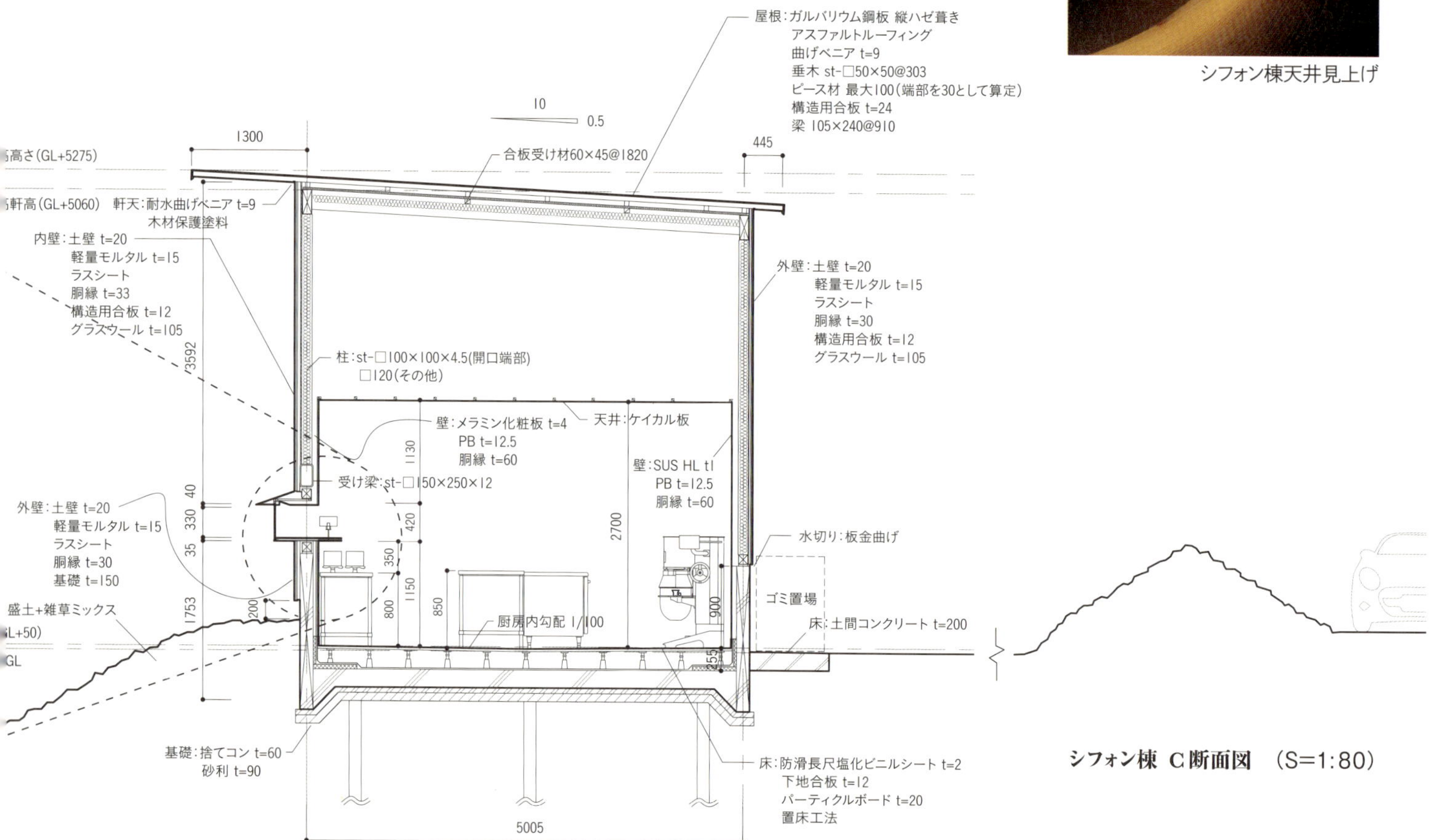

シフォン棟 C断面図 (S=1:80)

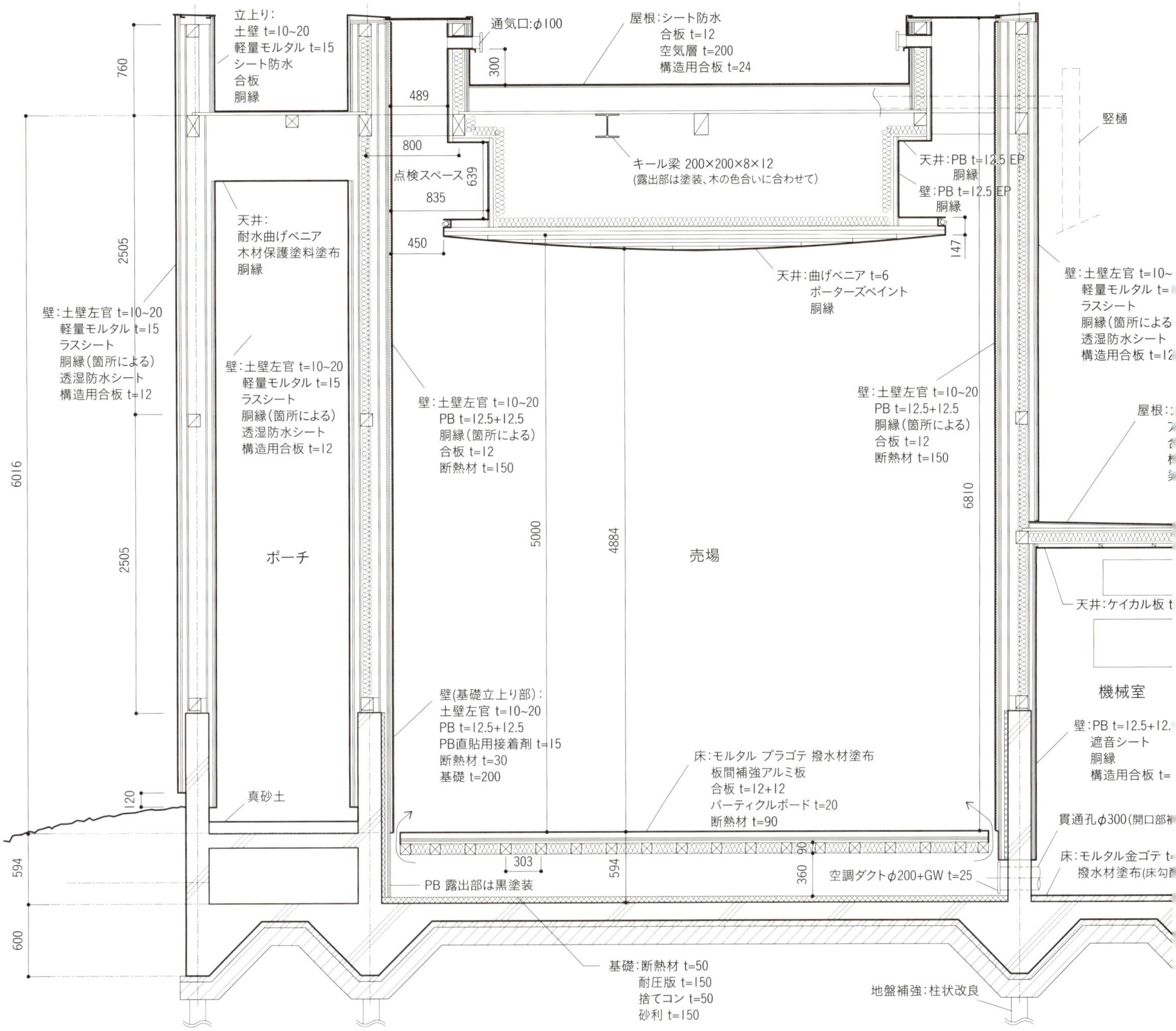

シフォン棟 B断面図 (S=1:50)

のぞき窓に柱が落ちないように、窓の上部にのみ鉄骨梁をかけ渡すハイブリッドな構造としている。これにより細長い水平スリット窓をつくり、卵からシフォンへと製造される過程が見える。工場としての機能性を担保しながら、見せる関係性をつくった。

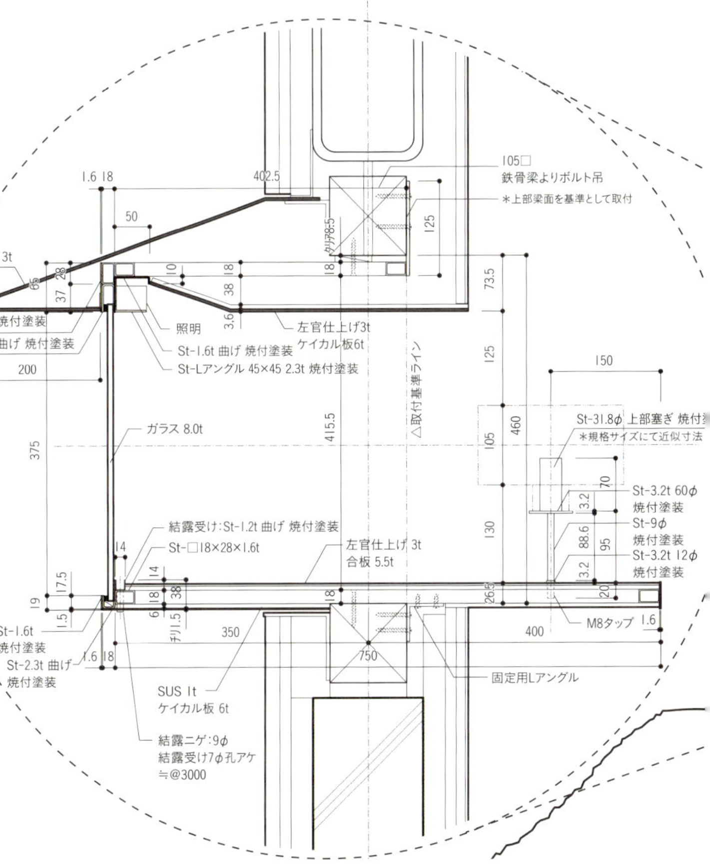

建具詳細図 (S=1:10)

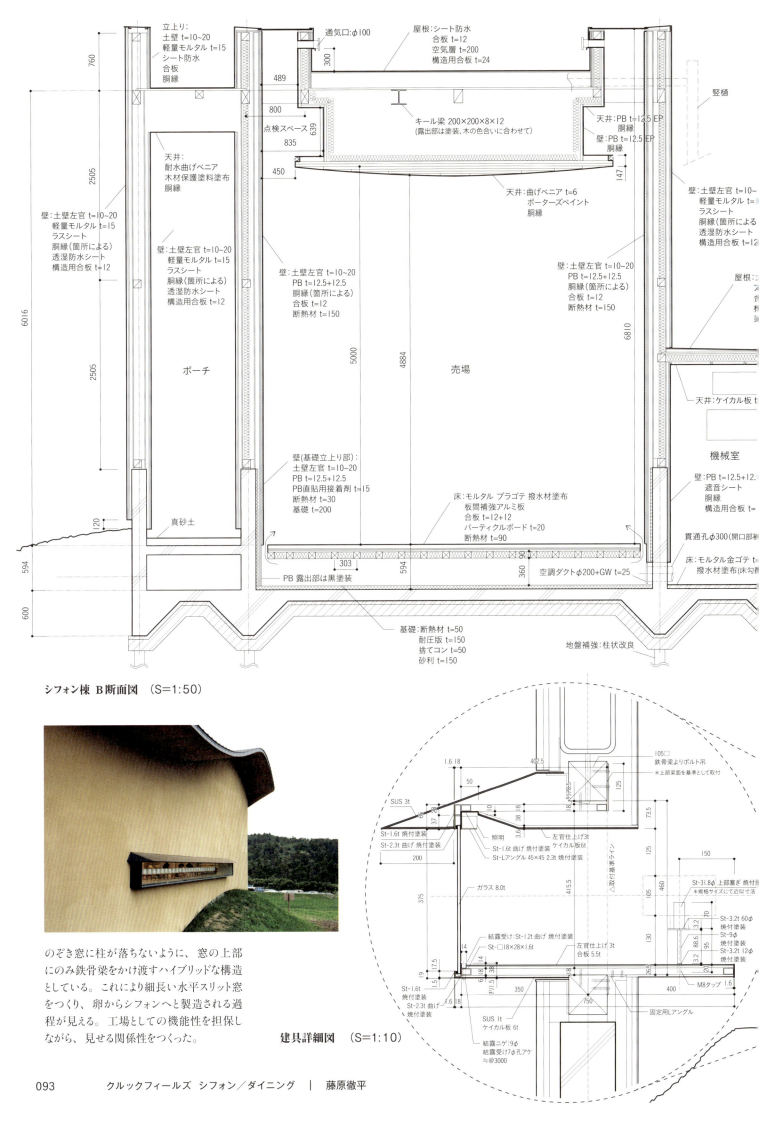

図の表現の問題を超えて（藤原徹平）

矩計は、建築の設計においてもっとも決定的な図面だと思う。

構造と空間の関係性、スケールの変化の意図と秩序、地形と建築の関係性、それらがはっきりと図に現れてしまう。また、同時に矩計は、大工を代表とするつくり手にこちらの考えや意図をもっとも端的に伝える図面でもあると考えている。つくりやすそうだと思われても悔しいし、これは複雑で不合理だとも思われたくない。有機的であり、合理的である。そんな矩計が理想だ。

私たちの事務所では、最近インハウスにランドスケープデザイナーを置いて、地形のデザインと建築のデザインとを切り分けずに進めるようにしている。これは、建築設計以前の基本構想やヴィジョンデザインの領域にかかわらないとダメではないかという考えからの行動だが、そのきっかけのひとつが「クルックフィールズ」にある。このプロジェクトでは、無謀にも開発設計、地区計画、ランドスケープデザインを内製した。もちろんトラブルだらけで、それを乗り越える労力も膨大だったが、結果的によかったのは、地形と建築とを一体で考えながら設計できたことだ。

たとえば、「シフォン」は、土塁のランドスケープに身を隠すように建つ。木の架構に左官で土を仕上げた建築だ。稜線とアプローチとの関係から建築の立ち姿を据えていったが、矩計にしてもそれがよく伝わらない。もっと大きな範囲で矩計を描く必要があるのかもしれない。一度ランドスケープデザイナーの田瀬さんに教えを乞いにいったのだが、見せてもらったランドスケープと建築が一体となった矩計は巻物のように長大なものだった。クルックフィールズの段階では、私たちはそうした矩計をまだ描けていない（最近のプロジェクトは描こうと試みている）。

建築に限っても矩計は、まだまだ難しい。「ダイニング」では、それなりの大きな人数が集まれるけれど、大きな建築に感じないように、構造体も空間の要素も小さな部分が集合していくデザインとしている。そういう木組の面白さは、立体的に力が流れる架構ということになるのだが、矩計に描くとどうもうまくその感覚が伝わらない。窓も木製の枠のものとして大工さんとクルックフィールズのスタッフでワークショップ的にデザインを決め、全体に変化とコラージュ感が生まれるようにしている。そうした多様さを一発で、矩計で伝わるように考えていきたい。

それは単に図の表現の問題でもあることを超えて、つくり方や建築の統合の問題にまでつながるのではないかと考えている。

ダイニング棟中庭

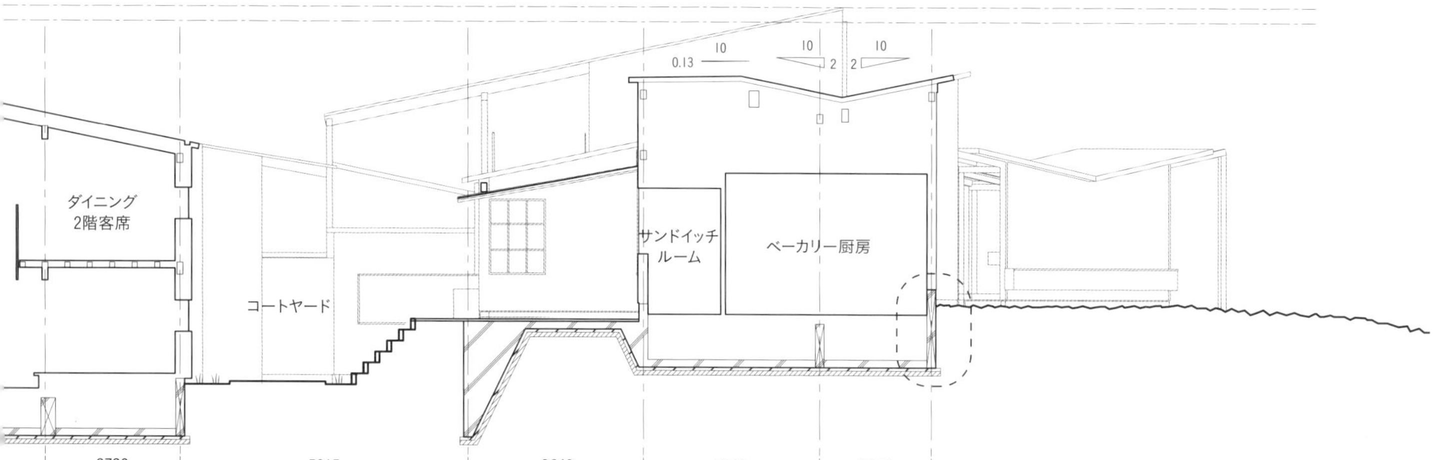

ダイニング棟 D断面図 (S=1:150)

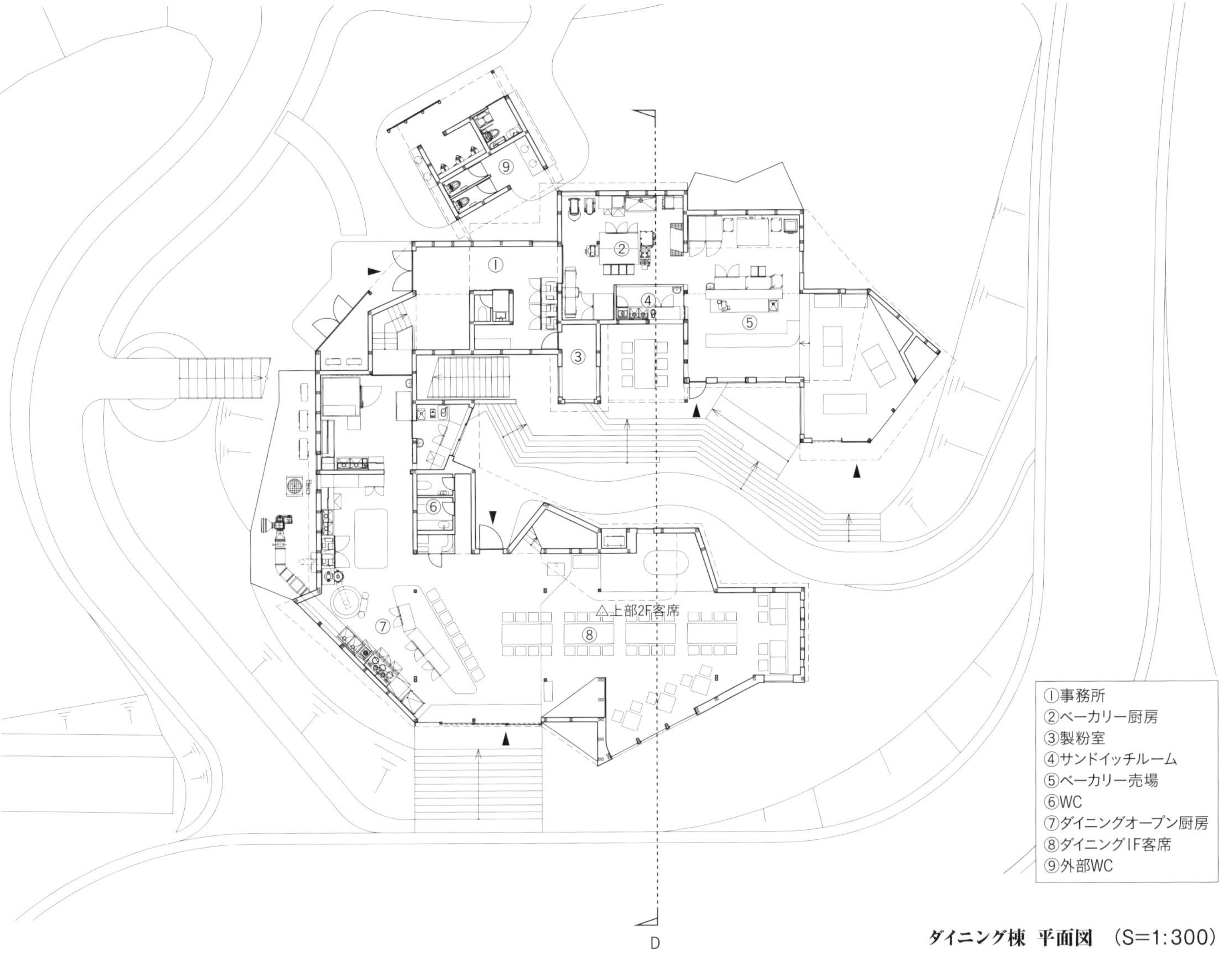

ダイニング棟 平面図 (S=1:300)

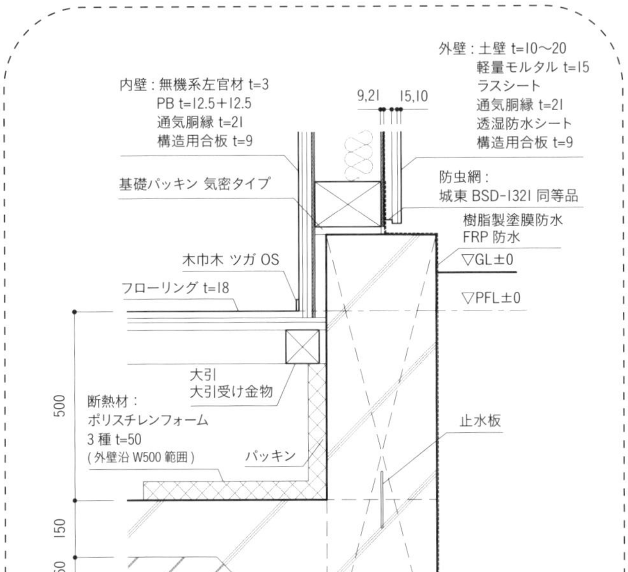

基礎詳細図 (S=1:20)

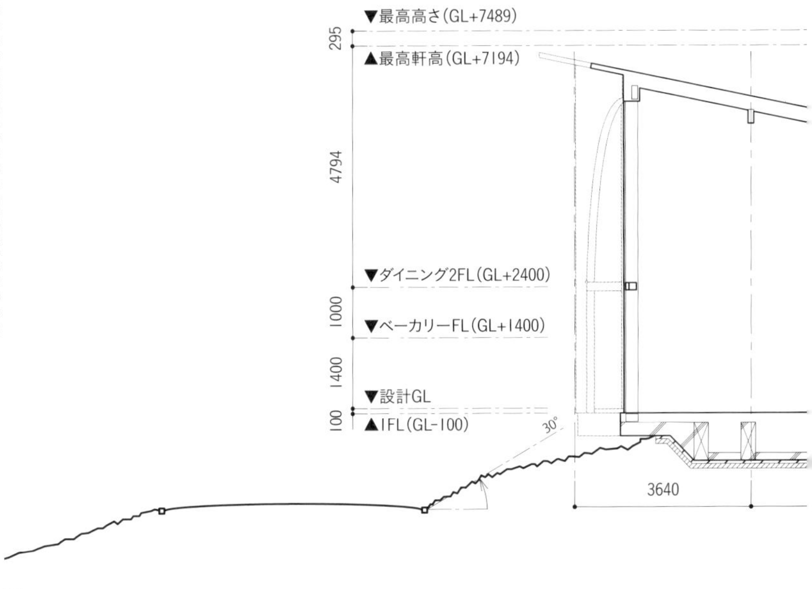

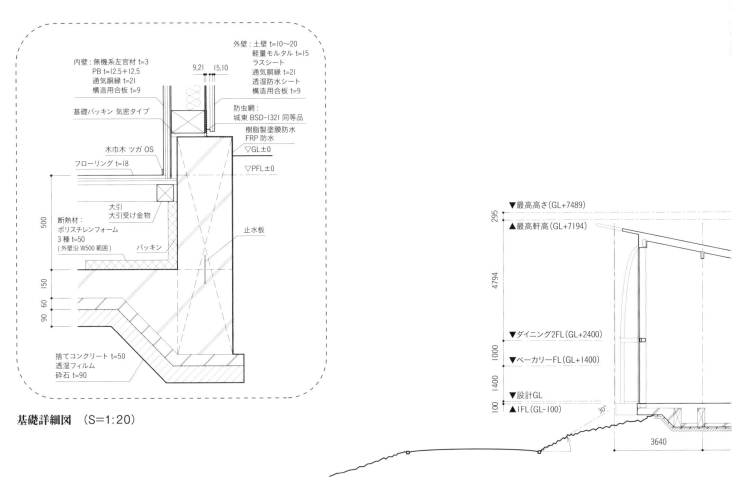

前田圭介／UID | 2024 | Office | 香川・高松

1階テーブルラウンジ1からホール方向を見通す。多孔質な什器のような構造体が重なり合いながら空間をゆるやかにつなぐ。

キーワードから紐解く新たな建築

地域に密着して多様な情報を伝え、生活、経済、文化に貢献するKSB瀬戸内海放送のアネックスの計画である。設計を進めるにあたりクライアントからの要望として機能的な諸室に加えて興味深いいくつかのキーワードが投げかけられた。それは省察・観照・熟考・マインドフルネス・リトリートなどである。そこから求められているものは本社業務からのアジールとして普段出会わない何かと出会う場であると考えた。つまり、メディア企業として日々の社会問題などに対する個々の気づきを起点に新たな事業を起こすインキュベーション空間として、1・5プレイス的な役割を担う建築と位置づけた。

静と動の領域を共存させる ほころびのエレメント

計画地は都市中心部の住宅街にある本社屋の近傍にあり民家が建ち並ぶ一角に位置する異形敷地である。一般的にこのような事業体にはいくつかの部門があり、日常的に個々の業務に縛られやすい。よって、本建築ではその異なるノイズ的要素を多層する空間領域が望ましいと考えた。そこで機能ごとに求められる境界と領域性に着目し、各諸室が閉じた形式ではなく個々の空間領域をゆるやかに継ぎ合わせた小さな都市的な建築をめざした。

具体的にはコンテンプレーションスペースという最小限の「個」の単位をひとまとまりにした場と、他者との会話を通じてインプット・アウトプットを行う場から、街路や広場など街区的な「公」（ラウンジ・ホール・工房・和室等）の共有空間へと徐々に拡張しながら異なる要素が互いに連関するフラクタルな階層性をもたせた。加えて、個と公をつなぐ中間領域は双方への帰属意識をもつと同時にアクセシビリティに大きく寄与している。なぜなら、それぞれの居場所の境界がつくり出す中間領域が物理的・意識的な二つの領域性につながっていると考えたからである。ここでは異形敷地を利用したいくつかの軸線が交わりそうで交わらないほころびが個々に媒介する構成とした。特徴的な構造システムである九つの什器は多孔質で多様なマテリアルがブリコラージュされた不均質さをもち、実空間としての境界だけではなく意識の上でもその曖昧な領域性＝多義的な結界として働いている。さらに個を継ぎ合わせる街路的な空間をポジティブなものとするために周辺の小径的要素と数種類の床レベルの起伏を採り込んでいる。またランドマークとしてこの土地に根づいていた大木のクスノキを活かすことで自然の陽光による木漏れ日や、風にそよぐ枝葉の揺らぎや香り、そして地下水を利用した水景による小川のせせらぎなど敷地環境を利用しながら立体的な回遊性をもたせている。

森羅万象のあらゆる事象を視覚情報だけでなく、知覚による身体全体で感じとれる環境によって「make SPACE」は訪れる個々へ歓びを与えると同時に未知なる価値の創出を期待した。都市のような相互連関を促す空間とは、自己の周縁に異なる現象を誘起させるほころびの空間領域をもつ建築である。それは多層な属性との出会いを自然発生的に結びつけ新たな秩序を生成する関係性であり、日々の慣習化した私たちに自己変容を喚起させるといえよう。

北側道路からエントランスへ導くアプローチ

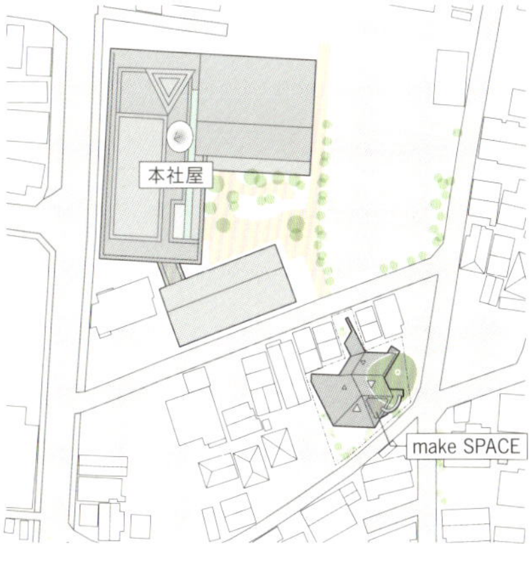

敷地計画　(S=1:2500)

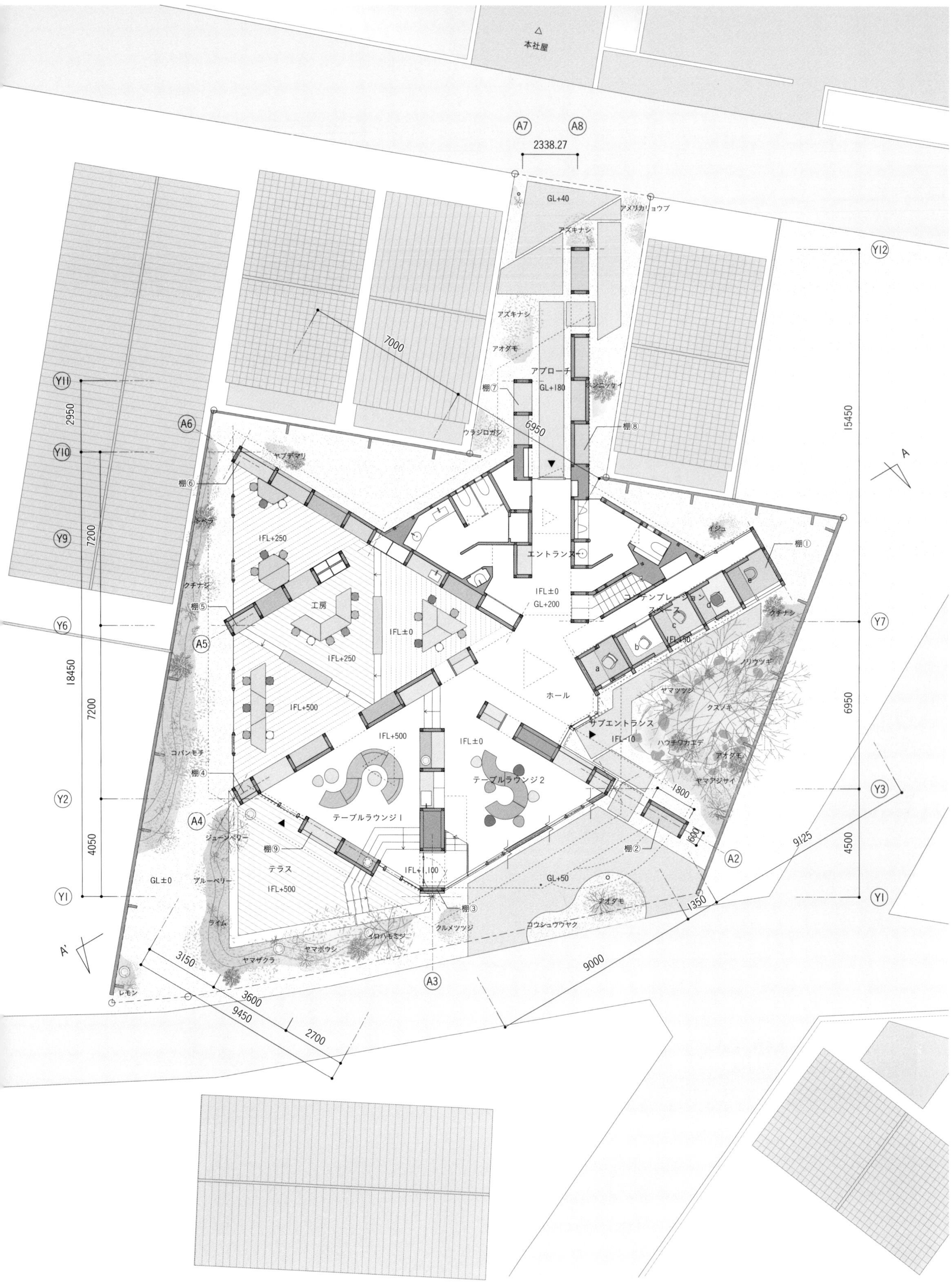
本社屋
GL+40
アメリカリョウブ
アズキナシ
アオダモ
アプローチ
GL+180
棚⑦
棚⑧
ウラジロガシ
ヤブデマリ
棚⑥
エントランス
IFL±0
GL+200
IFL+250
工房
IFL±0
IFL+500
コンテンプレーションスペース
棚①
ホール
サブエントランス
IFL-10
ハウチワカエデ
ヤマアジサイ
テーブルラウンジ1
テーブルラウンジ2
棚④
棚⑤
棚⑨
棚②
棚③
テラス
IFL+1,100
GL+50
GL±0
ジューンベリー
ブルーベリー
ライム
ヤマザクラ
ヤマボウシ
イロハモミジ
クルメツツジ
コウシュウウヤク
レモン
コバノモチ
クチナシ
ヤマツツジ
クスノキ
ノリウツギ
イジュ
7000
6950
2338.27
15450
18450
9125
9000
9450
3600
3150
2700

1階平面図 (S=1:200)

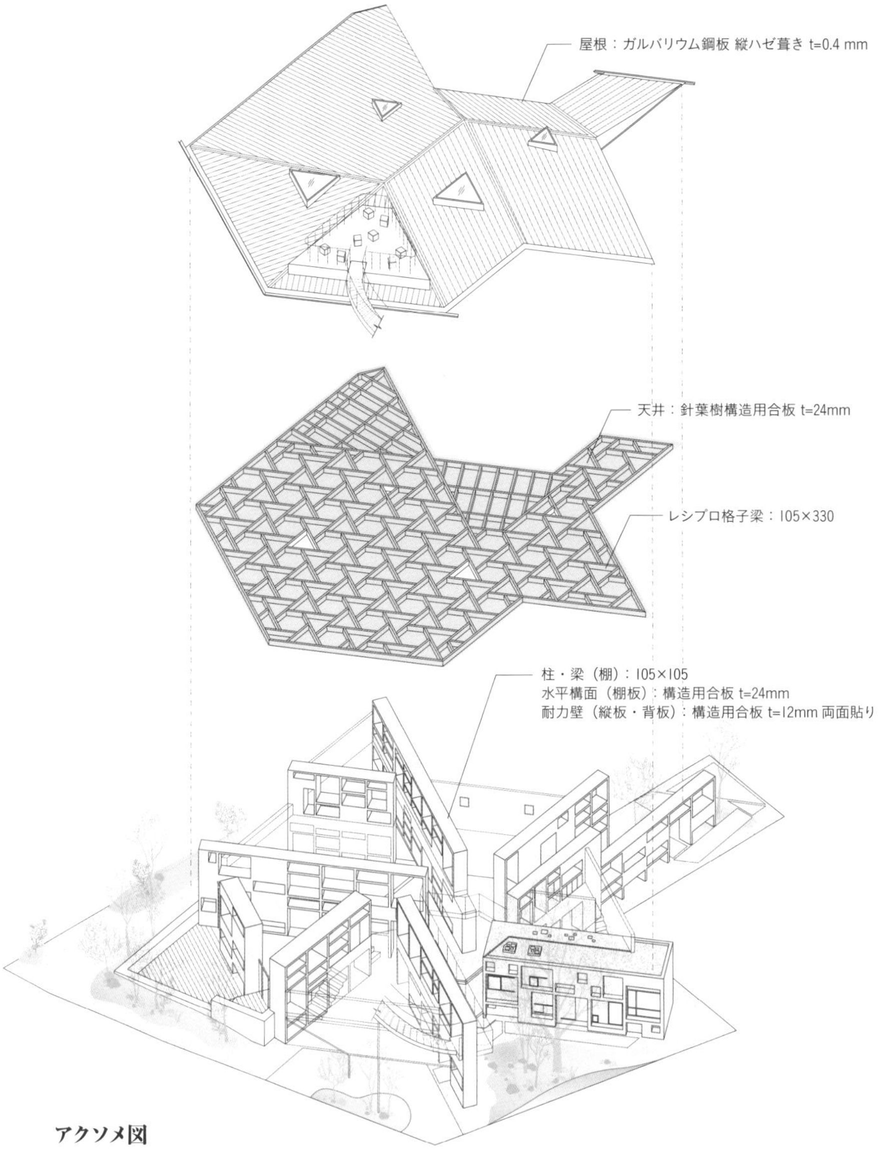

アクソメ図

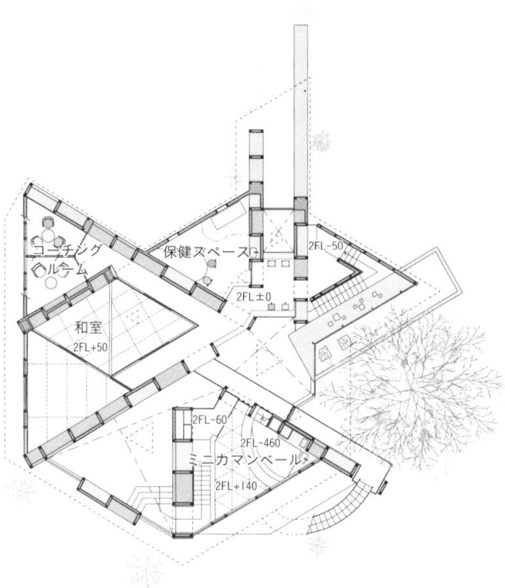

2階平面図　(S=1:400)

木造建築の可能性

本社の大きな建築に対するアネックス棟として、規模感および敷地周囲を取り巻く2階建て住宅群を鑑みて、ここでは周囲の環境から突出することのない低層2階建ての木造4号建築物で解いていくことがふさわしいと考えた。その中で什器としての棚ユニットを主構造としながら、三角形を基調とした平面と屋根を覆うレシプロ格子梁による新たな木造建築の可能性を試みた。

南より見た鳥瞰　北側の塔をもつ建物が本社

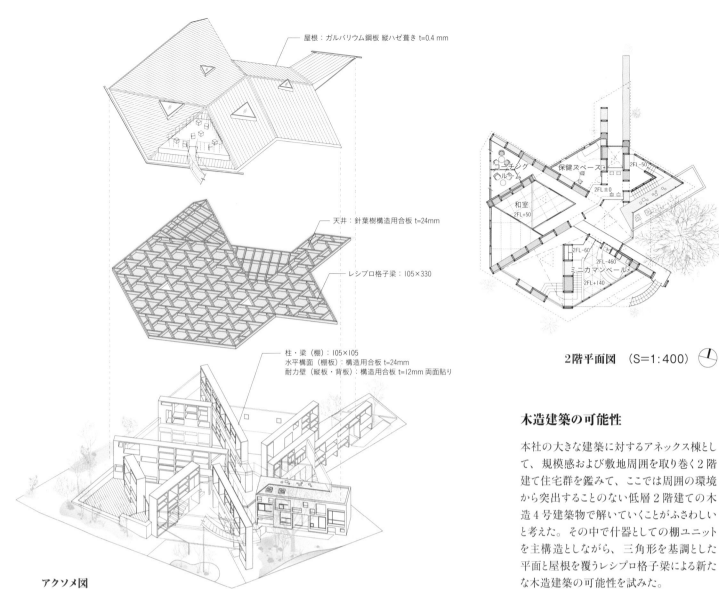

サブエントランスの先の既存クスノキはランドマークとして生かしている

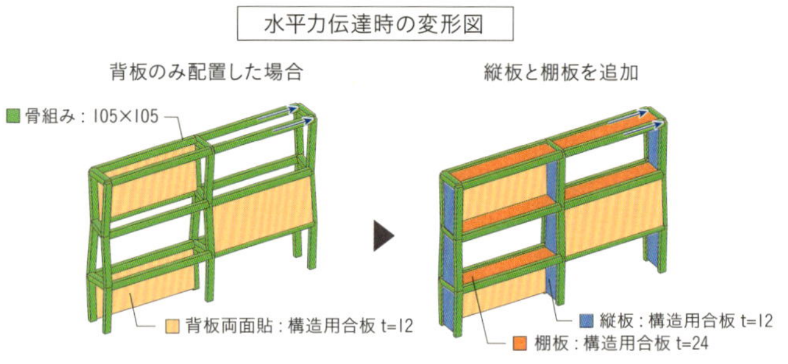

棚変形図

棚の構造化

什器としての棚は、主に棚板・縦板（側板、仕切り板）・背板の3種類の要素で構成される。本構造システムは、建築の主構造となるよう各要素を再構成した棚ユニットが建物全体の鉛直・水平力を負担し、屋根や床を支えるものである。棚ユニットの棚板・縦板・背板は、スギとヒノキ製材（105㎜角）を三方に組んだ骨組に、構造用合板（t=12㎜）を面一の真壁形式で両面張りして構成している。

1350～1800㎜間隔に整然と配置される縦板に対し、棚板と背板はランダムかつ限定的に配置され、応力伝達経路が途絶えているように見えるかもしれない。とくに背板が裏表でずれて設けられるが、背板と直交する縦板と棚板がねじれ変形を抑えるなど、水平力を巧みに伝達できるしくみとなっている。この棚ユニットを60度斜交座標系プランに合わせて0度、120度、240度方向に三つずつ合計九つ配置することで、あらゆる方向の水平力に対して抵抗させると共に鉛直荷重を支持している。

屋根構造は60度斜交座標系プランに合わせてデザインした三角・六角形パターンのレシプロカル格子梁で、オウシュウアカマツの中断面集成材（105×330㎜×3m）のみで最大6mスパンを架け渡している。60度の角度をもった梁同士の接合は、角度付き梁受金物を使ったディテールである。

（山田憲明+中川航佑／山田憲明構造設計事務所）

A-A′ 断面図 (S=1:175)

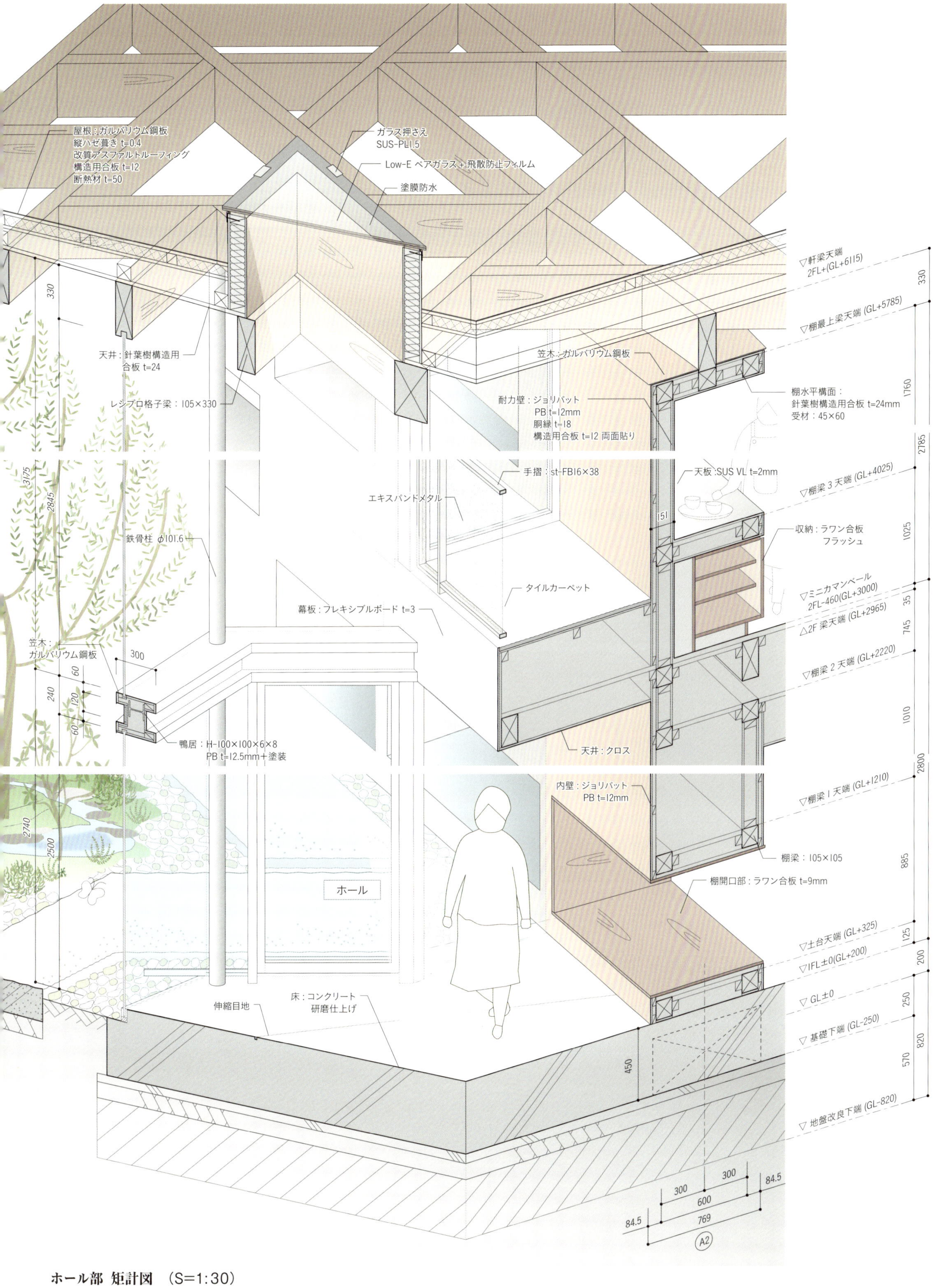

ホール部 矩計図 (S=1:30)

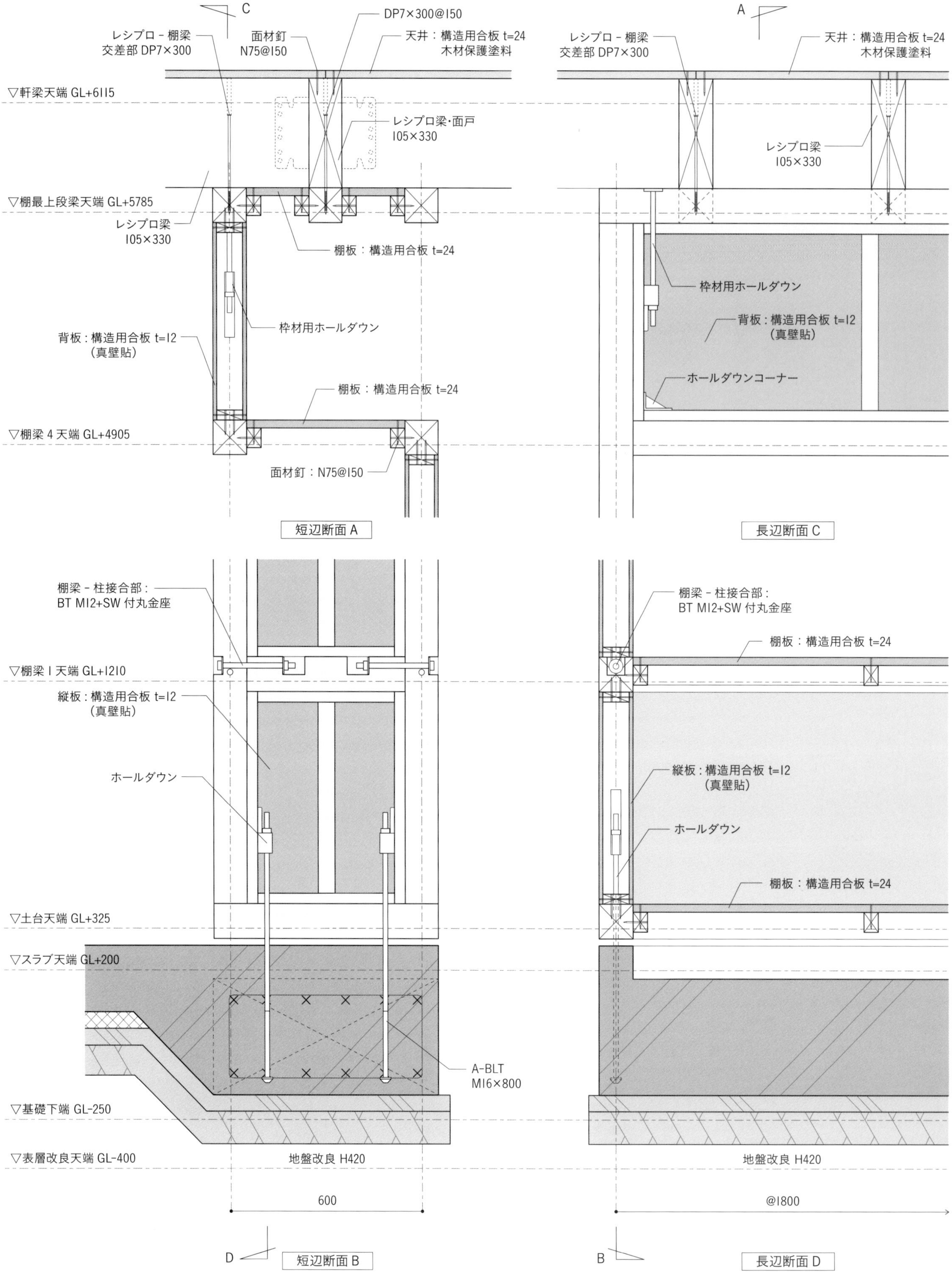

棚状の耐力壁接合部詳細図　(S=1:15)

美意識を喚起させる細部と構成（前田圭介）

モノとモノが取り合う箇所を丁寧に読み解かないと建築は不具合を起こす。内外の取り合いにおいてはなおさらである。性能や構造などを考慮した矩計図は規模・難易度によって大きくコストに反映されるものもあれば、反映されないが現場において高い精度を要求するものもある。よって既製品ではない部材で全体を構成していく建築の矩計図とは、その建築の表層の仕上げや骨組み、そしてプロポーションを決定づける空間構成とその細部をどのように納めていくかの重要な指針であるといえる。さらに架構の組み立て方法や細部については現場段階で専門的な技術者とのかかわり合いを通して職人の経験や知恵、そして勘所を押さえながら見えない不確定要素をポジティブに捉え、判断し構築していく創造的な面白さが織り込み済みの図面といえる。

建築を設計する上で、その建築の構成を純粋に表現することを大切にしている。純粋な構成とはつまり「少ない線」でシンプルに構成された空間と、最小限の部材でわかりやすい細部によって表現されると考えている。最小限の構成美の意識とは、たとえば茶道で床の間に生ける茶花は、盛りだくさんの華美な花を生けるのではなく山野に咲く花本来の姿を想像させる生け方がいかに難しく美しいかを表している。そこには「少ない線と構成」の中にある美しさを求める意識があり、そういった美意識を建築において体現することは容易くはない。建築において線を減らすということはプロジェクトにかかわる人たちの技に頼らざるを得ないからである。そして各工種の仕事における所謂「逃げ」が少なくなるということは、職人をはじめとする現場にかかわる大勢の方々へ時宜を捉えて建築家がかかわり合い続けなければ実現できないのである。よって美しい建築の矩計図の背後には、その建築を実現する建築家の高い知見が表れているといえるだろう。

2階渡り廊下からコンテンプレーション上部を見る
レシプロカル格子梁と九つの棚状の耐力壁の構成を生かした内外をつなぐディテール。

鶴岡邸

武田清明／武田清明建築設計事務所 | 2021 | House | 東京・練馬

凡例
1:ユーカリプツス ポリアンテモス
2:ムサ バショウ
3:シマトネリコ
4:ナンテン
5:ヘデラ カナリエンシス
6:アガベ アメリカーナ バリエガータ
7:セネキオ アンタンドロイ
8:アガベ アッテヌアータ
9:アカシア アフィラ
10:プロテア キナロイデス
11:プロテア スザンナエ
12:デロスペルマ
13:バンクシア スピヌロサ バースデーキャンドル
14:マホニア コンフューサ 青流
15:キトルス
16:オリーブ
17:フォルミウム バリエガータ
18:ロドデンドロン
19:ストレリチア レギナエ
20:ユッカ エレファンティペス
21:ジャカランダ
22:ブーゲンビレア
23:マンガベ フォーリングウォータース
24:ストレリチア　ニコライ
25:カリカ パパヤ
26:エキノカクタス　グルソニィ
27:アンギオプテリス リゴディフォリア
28:フィロデンドロン セローム
29:アロカシア オドラ
30:アスプレニウム アンティクゥム
31:シェフレラ アルボリコラ
32:プリニア カウリフローラ
33:メラレウカ リナリィフォリア
34:サイカス レボルタ
35:グレビレア ピーチズアンドクリーム
36:ヘスペラロエ フニフェラ
37:カンナ オーストラリア
38:アカシア コベニィ
39:テロペア スペキオシッシマ
40:ブラキキトン ルペストリス
41:ムセラ ラシオカルパ
42:ストレリチア レギナエ
43:メリアンサス マヨール
44:ビワ
45:カンナ ベンガルタイガー
46:ロロペタルム
47:ポドカルプス
48:マホニア コンフューサ 青流
49:キンカン
50:ユッカ フィラメントーサ カラーガード
51:カマエキパリス
52:アケル
53:コルヌス ホンコンエンシ
54:ディクソニア アンタルクティカ
55:テトラパナックス パピリフェル
56:コロカシア ギガンテア
57:ムサ バショウ
58:フィカス プミラ
60:トラケロスペルマム アジアティクム
61:マホニア コンフューサ 青流62:リリオペ エバーホワイ
63:ファトシア ムラクモニシキ
64:マグノリア グランディフローラ
65:アロエ ストリアツラ
66:ロサ バンクシアエ ノルマリス
67:ラピス エクセルサ
68:ユッカ デスメティアナ
69:ピヌス オクルス ドラコニス
70:ユッカ ロストラータ
71:シェフレラ プエックレリ
72:ストレリチア レギナエ
73:アガベ アッテヌアータ
74:シェフレラ アルボリコラ
75:ハーデンベルギア ビオラセア
76:シェフレラ アングスティフォリア
77:モンステラ デリシオサ
78:シェフレラ プエックレリ
79:パッシフローラ エデュリス
80:フィカス エラスティカ バーガンディ
81:ストレリチア ニコライ82:ケレウス ペルビアヌス
83:ネリウム
84:アロエ アルボレスケンス
86:ロニセラ ジャポニカ
87:コリルス　アベラナ　ロードゼラヌート
88:コリルス
89:マグノリア
90:キトルス メイエリ
91:フェイジョア アポロ
92:フェイジョア　マンモス
93:レプトスペルマム ピーターソニー
94:ビティス　ヤマ・ソービニオン
95:サンブカス ニグラ
96:ファトシア ムラクモニシキ
97:フィカス カリカ
98:ロサ バンクシアエ ノルマリス
99:エレアグヌス アングスティフォリア
100:フィカス カリカ
101:オリーブ
102:プニカ グラナツム103:ヤスミヌム
104:マニホット エスキュレンタ
105:メラレウカ リナリィフォリア
106:ユーカリプツス スタイゲリアナ
107:ジュニペルス
108:アガベ テキラナ
109:アカシア スプラタ
110:ムサ ブルージャバ
111:アシミナ トリロバ

1A:種子まき地被 ダイコンドラ レペンス..etc
1B:擁壁面緑化 フィカス プミラ..etc
1C:耐陰性下草・小低木類 アラクニオデス スタンディシィ..etc
1D:半日陰性下草類 ネフロレピス コルディフォリア..etc
3A:種子まき地被　キノドン ダクティロン...etc
3B:ベリー系小低木 バッキニウム コリンボスム...etc
3C:グランドカバー系ハーブ ロスマリヌス オフィキナリス...etc
3D:エディブルフラワー系宿根草 エキナセア パリダ...etc

植物と人の関係を計画する。日を好む植物は日当たりのよい場所へ、植物は大きく成長し道路側から少し隠れた人の居場所をつくる。ある植物は料理やお茶に活用でき、日々の暮らしに香りや色どりを与えてくれる。景色としてだけではない人と植物の関係をめざした。

平面図　(S=1:200)

右:ヴォールトスラブにより積層する庭を見上げる
水が集まる谷にPコンと同じサイズの竪樋をスラブを貫通して設け、上階〜下階へ雨水が流れることで庇下の植物にも水がいきわたる雨水循環の計画をしている。

他生物を受け入れる建築

いま、人間の生み出した人工物が、地球上の生物の質量を上回りはじめ、その大きな要因は建築資材なのだという。それは、これまでの「人のためだけの建築」をつくり続けることに限界が来ているということを示唆している。地球上で人も植物も動物も土中の虫たちもすべて生きるという事業をともに進めているのだから、大地は人をも含むいろいろな生物が生息する不定形の集合体である。生物と人工物のバランスが臨界点にあるいま、すべての生物、不定形の集合体をひとつのまとまりとして、建築はその受け皿となれるのだろうか。

「鶴岡邸」は長屋形式の住宅である。敷地は長閑な低層の住宅街であるが、目の前には豊かな自然公園が広がっている。天然記念物の植物群落も生息しながらも、観光客のボートが浮かぶ人工池もあり、自然と人工が織り交ざった環境である。敷地を人間のための居場所で埋め尽くすのではなく、目の前の環境を受け入れるような建築を模索した。通常は平面計画で敷地を「庭」と「家」に分配することが多いが、この方法だと自然と建築がただの近接関係になりがちだ。ならば、断面計画で「庭」と「家」を上下に積層していくとどうだろう。すべての階がグラウンドレベルとなり、その下にアンダーグラウンドのような空間が生まれ、相互に影響を与え合う関係が生まれそうだ。積層される庭は地被だけでなく、低木、中木までが混在する小さな森となるよう、土は極力深くした。それは、土の薄さを追求する現代の屋上緑化とは逆行している。庭を他生物にも開き、居場所として提供し、一緒につくっていくことで「庭」は「環境」になっていく。他生物を支える環境とするための必須条件は、土中の雨の良質な水はけにあった。

そこで、雨水が重力で自然と落ちていく断面の検討を重ねた結果、連続ヴォールトスラブに行き着いた。雨がヴォールトの山から谷へ、そして谷から縦にコアで運ばれるという水の流れが、そのまま建築の躯体のかたちとなった。このアプローチは、用水路やダムのような土木の設計と似ている。厳しい自然の中で、雨や土などをいかに合理的に背負い流していくか、それだけに集中する切実さが土木の設計にはある。

なぜ、ここまでしてこの「環境のための建築」をつくることにエネルギーを注いできたのか。それは「環境のための建築」が「人のための空間」にとっても新しい合理性をもたらすかもしれないという期待があったからだ。異常に厚い土が空間を包むことで、夏場は洞窟のように外部の日射熱を感じないほどひんやりと過ごせる居場所があったり、冬場は床暖房で土に蓄熱させ、床やコアの周囲にぼんやりと暖かい居場所があったり、土が人の暮らしにポジティブに働くかもしれない。また、雨を流すためにかたちづくられた連続ヴォールトスラブは、その下の空間に極端に天井高の低い部分を生み出し、生活に手を差し伸べる構造体のあり方を模索した。頂点では３５００㎜という開放的な高天井をつくりつつ、谷では２０００㎜まで下がり手が届くスラブとなる。構造体に手が届けば、Ｐコンにアイボルト、リングナット、ワイヤーなどを取り付けて、自由な位置にハンモックをかけたり、ペンダントライトを移動したり、プランターを吊るしたり、カーテンで間仕切ったりできる。手に触れられる構造体は、生活に創造性を生み出してくれるかもしれない。環境だけでなく、暮らしも支える構造になる。

このプロジェクトを通して「人間のための建築」は環境のためにもなり、「環境のための建築」は人間のためにもなるということをめざしたいと感じた。人間と自然、土と植物、植物と動物、人間の暮らしの周囲にあるさまざまな生物同士の双方向から需要と供給を観察し、建築がそれぞれのもっている機能を結びつけ、もちつもたれつの関係、相互補完の関係で成立する構成を見つけることができれば、これからの建ち方が獲得できるかもしれない。

「鶴岡邸」は、人だけでなく他生物も受け入れようと試みた建築となった。時間の経過とともに樹木は成長し、飛び交う鳥や虫も手伝っていまここにない樹種も加わり、やがて小さな森が生まれるかもしれない。数十年も経てば建築が姿を消すほどに生物が増大し、いつかは人工物の質量を超えていくに違いない。しかし、このひとつの住宅が広い地球環境を改善するほどの効果をもたらすわけではない。それよりも、生物と人工物の適切なバランスで構成された環境で、人と他生物が、私とあなたという二人称的な関係で、直接触れ合い、恵みをありがたく思える距離感で送れる生活、ただそれをつくりたかった。

左上：1階ホールからキッチン、ダイニング、石神井池を見る
庭と空間、中と外の境界線を横断する暮らしをつくりたかった。キッチンの前には、食べれたり、料理に使える植物を、寝室の前には、冬でも葉が残り目隠しになる植物を、書斎の前には、香りを放つ香木を植えるなど、窓を開けたくなる、外と中を行き来したくなる計画とした。

左下：南側全景
庭と空間を積層させている。連続するヴォールトスラブは、土中の雨が重力で自然に下に落ちていくかたちを追求したもの。スラブ上にいろいろな深さの土壌が生まれることで、自然公園から鳥が運んでくる種が発芽する可能性が高まる。植栽は、各階で人と自然のかかわり方が異なるように設計している。

断面パースに「自然」も描く

雨、土、植物、虫、鳥など、われわれの暮らしを豊かにしてくれる機能、役割があるのではないだろうか。雨が染み込んだ土壌は、ウェットな建材になり、室内空間を洞窟のように太陽光の熱から守ってくれる。植物は、夏に生い茂り、冬に落葉し、季節によって変化しながら、適切な光を空間に与えてくれる外装材となる。

矩計図
(断面パース)
(S=1:40)

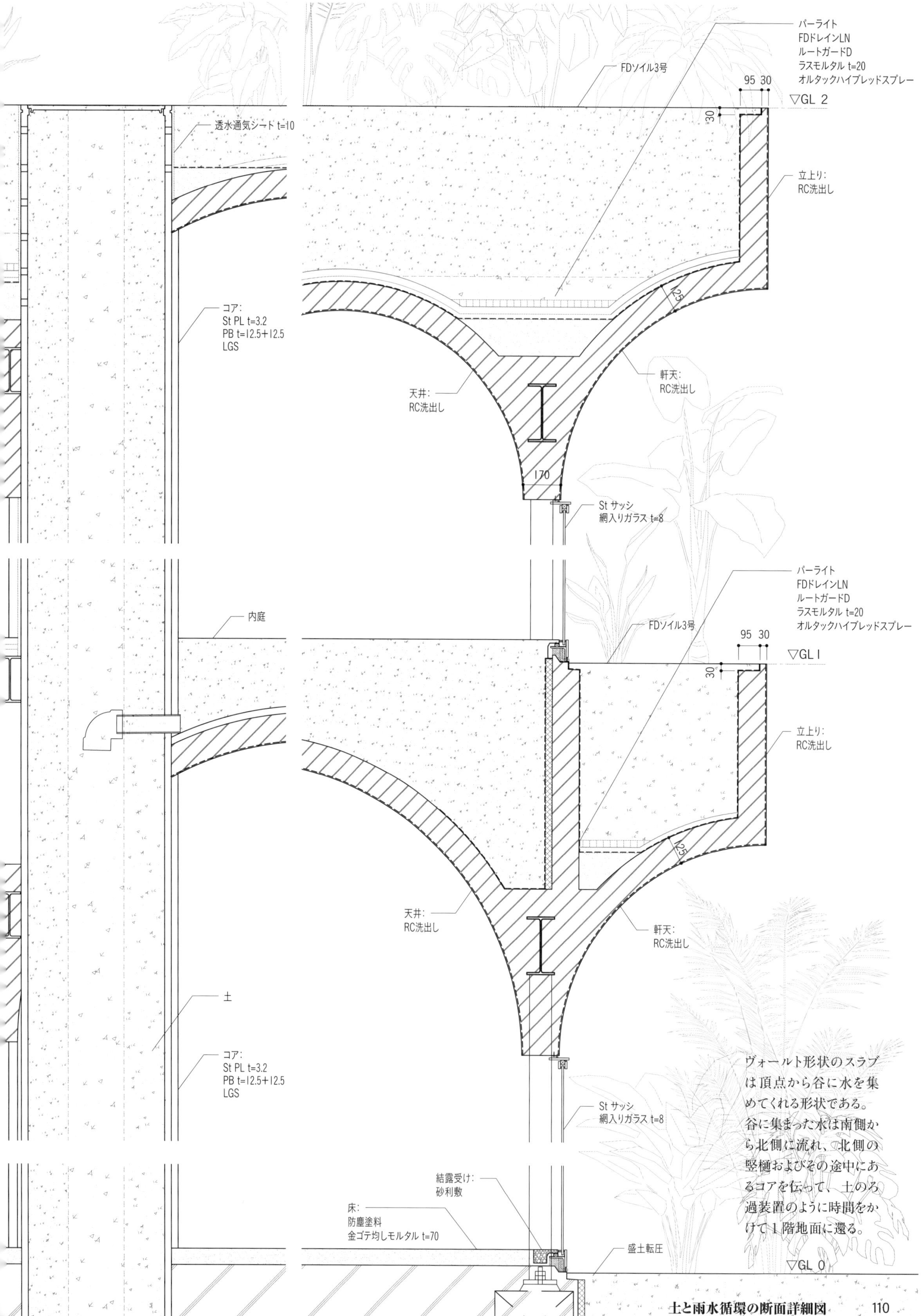

ヴォールト形状のスラブは頂点から谷に水を集めてくれる形状である。谷に集まった水は南側から北側に流れ、北側の竪樋およびその途中にあるコアを伝って、土のろ過装置のように時間をかけて1階地面に還る。

建築そして環境を描く（武田清明）

学生時代、廃墟のリサーチでイタリア、ウルビーノの石積みの村を訪れたときのこと。中に入ると、朽ちて屋根に大きな穴の空いたリビングルームらしき場所があった。驚いたことにその室内には「小さな森」があった。ふと、不思議に思った。辺りは岩状の固い大地で、芝のような地被類しか生えていないのに、その室内にのみ、ツタ、低木、中・高木など、周囲では見られない多種多様な植物が混在していた。よく観察すると、屋根が集めた雨水が、朽ちてできた開口から流れ落ち、タイルの歪んだ床の谷が小川となっていた。ぼろぼろの人工物が、生命に必要な雨水、そしてどこからともなく飛来した種も運び、ここは森になっていったのかもしれない。周囲の環境を超えて、廃墟はひそかにその内部で多様な生態系を育んでいた。私にとって廃墟からの学びは、「人工物があったからこそ」生物は多様化していたという点だ。石の外壁やその目地があったからこそツタが垂直面に自生し、屋根があったからこそ低木が強い日差しから守られ、床のタイルがあったからこそ中木が雨水を存分に受け生き延びることができていたのだ。環境にとってポジティブな人工物、建築、その手がかりを探りたくなった。

まず、この廃墟で起きていることを矩計図で描いてみることにした。建築だけでなく自然も描く。そして、その双方の需要と供給の関係を解き明かしていくようなその作図は、驚きや発見ばかりだった。矩計図だからこそ、人工物を伝う雨の動き、ほんの些細な部材の目地や割れが小さな植物の生息可能性を高めていたなど、自然を観察するまなざしが生まれた。そして、描き切ったその図面を眺めながら、自分の中にある建築に対する固定概念に気づくことにもなった。これまで学校で製図を学び、設計課題などで描いてきた図面が、いかに「建築というくくり」の中で閉じて創造されたものだったのかということだ。壁、床、屋根、柱など、人工物を構成させてできたその建築や空間が、人間の暮らしにとってどのように豊かで新しいのか、それが設計であった。もちろん図面の中には、周囲の樹木や地面などの自然も描いていたかもしれない。しかし、それらは建築をにぎやかす単なる添景に過ぎなかった。僕が設計してきた建築というのは、環境をトリミングしてできた、その内側だった。自然と建築が境界なく渾然一体となり、環境そのものが描かれたその廃墟の矩計図は、僕にそのあたりまえのことを教えてくれた。

現代では、多くの建築家が、建築そしてその外側にも視野を広げていかなければならないことに気づき、さまざまなアプローチで環境の問題に取り組むようになってきた。僕もそのひとりだ。自然と建築、他生物の暮らしと人間の暮らし、その相互補完関係を結んでいく線を探りながら図面を描き、「環境をつくる」ということをめざしていきたい。

竣工から３年後の「鶴岡邸」
石神井公園から飛んでくる鳥や風の力を借りて竣工当初計画をしていない植物が芽を出し成長し、またその植物を好む虫や動物が鶴岡邸にやってくる。新たに芽を出した植物を人が食し、たのしむそんな循環をしている鶴岡邸の現在である。

天神町place

伊藤博之／伊藤博之建築設計事務所 | 2023 | Apartment | 東京・文京

敷地は湯島天神の参道沿い、本郷台地の縁に位置している。周辺に建ち並んでいたホテルは、近年そのほとんどがより高層の集合住宅に建て替わり、まちは急速にその性格を変えつつある。

旗竿形状であるうえ、三方を高層建物に囲まれて敷地内の日当たりが期待できず、中庭を包みながら薄い板を折り曲げたようなボリュームとすることで、各住戸は周囲のビルの隙間と中庭の両方から、光や風、視線の抜けを得られると考えた。一方で、その中庭は細長く、模型では井戸の底のように暗かったが、これをなんとか人の居場所にしたいと考えた。少しでも光を感じられるよう、行ったのは以下の三つである。

まず、メゾネット住戸をつくるなどして、影をつくる吹抜けの輪郭に沿う廊下を減らした。次に、吹抜けに面してさまざまな位置に横穴を開け、共用部や住戸のバルコニーとして用いた。最後に、かすかな光も感じられるよう、高さ30mの壁に相応の凹凸と幅のあるテクスチャーを与えた。実際にはサンブスギの溝腐れ病の被害木を含む、建材としては使えない材を型枠に用いて、直線的でありながらも不規則な表情をめざした。

中高層建物において、空間に比べて大きくなってしまう構造体をどのように扱うか、さまざまな模索を続けてきた。この建物では、中庭周りの柱梁の奥行きを使って、机やベンチ、カウンターや収納など、人の居場所や行為のきっかけとなる造作をリニアに配置し、住戸の中に仕事場も含むさまざまなシーンを共存させようとしている。この造作の奥行きは室内に光を効果的に拡散するだけでなく、住民同士が窓から中庭をはさんで互いに気配を感じながらも、彼らの間に適切な距離感をつくり出す。

私たちが近年設計した他のいくつかの共同住宅と同じく、「天神町place」の住戸は、ほとんどすべて異なる間取りになっている。たとえ四角いビルであっても、その部分部分における住環境は、方位や周辺建物の状況、眺望の有無や道路からの距離などによってかなり異なる。部位ごとに最適な姿に調整しようとすると自然に異なるものになってゆく。上層の方が賃料が高くて下の階が安いといった一般的な価値基準によらず、建物の価値を最大化することができるとも考えている。

また、通常の集合住宅では住戸のみならず、共用部も同じ形が反復されるため、自分の家がどこにあるのかだけでなく、どこにいるのかもわかりにくい。一般的な住宅街において、住まいは、そこにしかない風景の中に位置づけられるのに対して、集合住宅の建物の中に入ってから自分の住戸までは、固有性を欠いたブラックボックスとでもいえそうな経験のものが多い。隣に住んでいる人の顔を知らず、知ることが憚られる雰囲気があるとしたら、この空間の性格によるところも大きいように思う。効率を落とさない範囲で、各階になるべく固有の場所をつくることで、それぞれの住戸を、まちから連続する空間把握の中に位置づけることを意図している。「この建物に住む」ことが、「このまちに住む」ことと同様の意味をもつような建物が理想である。

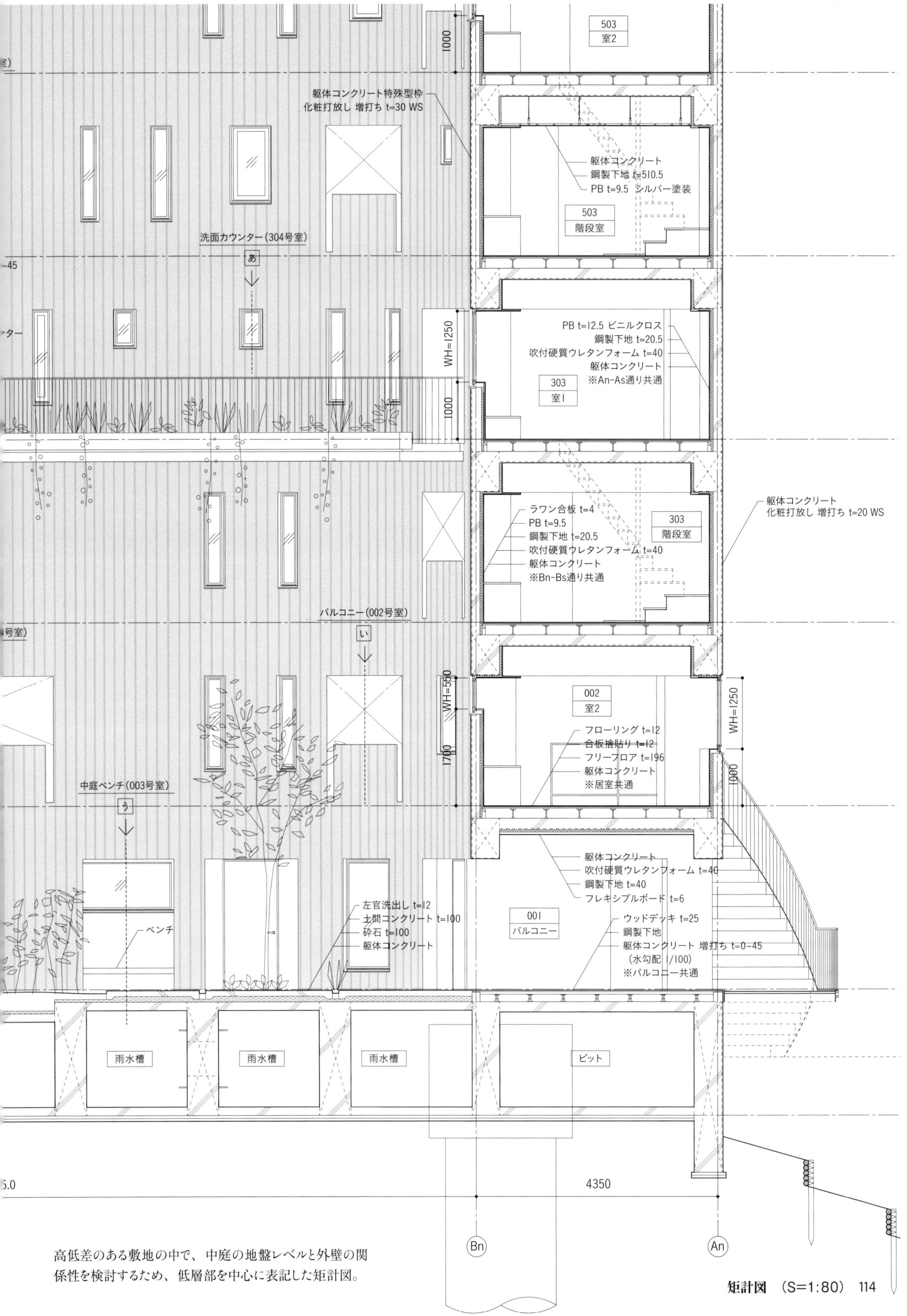

高低差のある敷地の中で、中庭の地盤レベルと外壁の関係性を検討するため、低層部を中心に表記した矩計図。

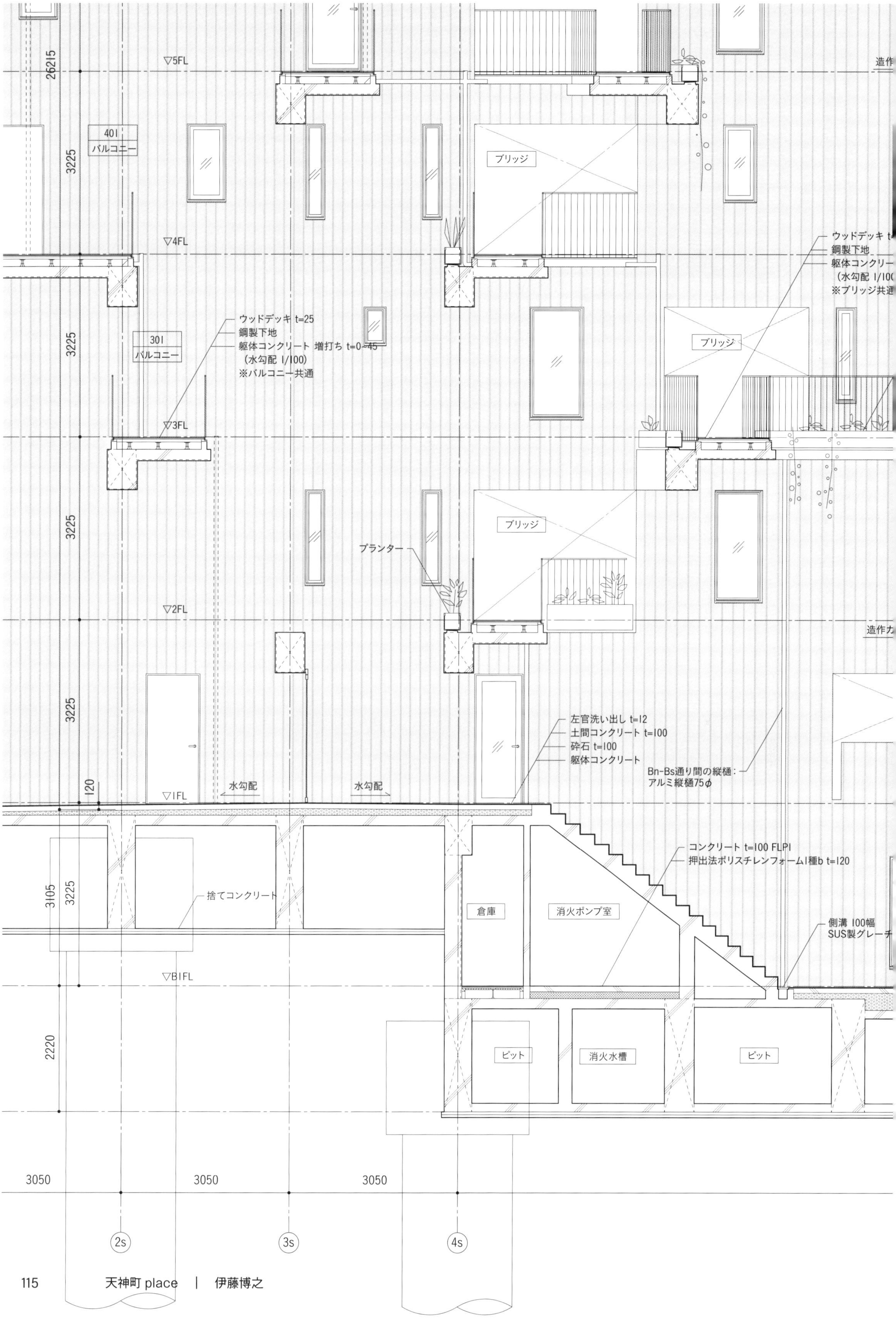
26215
▽5FL
造作
401
バルコニー
3225
ブリッジ
▽4FL
ウッドデッキ t=
鋼製下地
躯体コンクリー
(水勾配 1/100
※ブリッジ共通
ウッドデッキ t=25
鋼製下地
躯体コンクリート 増打ち t=0~45
(水勾配 1/100)
※バルコニー共通
301
バルコニー
3225
ブリッジ
▽3FL
ブリッジ
3225
プランター
▽2FL
造作カ
3225
左官洗い出し t=12
土間コンクリート t=100
砕石 t=100
躯体コンクリート
Bn-Bs通り間の縦樋:
アルミ縦樋75φ
120
▽1FL
水勾配
水勾配
コンクリート t=100 FLPI
押出法ポリスチレンフォーム1種b t=120
3105
3225
捨てコンクリート
倉庫
消火ポンプ室
側溝 100幅
SUS製グレーチ
▽B1FL
2220
ピット
消火水槽
ピット
3050
3050
3050
2s
3s
4s

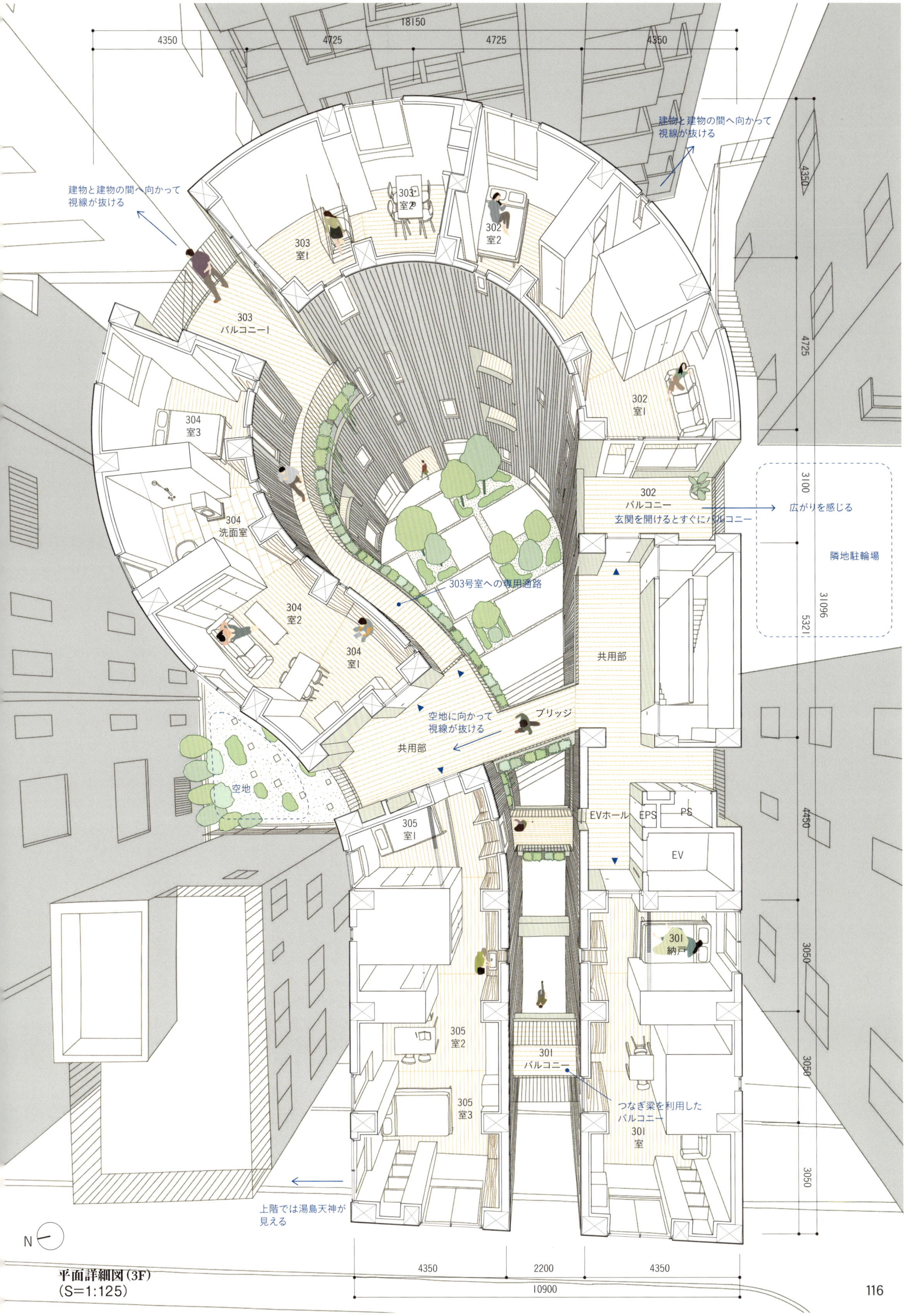

平面詳細図(3F)
(S=1:125)

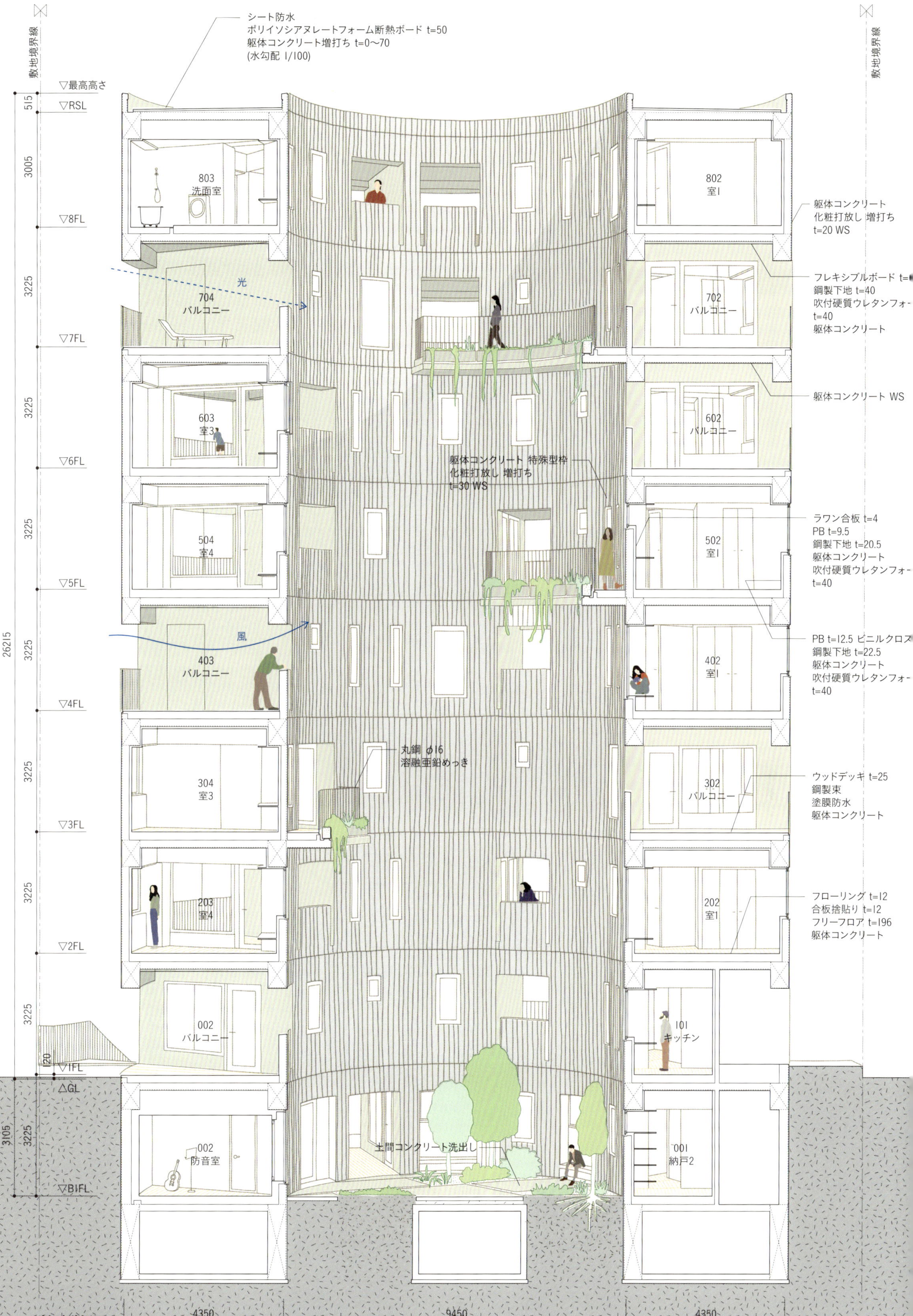

敷地境界線
敷地境界線
シート防水
ポリイソシアヌレートフォーム断熱ボード t=50
躯体コンクリート増打ち t=0〜70
(水勾配 1/100)
▽最高高さ
▽RSL
▽8FL
▽7FL
▽6FL
▽5FL
▽4FL
▽3FL
▽2FL
▽1FL
△GL
▽B1FL
515
3005
3225
3225
3225
3225
3225
3225
3225
120
3225
3105
26215
803
洗面室
802
室1
704
バルコニー
702
バルコニー
光
603
室3
602
バルコニー
504
室4
502
室1
403
バルコニー
風
402
室1
304
室3
302
バルコニー
203
室4
202
室1
002
バルコニー
101
キッチン
002
防音室
001
納戸2
土間コンクリート洗出し
躯体コンクリート 特殊型枠
化粧打放し 増打ち
t=30 WS
丸鋼 φ16
溶融亜鉛めっき
躯体コンクリート
化粧打放し 増打ち
t=20 WS
フレキシブルボード t=
鋼製下地 t=40
吹付硬質ウレタンフォー
t=40
躯体コンクリート
躯体コンクリート WS
ラワン合板 t=4
PB t=9.5
鋼製下地 t=20.5
躯体コンクリート
吹付硬質ウレタンフォー
t=40
PB t=12.5 ビニルクロス
鋼製下地 t=22.5
躯体コンクリート
吹付硬質ウレタンフォー
t=40
ウッドデッキ t=25
鋼製束
塗膜防水
躯体コンクリート
フローリング t=12
合板捨貼り t=12
フリーフロア t=196
躯体コンクリート
4350
9450
4350
18150

断面詳細図
(S=1:125)

中庭周り造作詳細図 (S=1:30)

中庭に面した柱の間のスペースに設える造作と窓の腰壁の高さを検討するため、局所的な断面を用いて検討した。

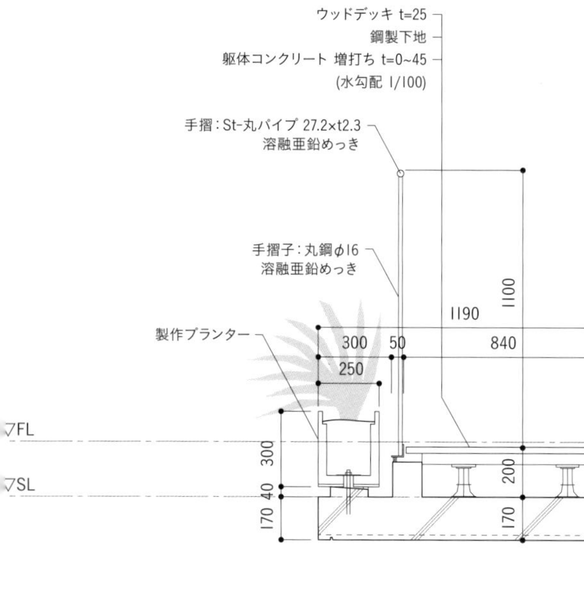

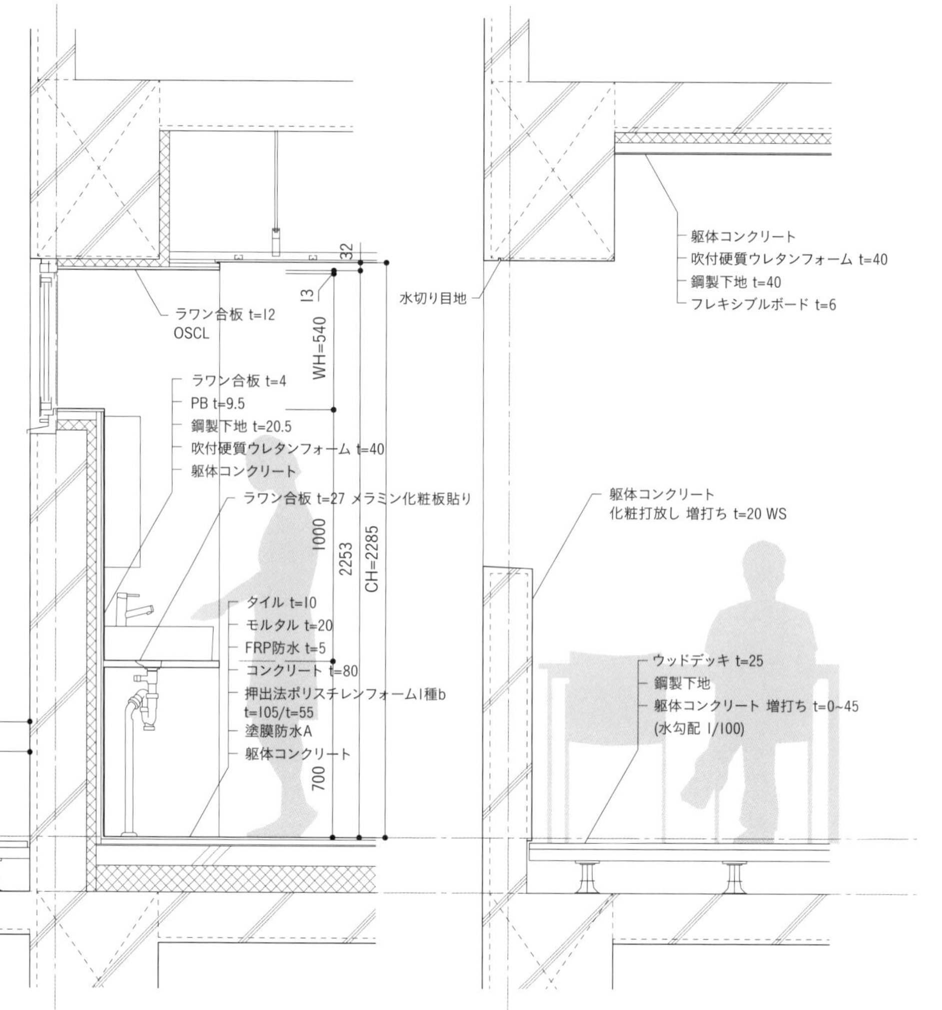

洗面カウンター (304号室)

あ

バルコニー (002号室)

い

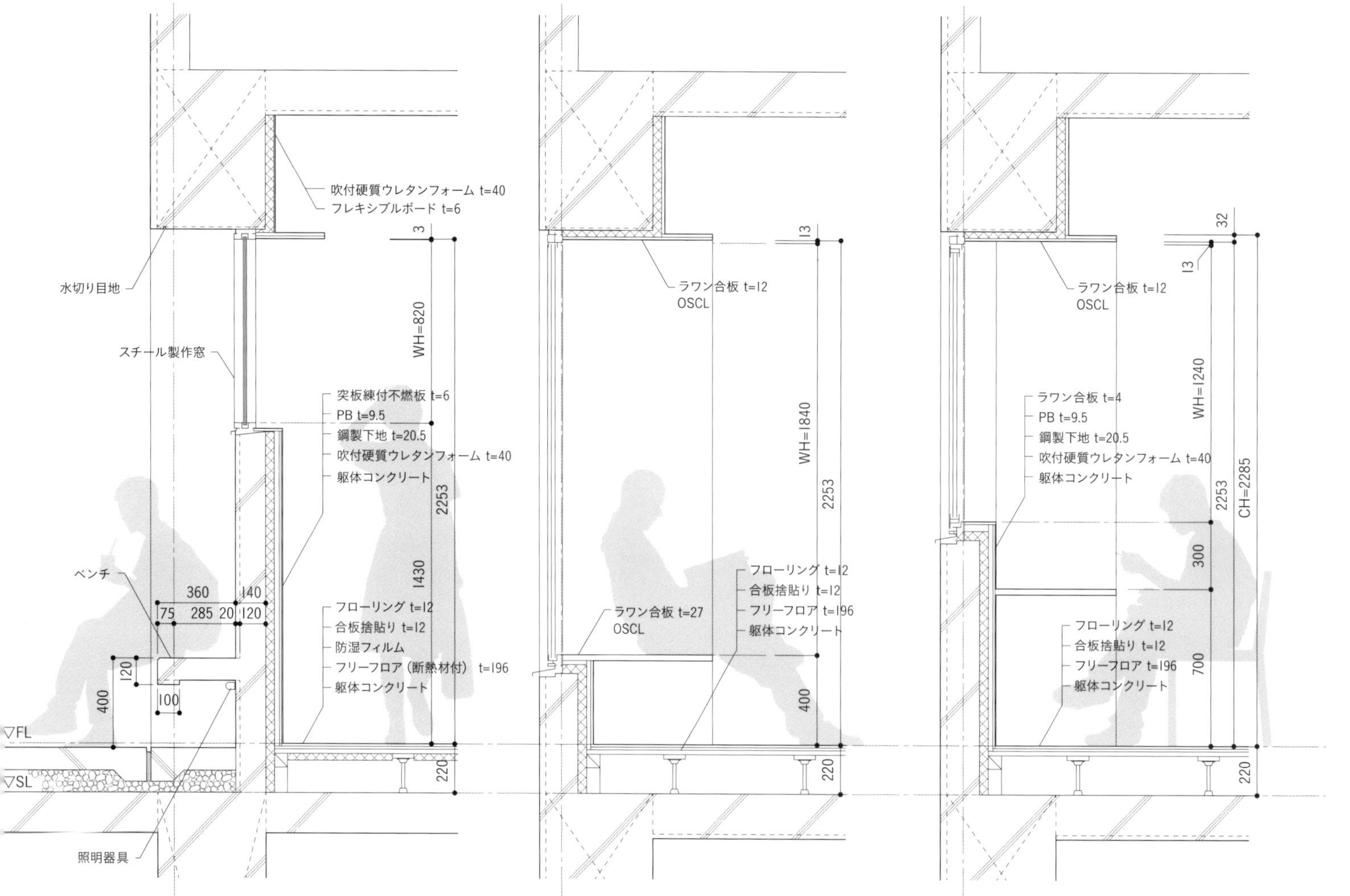

中庭ベンチ (003号室)

う

造作ベンチ (403号室)

え

造作カウンター (203号室)

お

グラデーショナルにスケールを横断して考える（伊藤博之）

平面図や立面図などの一般図が、建築の輪郭を描くことで概略を伝えるものだとすると、矩計図はよりズームインすることで、とくに内部と外部の境界という建築の本質的な部分にフォーカスする。切断面を示すことで、内外表面を示すのみならず、それがどのような素材でつくられるかを伝えるものである。矩計図はその図面のサイズゆえに、住宅などの低層建物であればそのまま全体を描くことができるが、オフィスビルなどの高層建物では、階の反復を省略して基準階と屋上、地上などの特殊な部分だけを描くことが多い。また、内装のディテールは別の詳細図にゆだね、どちらかというとサッシやルーバー、庇など外装にからむ要素を描くために使われることが一般的である。

「天神町place」は、建物内の各部で異なる居住環境に合わせて、各階各住戸の間取りが異なる。基準階のない中高層建築であるから、通常の一般図と矩計図での組み合わせでは描きにくい。加えてRC造で壁内部に構成がなく、庇などの付加的な外部要素が少ないので、「見ごたえがある」矩計図を描くにも向いていない。

ではどういった図面がこの建物を表すのに向いているのか、改めて建物の特徴と設計の過程を振り返ってみる。まず、中庭に面する壁の内部側（一部外部側）の柱の間には、カウンターやベンチなどの造作が設えられている。これらの設えは私たちの考えでは、内外の距離感を調整し、その関係性を定義するのに重要であるため、通常は展開図などで示されそうなこれらの造作工事の詳細を、外壁の断面と併せて1／20〜1／30程度で描くことが適切に思える。この造作の考え方は実際、外壁位置や、柱スパン／サイズを検討する段階で出てきている。

いくつかの種類の造作と、いくつかの種類の窓を組み合わされて、柱間のいわばユニットついて、マトリクス的なバリエーションが生まれる。内部空間と窓の対応を鑑みつつ、中庭をはさんで向かい合う窓の関係を配慮しながら、ユニットを配置していく。窓がない、あるいは窓が小さい壁は耐震要素として用いているから、その構造的バランスも考慮する必要があった。この配置の確認や表現は、住戸断面と中庭見えがかりが一度に確認できる、大きめの断面1／100〜1／150くらいがちょうどよい。ただ、中庭の地面レベルと外壁との関係性をより慎重に検討するには、1／50〜1／80程度が適切で、外部側にベンチを置く意味もこのくらいのスケールでわかってくる。

この建物の主要な特徴のひとつである中庭のテクスチャーは、高さ30mのスケールで見たときに効果がある必要があるが、具体的な素材でいかにつくるかは実寸で考えるべきだし、エントランスでは触れられる位置にあるため、まさに1／1から1／150のスケールの図面を行き来しながら考えた。

天神町placeでは、グラデーショナルなスケール横断が必要であったが、どのような建築でも異なるスケールを行き来する検討が必要になる。矩計図は一般図と組み合わされてその思考や表現をサポートするツールなのだと思う。

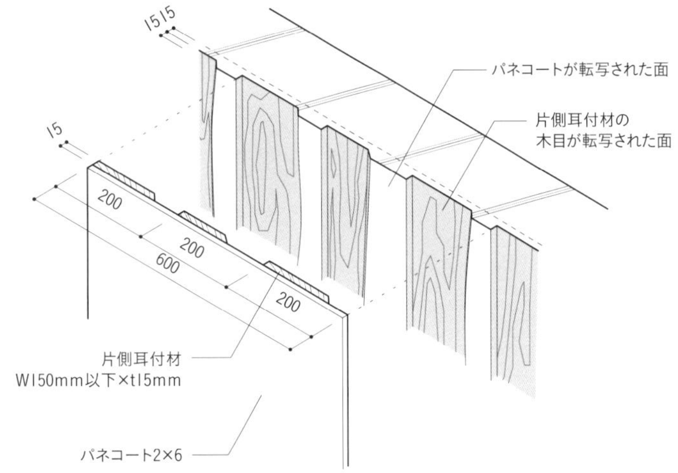

より微細な光が感じられるようにと、中庭に面したコンクリートの型枠には、千葉県山武市の溝腐れ病被害木を含む、建材としては利用できない丸太材を使用した。丸太を15㎜にスライスした材をパネコートに貼りつけて型枠としているが、材を片側耳付きとすることで台形断面となって脱型が可能となり、また、耳のない方の1辺を一直線に揃えて200㎜ピッチで貼るというシンプルな方法により、ランダムさと施工性の両立をめざした。

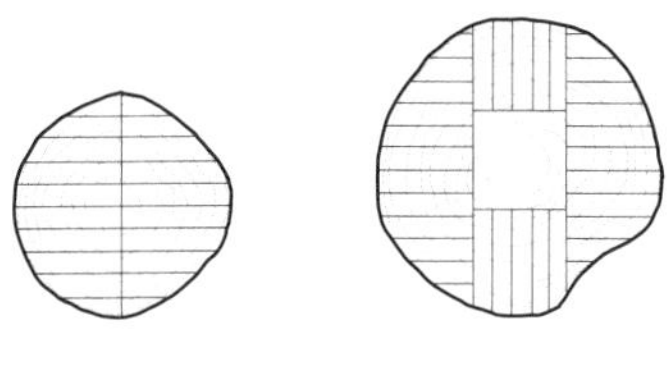

月明《げつみょう》と数寄《すき》

川口通正／川口通正建築研究所 | 2020 | House | 神奈川・鎌倉

山の緑に向かって開かれたテラスと母屋の広縁2

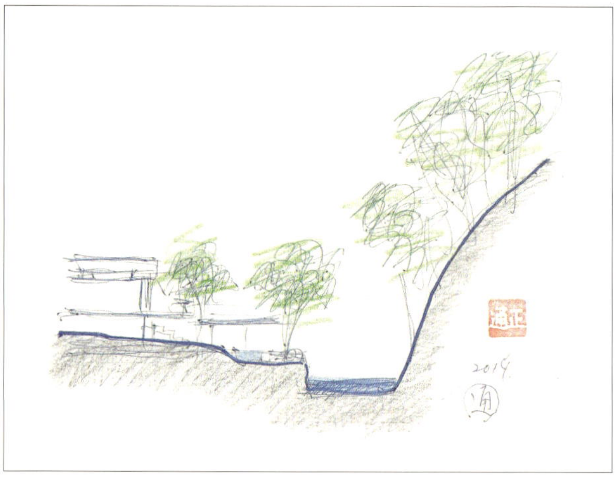

基本構想時に描いた緑に覆われた
山肌と川を背負った「月明と数寄」
のファーストイメージ（断面スケッチ）

「月明と数寄」の敷地形状は奥深く、南側前方に緑の濃い山を抱え、その足元に浅瀬の川がゆっくりと流れている。私はこの住宅を自然の静寂の中に佇ませたいと考えた。

かねてより日本に現存する木造建築の古い集落や蔵、社寺、茶室、旅館などにおける外部空間と内部空間の調和の在り方に注目してきた。そこには自然と建築がお互いを引き立て合い、双方がより一層美しく見える姿がある。そのバリエーションを学び実践したいと思ってきた。

この仕事では、敷地周辺の木々の豊かな自然や川のせせらぎをどのように建築と関係づけ心地よいものにするかが重要であった。川のせせらぎや蝉の鳴き声をどの場所から聴かせ、川をどこから見せるか。そして、どの場所から周辺民家を見せないかなど、さまざまな角度から視覚的検討を重ねてきた。それら一つひとつの結論を導き出すことが、この住宅の居心地を決定づける要素であった。

もともとある大木は伐採せず、開口部から見える樹形の生け採りについて、景観を確認しながら建築の配置を慎重に決めた。床レベルを川側へゆるやかに下っている地形を考慮し高めに設定した。そして前方にある豊かな自然を内部空間へ効果的に採り込むことを考えた。中庭を介して棟を同じ方向にし、屋根勾配の異なる2棟の木造建築空間を暮らしの中に自然とともに馴染ませた。

母屋では秋田杉を用い、構造を現しモダンな大空間を考えた。離れでは吉野杉と紀州桧を用いて尺貫法のグリッドで数寄屋工法に現代の技術を取り入れて設計した。これら2棟は異なる佇まいながら母屋から決まった高めの床レベルに合わせて離れ全体のプロポーションを調整した。そして、勾配の異なる屋根を架け、建築様式の違う二つの建家を調和させることを試みた。

寸法規準と木材の質、木材架構の比例が異なる建築が敷地内で一群となり、庭、テラス、露地、中庭、濡れ縁、軒下が渡り廊下をはさんで配置されている。そして、それぞれの外部空間と内外空間が相互に貫入する。二つをつなぐクランクする渡り廊下を移動して母屋と離れを行き来するときに、穏やかで新鮮な空間と時間を感じられるように設計した。

この工事は敷地形状の関係で工事車両が同時に入れず、母屋、離れ、門、車庫と奥から一つひとつ建築していかざるを得なかった。着工から完成までに7年の歳月を要した。歴史ある古都に建つこの月明と数寄は、木造建築の日本文化を未来に残したいという関係者の強い意思によって支えられ実現した。

立面図

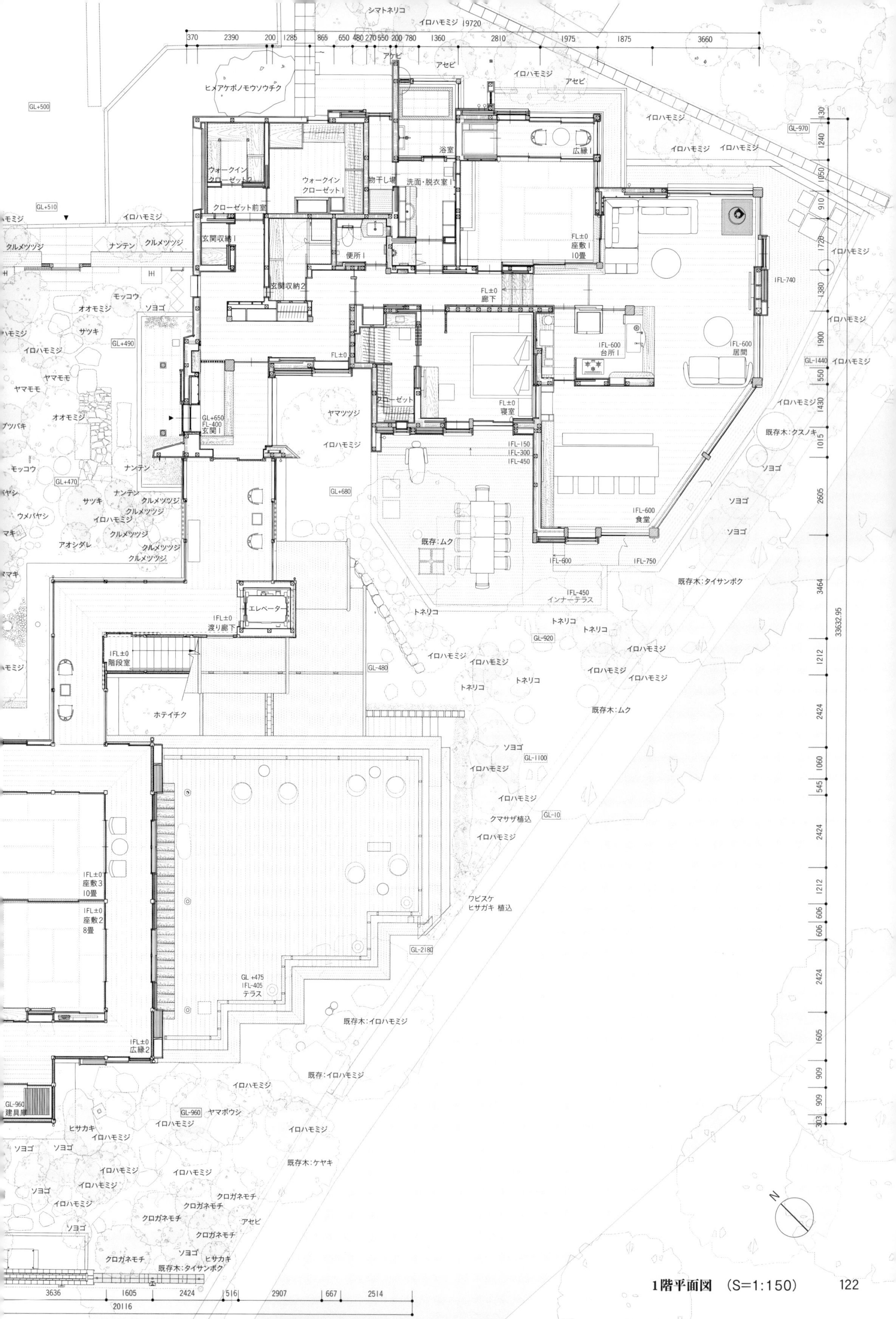
シマトネリコ
イロハモミジ
19720
370
2390
200
1285
865
650
480
270
550
200
780
1360
2810
1975
1875
3660
アケビ
アセビ
ヒメアケボノモウソウチク
GL+500
浴室
広縁1
ウォークイン
クローゼット2
ウォークイン
クローゼット1
物干し場
洗面・脱衣室1
クローゼット前室
GL+510
玄関収納1
便所1
FL±0
座敷1
10畳
クルメツツジ
ナンテン
玄関収納2
廊下
IFL-740
モッコウ
ソヨゴ
オオモミジ
サツキ
GL+490
FL±0
IFL-600
台所1
IFL-600
居間
ヤマモモ
クローゼット
ヤマツツジ
FL±0
寝室
GL+650
FL-400
玄関1
オオモミジ
ツバキ
IFL-150
IFL-300
IFL-450
既存木:クスノキ
モッコウ
ナンテン
GL+470
GL+680
ウメバヤシ
アオシダレ
既存:ムク
IFL-600
食堂
IFL-600
IFL-750
IFL-450
インナーテラス
既存木:タイサンボク
エレベーター
IFL±0
渡り廊下
トネリコ
GL-920
IFL±0
階段室
GL-480
ホテイチク
既存木:ムク
GL-1100
クマササ植込
GL-10
IFL±0
座敷3
10畳
IFL±0
座敷2
8畳
ワビスケ
ヒサガキ 植込
GL-2180
GL +475
IFL-405
テラス
既存木:イロハモミジ
IFL±0
広縁2
既存:イロハモミジ
GL-960
建具庫
ヤマボウシ
ヒサカキ
既存木:ケヤキ
クロガネモチ
アセビ
既存木:タイサンボク
3636
1605
2424
516
2907
667
2514
20116
GL-970
GL-1440
33632.95
N

1階平面図 (S=1:150)

テラスから母屋の土庇と切妻屋根方向を見る

母屋の切妻屋根はゆるやかにムクリをつけて一坪53枚の一文字瓦葺きとしている。土庇は丸柱の沓石の中をえぐり軽くし、屋根は耐候性のこともあり、銅板四つ切り平葺き（大判一文字葺き）としている。
テラスは山肌の緑と川をしっかり見せるために手摺は愛犬落下防止高さぎりぎりの375㎜と低く抑えた。大量の落葉対策として強化ガラス下端を50㎜空けている。防水は長期間の耐久性を考慮し、二重防水仕様としている。
床板は建主の希望もあり耐候性木材を使わず、木目のつんだ吉野桧材（厚30㎜）に長年ログハウスに実績がある、キガタメール6号を裏表3回塗りにしている。その上で床板の腐食防止のために建主側で年1回メンテナンス表面塗装をすることになっている。

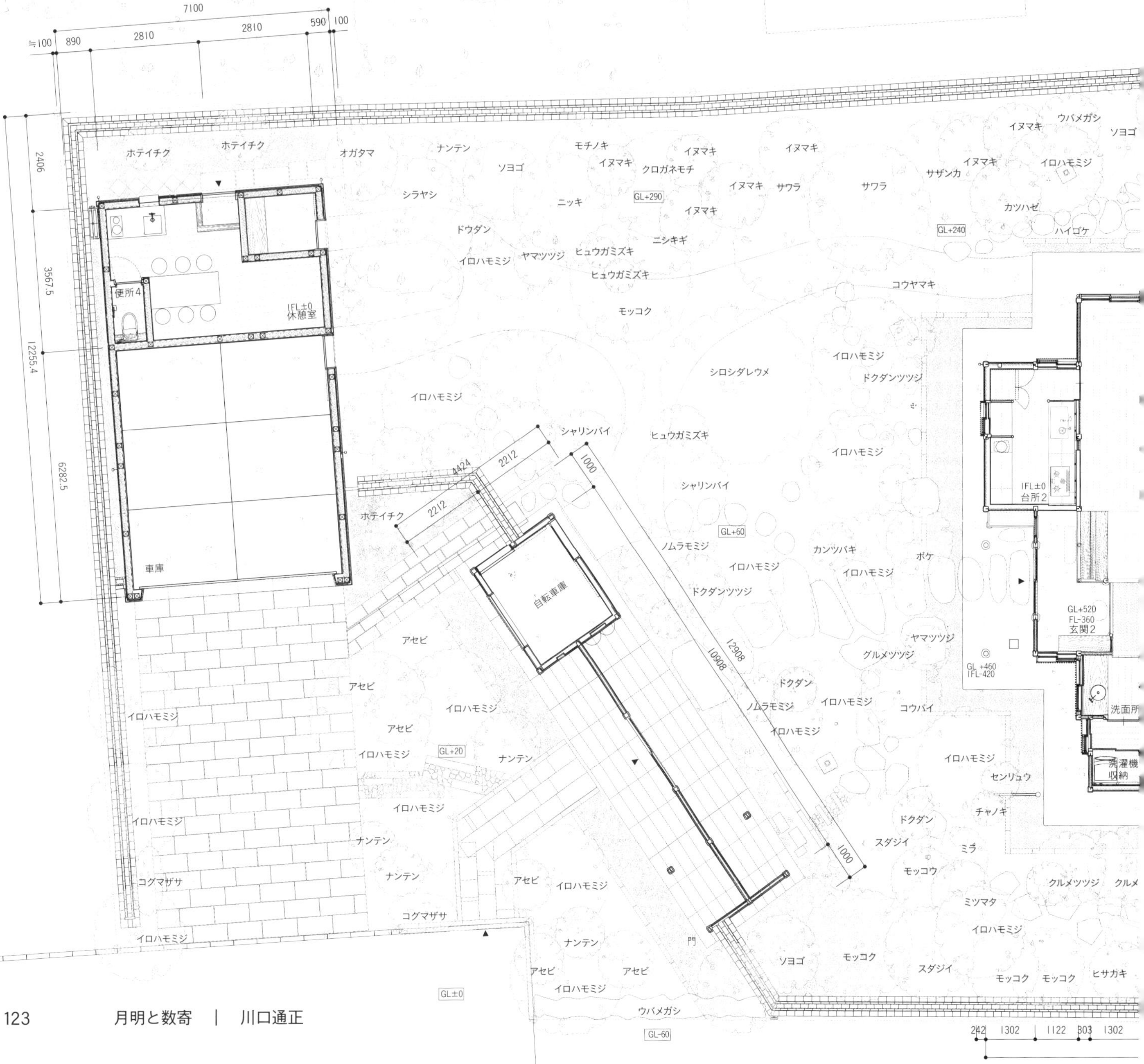

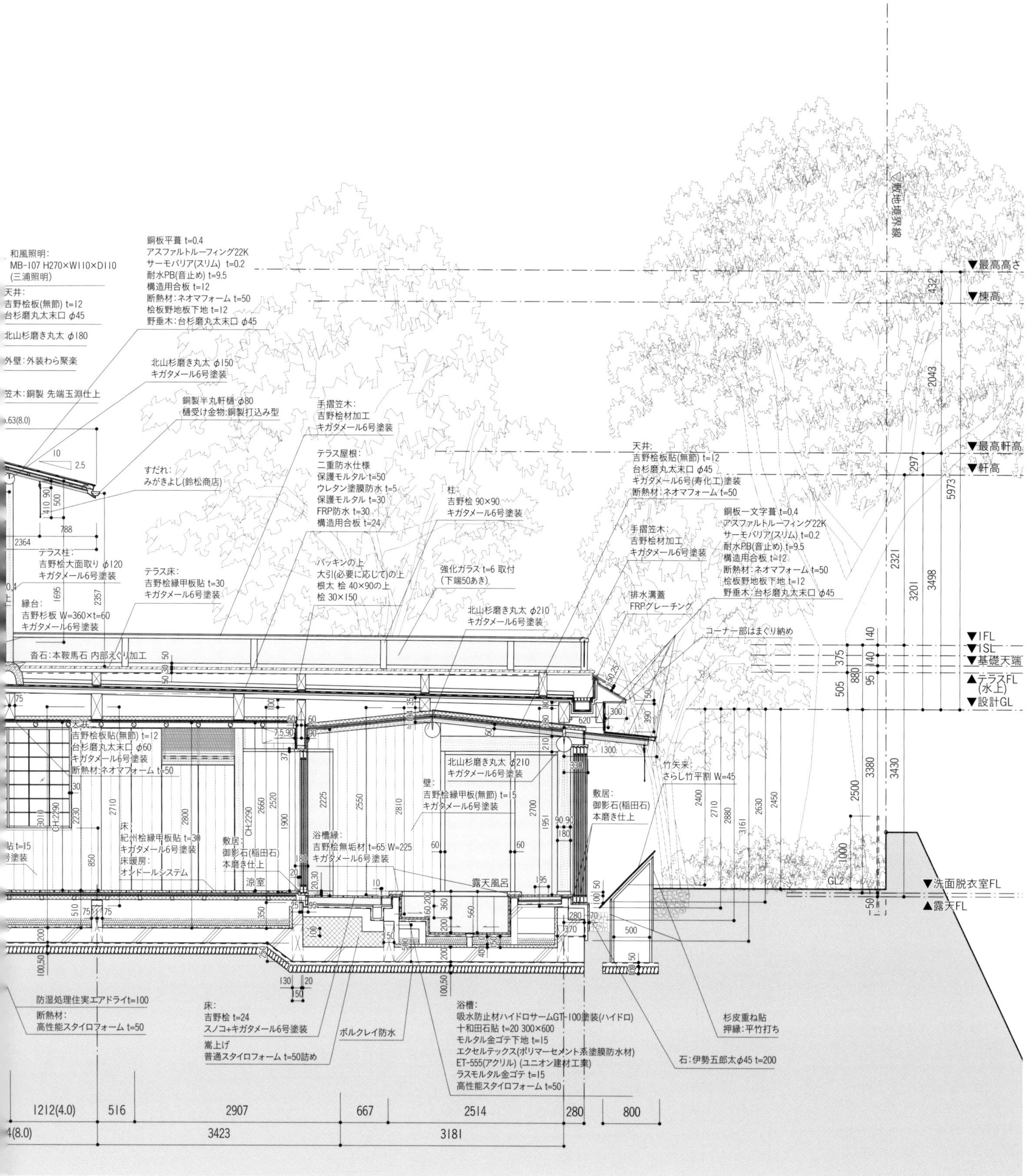
和風照明:
MB-107 H270×W110×D110
(三浦照明)
天井:
吉野桧板(無節) t=12
台杉磨丸太末口 φ45
北山杉磨き丸太 φ180
外壁:外装わら聚楽
笠木:銅製 先端玉淵仕上
銅板平葺 t=0.4
アスファルトルーフィング22K
サーモバリア(スリム) t=0.2
耐水PB(音止め) t=9.5
構造用合板 t=12
断熱材:ネオマフォーム t=50
桧板野地板下地 t=12
野垂木:台杉磨丸太末口 φ45
北山杉磨き丸太 φ150
キガタメール6号塗装
銅製半丸軒樋 φ80
樋受け金物:銅製打込み型
すだれ:
みがきよし(鈴松商店)
テラス柱:
吉野桧大面取り φ120
キガタメール6号塗装
テラス床:
吉野桧縁甲板貼 t=30
キガタメール6号塗装
縁台:
吉野杉板 W=360×t=60
キガタメール6号塗装
沓石:本鞍馬石 内部えぐり加工
手摺笠木:
吉野桧材加工
キガタメール6号塗装
テラス屋根:
二重防水仕様
保護モルタル t=50
ウレタン塗膜防水 t=5
保護モルタル t=30
FRP防水 t=30
構造用合板 t=24
パッキンの上
大引(必要に応じて)の上
根太 桧 40×90の上
桧 30×150
柱:
吉野桧 90×90
キガタメール6号塗装
強化ガラス t=6 取付
(下端50あき)
北山杉磨き丸太 φ210
キガタメール6号塗装
天井:
吉野桧板貼(無節) t=12
台杉磨丸太末口 φ45
キガタメール6号(寿化工)塗装
断熱材:ネオマフォーム t=50
銅板一文字葺 t=0.4
アスファルトルーフィング22K
サーモバリア(スリム) t=0.2
耐水PB(音止め) t=9.5
構造用合板 t=12
断熱材:ネオマフォーム t=50
桧板野地板下地 t=12
野垂木:台杉磨丸太末口 φ45
手摺笠木:
吉野桧材加工
キガタメール6号塗装
排水溝蓋
FRPグレーチング
コーナー部はまぐり納め
敷地境界線
▼最高高さ
▼棟高
▼最高軒高
▼軒高
▼1FL
▼1SL
▼基礎天端
▲テラスFL
(水上)
▼設計GL
▼洗面脱衣室FL
▲露天FL
GL2
天井:
吉野桧板貼(無節) t=12
台杉磨丸太末口 φ60
キガタメール6号塗装
断熱材:ネオマフォーム t=50
床:
紀州桧縁甲板貼 t=30
キガタメール6号塗装
床暖房:
オンドールシステム
敷居:
御影石(稲田石)
本磨き仕上
涼室
北山杉磨き丸太 φ210
キガタメール6号塗装
壁:
吉野桧縁甲板(無節) t=15
キガタメール6号塗装
浴槽縁:
吉野桧無垢材 t=65 W=225
キガタメール6号塗装
露天風呂
敷居:
御影石(稲田石)
本磨き仕上
竹矢来:
さらし竹平割 W=45
防湿処理住実エアドライ t=100
断熱材:
高性能スタイロフォーム t=50
床:
吉野桧 t=24
スノコ+キガタメール6号塗装
嵩上げ
普通スタイロフォーム t=50詰め
ボルクレイ防水
浴槽:
吸水防止材ハイドロサームGT-100塗装(ハイドロ)
十和田石貼 t=20 300×600
モルタル金ゴテ下地 t=15
エクセルテックス(ポリマーセメント系塗膜防水材)
ET-555(アクリル) (ユニオン建材工業)
ラスモルタル金ゴテ t=15
高性能スタイロフォーム t=50
杉皮重ね貼
押縁:平竹打ち
石:伊勢五郎太φ45 t=200
1212(4.0)
516
2907
667
2514
280
800
4(8.0)
3423
3181

矩計図1 (S=1:70)

地上階の木造現代風数寄屋と地階の木造（在来）モダニズム空間を混合している矩計である。桧材を主材として仕上げてあり、表面仕上げにはコンクリートを一切現わさない。断面的には自然環境を生け採り、そしてゆるやかに馴染ませ、建築に生命が宿るように矩計図を何度も描き直した。

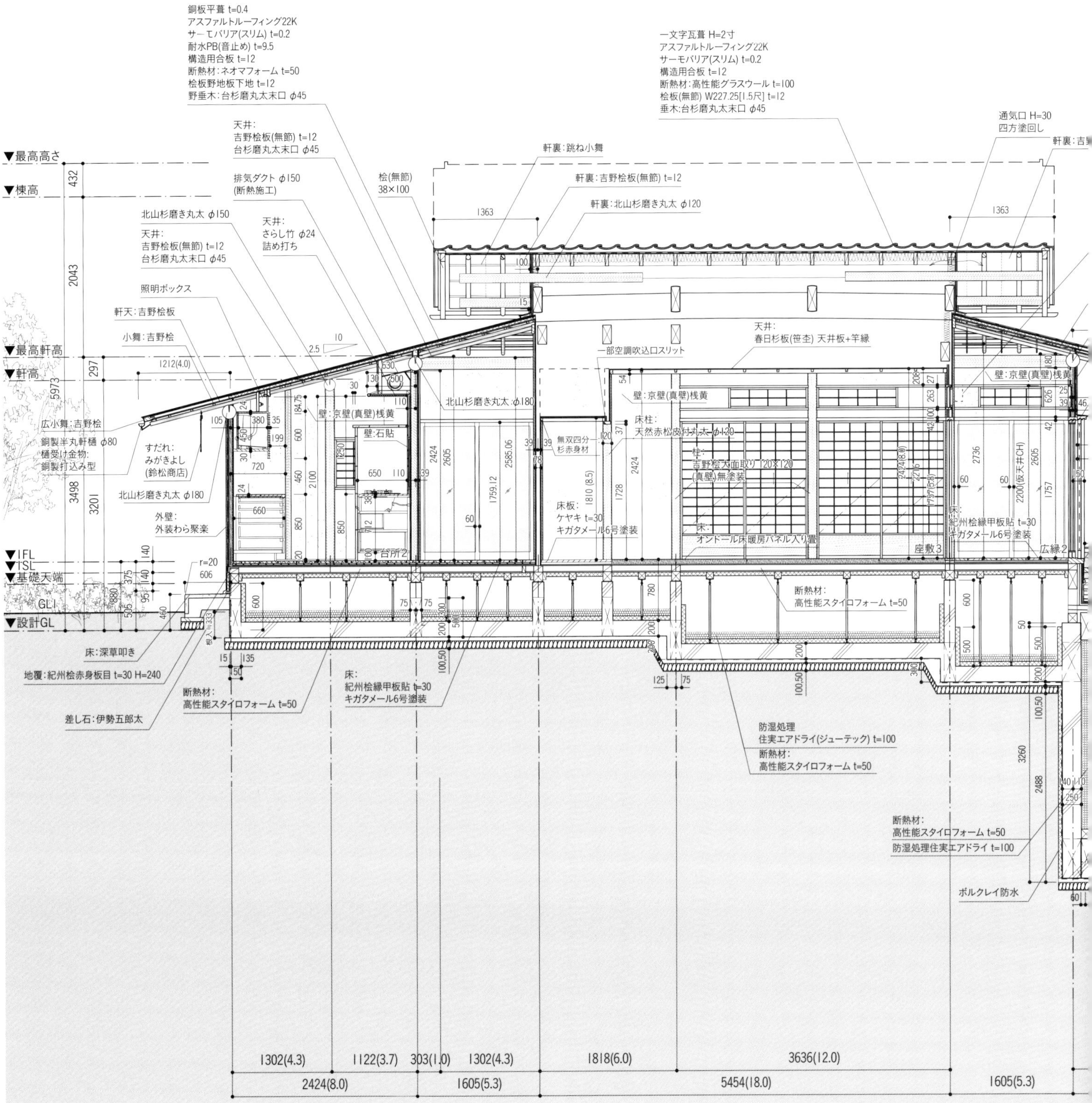

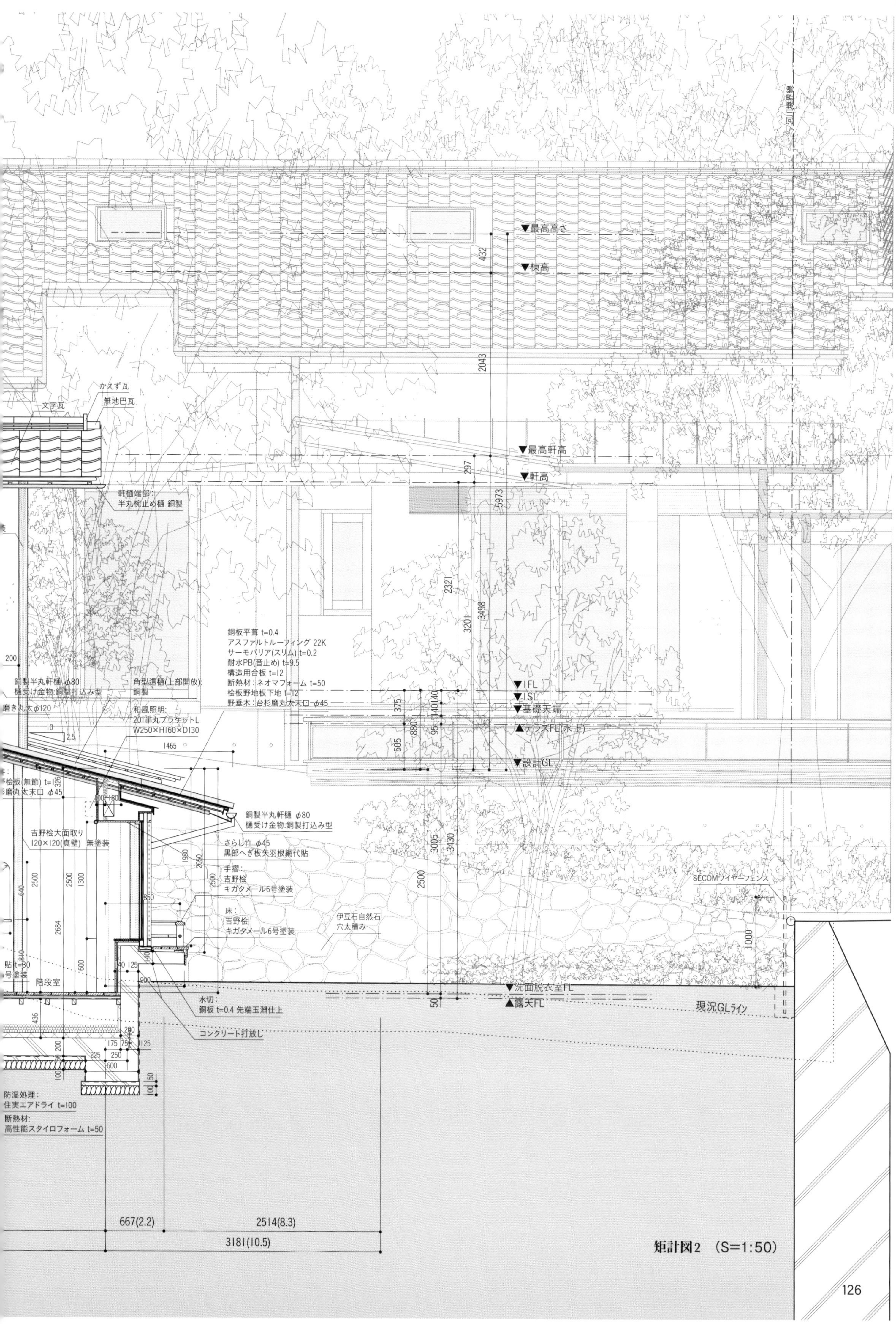
▼最高高さ
▼棟高
432
2043
かえず瓦
無地巴瓦
一文字瓦
▼最高軒高
▼軒高
297
5973
軒樋端部:
半丸桝止め樋 銅製
2321
3201
3498
銅板平葺 t=0.4
アスファルトルーフィング 22K
サーモバリア(スリム) t=0.2
耐水PB(音止め) t=9.5
構造用合板 t=12
断熱材:ネオマフォーム t=50
桧板野地板下地 t=12
野垂木:台杉磨丸太末口 φ45
▼1FL
▼1SL
▼基礎天端
▲テラスFL(水上)
▼設計GL
200
銅製半丸軒樋 φ80
樋受け金物:銅製打込み型
角型遣樋(上部開放):
銅製
磨き丸太φ120
和風照明:
201半丸ブラケットL
W250×H160×D130
1465
桧板(無節) t=15
磨丸太末口 φ45
銅製半丸軒樋 φ80
樋受け金物:銅製打込み型
吉野桧大面取り
120×120(真壁) 無塗装
さらし竹 φ45
黒部へぎ板矢羽根網代貼
手摺:
吉野桧
キガタメール6号塗装
床:
吉野桧
キガタメール6号塗装
伊豆石自然石
穴太積み
SECOMワイヤーフェンス
1000
3005
3430
2500
2684
階段室
▼洗面脱衣室FL
▲露天FL
現況GLライン
水切:
銅板 t=0.4 先端玉淵仕上
コンクリート打放し
防湿処理:
住実エアドライ t=100
断熱材:
高性能スタイロフォーム t=50
667(2.2)
2514(8.3)
3181(10.5)

矩計図2 (S=1:50)

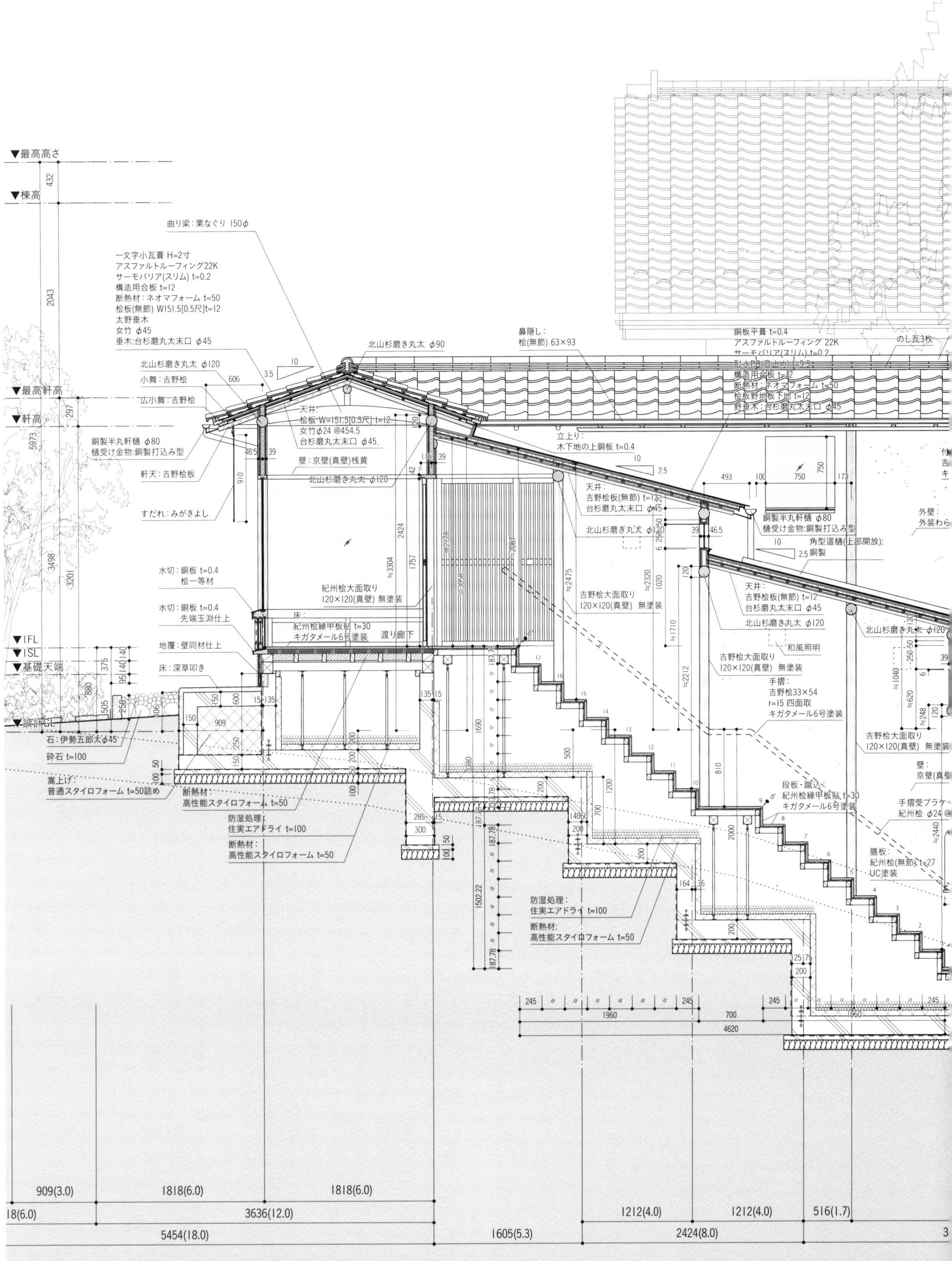
▼最高高さ
▼棟高
▼最高軒高
▼軒高
▼1FL
▼1SL
▼基礎天端
▼設計GL
曲り梁：栗なぐり 150φ
一文字小瓦葺 H=2寸
アスファルトルーフィング22K
サーモバリア(スリム) t=0.2
構造用合板 t=12
断熱材：ネオマフォーム t=50
桧板(無節) W151.5[0.5尺]t=12
太野垂木
女竹 φ45
垂木：台杉磨丸太末口 φ45
北山杉磨き丸太 φ120
小舞：吉野桧
広小舞：吉野桧
銅製半丸軒樋 φ80
樋受け金物：銅製打込み型
軒天：吉野桧板
すだれ：みがきよし
北山杉磨き丸太 φ90
天井：
桧板-W=151.5[0.5尺] t=12
女竹φ24 @454.5
台杉磨丸太末口 φ45
壁：京壁(真壁)桟黄
北山杉磨き丸太 φ120
水切：銅板 t=0.4
桧一等材
水切：銅板 t=0.4
先端玉淵仕上
地覆：壁同材仕上
床：深草叩き
紀州桧大面取り
120×120(真壁) 無塗装
床：
紀州桧縁甲板貼 t=30
キガタメール6号塗装
渡り廊下
石：伊勢五郎太φ45
砕石 t=100
嵩上げ：
普通スタイロフォーム t=50詰め
断熱材：
高性能スタイロフォーム t=50
防湿処理：
住実エアドライ t=100
断熱材：
高性能スタイロフォーム t=50
鼻隠し：
桧(無節) 63×93
立上り：
木下地の上銅板 t=0.4
天井：
吉野桧板(無節) t=12
台杉磨丸太末口 φ45
北山杉磨き丸太 φ120
吉野桧大面取り
120×120(真壁) 無塗装
銅板平葺 t=0.4
アスファルトルーフィング 22K
サーモバリア(スリム) t=0.2
耐水PB(準不燃) t=9.5
構造用合板 t=12
断熱材：ネオマフォーム t=50
桧板野地板下地 t=12
野垂木：台杉磨丸太末口 φ45
のし瓦3枚
銅製半丸軒樋 φ80
樋受け金物：銅製打込み型
角型這樋(上部開放)：
銅製
天井：
吉野桧板(無節) t=12
台杉磨丸太末口 φ45
北山杉磨き丸太 φ120
和風照明
吉野桧大面取り
120×120(真壁) 無塗装
手摺：
吉野桧33×54
r=15 四面取
キガタメール6号塗装
段板・蹴込：
紀州桧縁甲板貼 t=30
キガタメール6号塗装
北山杉磨き丸太 φ120
吉野桧大面取り
120×120(真壁) 無塗装
壁：
京壁(真壁)
手摺受ブラケ
紀州桧 φ24
膳板：
紀州桧(無節) t=27
UC塗装
外壁：
外装わら
防湿処理：
住実エアドライ t=100
断熱材：
高性能スタイロフォーム t=50
909(3.0)
1818(6.0)
1818(6.0)
18(6.0)
3636(12.0)
5454(18.0)
1605(5.3)
1212(4.0)
1212(4.0)
516(1.7)
2424(8.0)
4620
1960
700

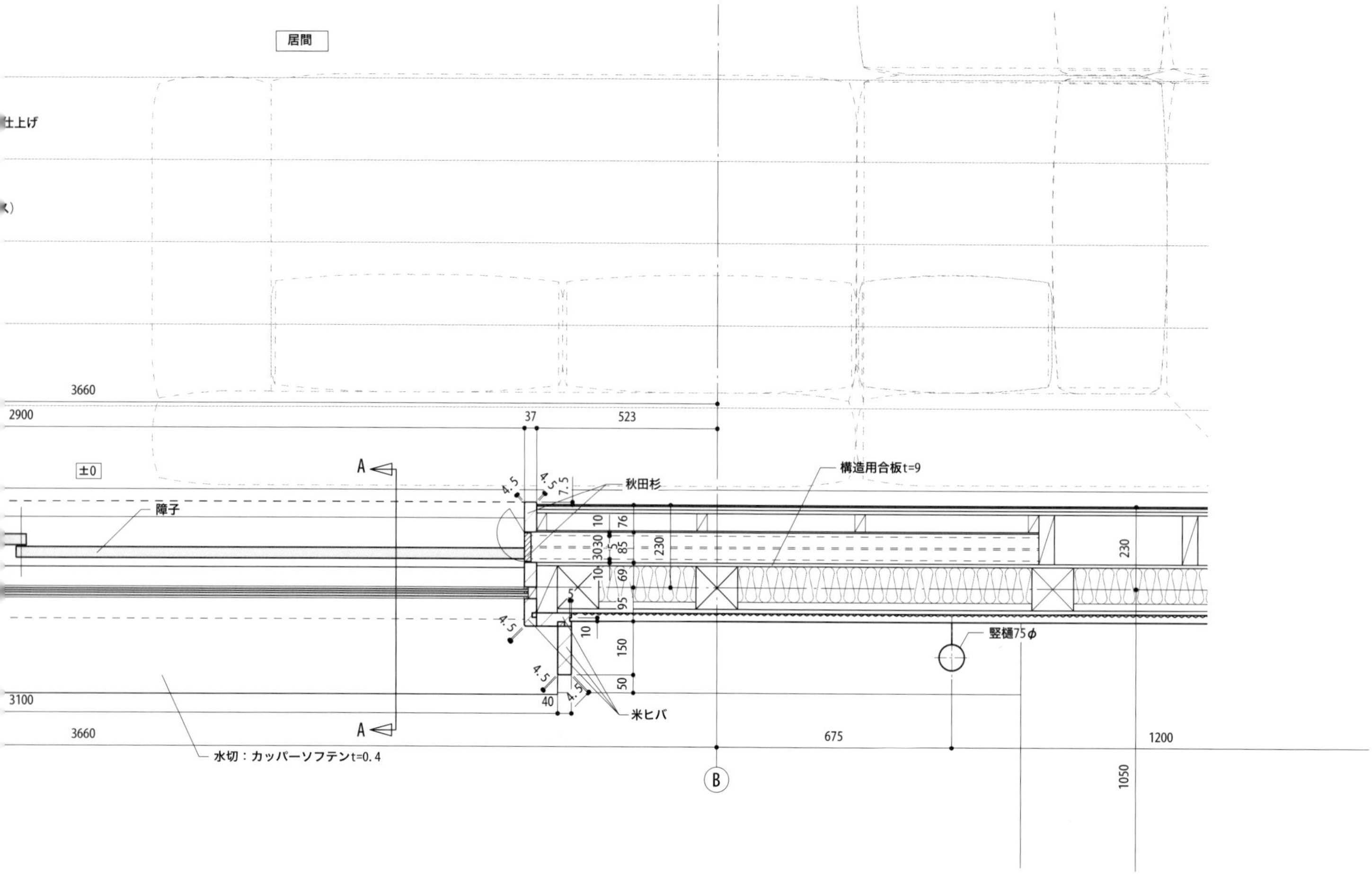

平面詳細図　(S=1:20)

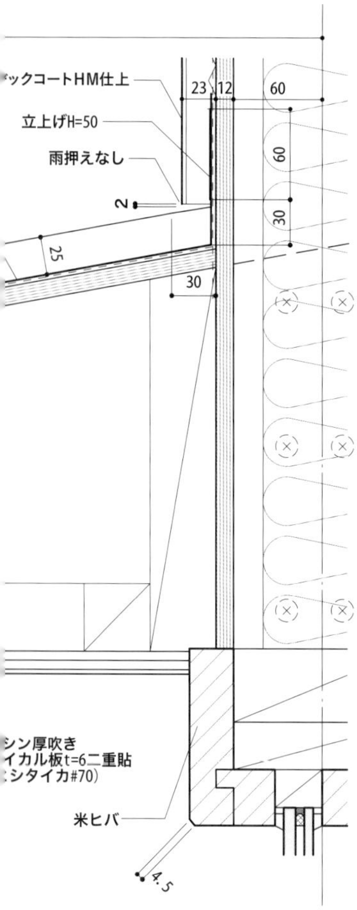

庇部分詳細図　(S=1:5)

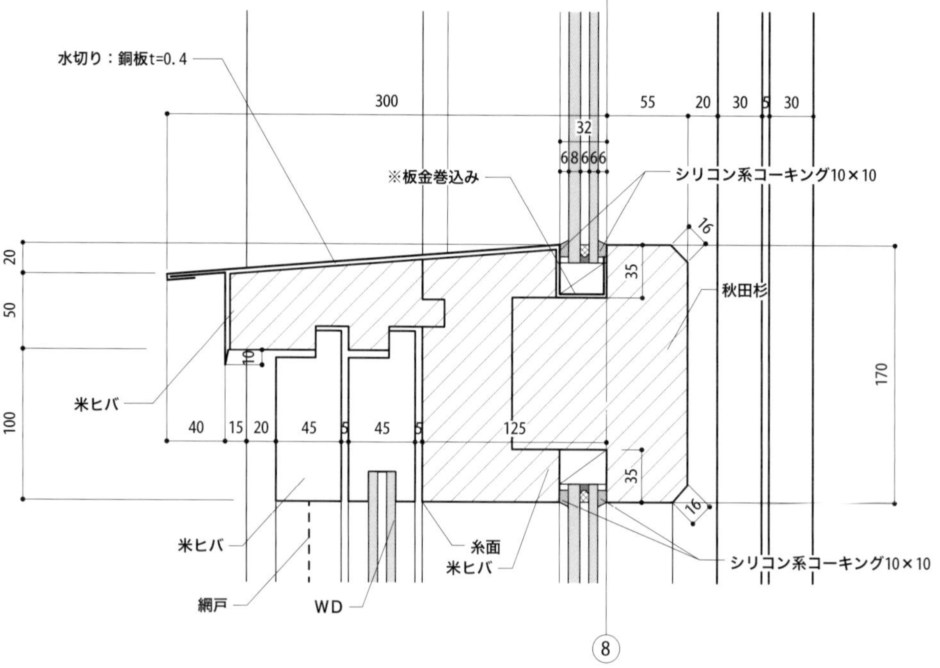

B部分詳細図　(S=1:5)

詳細図とは、矩計や平面詳細図で描き切れなかった各部分を高さや幅、そのプロポーション、素材の仕上げ方、そして寸法を深く考慮し、決定するための図面である。1/20、1/5で作成し建築の各部分を輝かせる図面であり、建築の細部に神が宿るといわれている部分詳細図である。

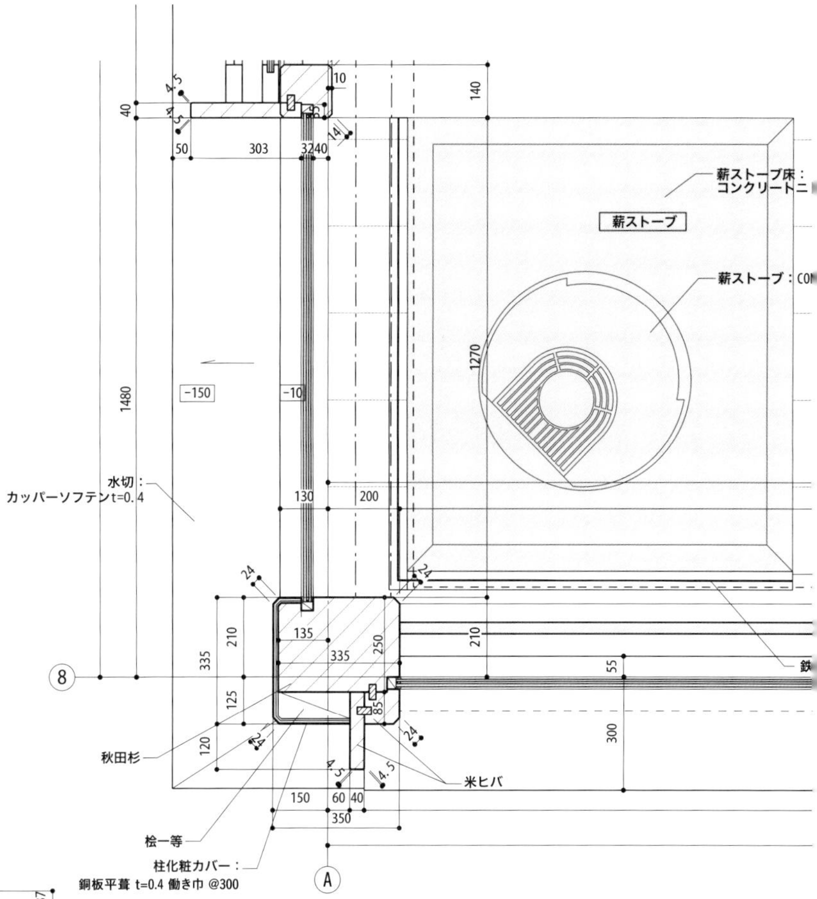

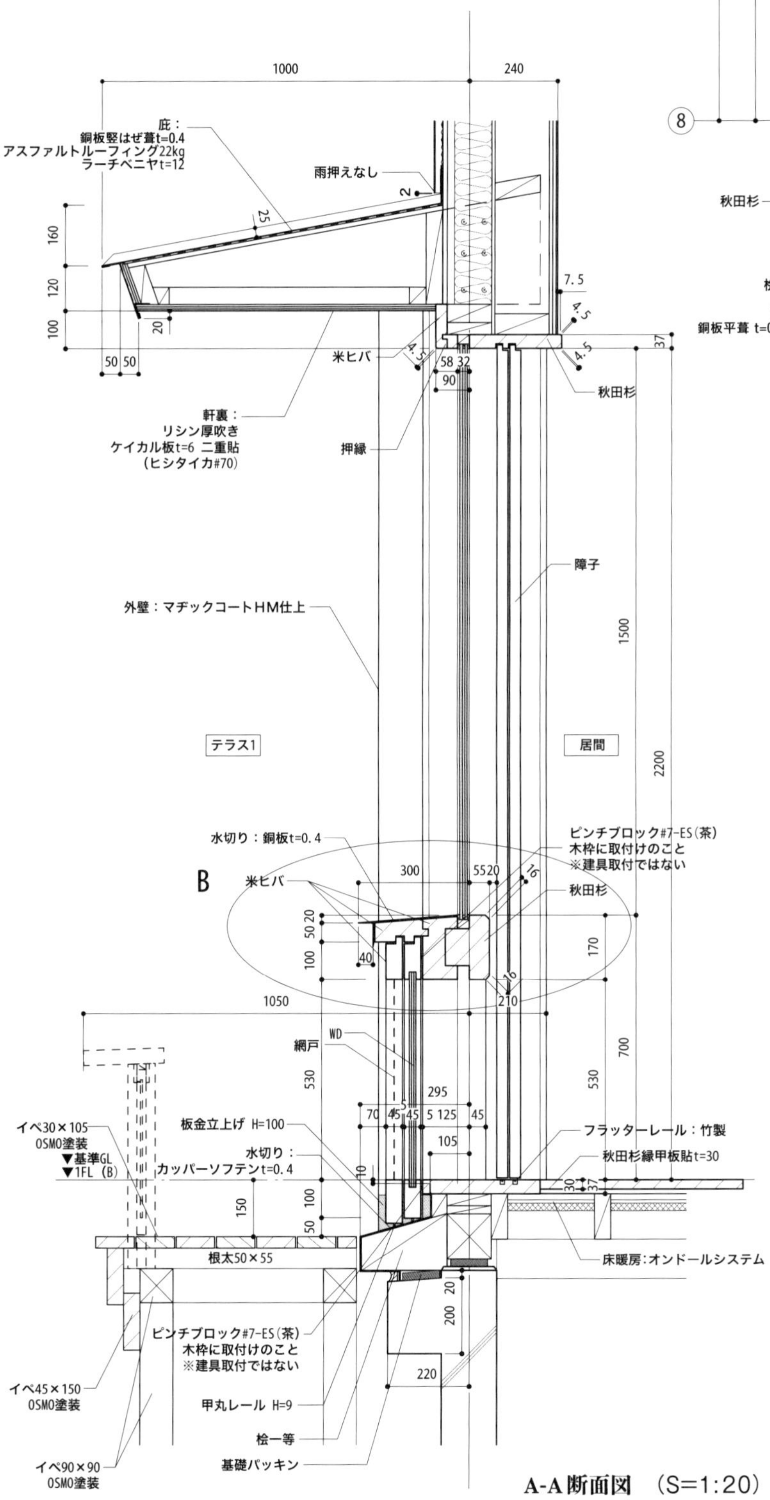

A-A断面図 (S=1:20)

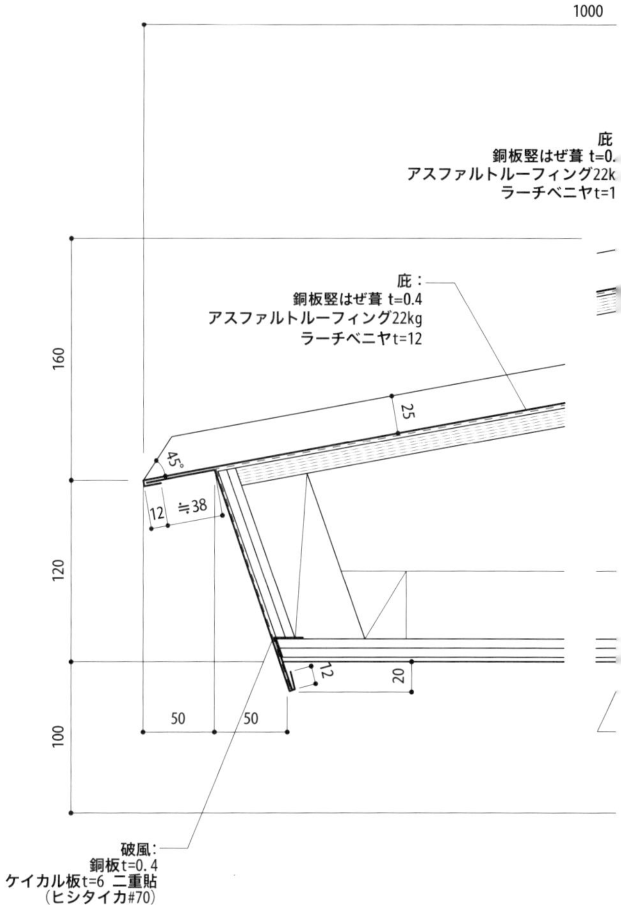

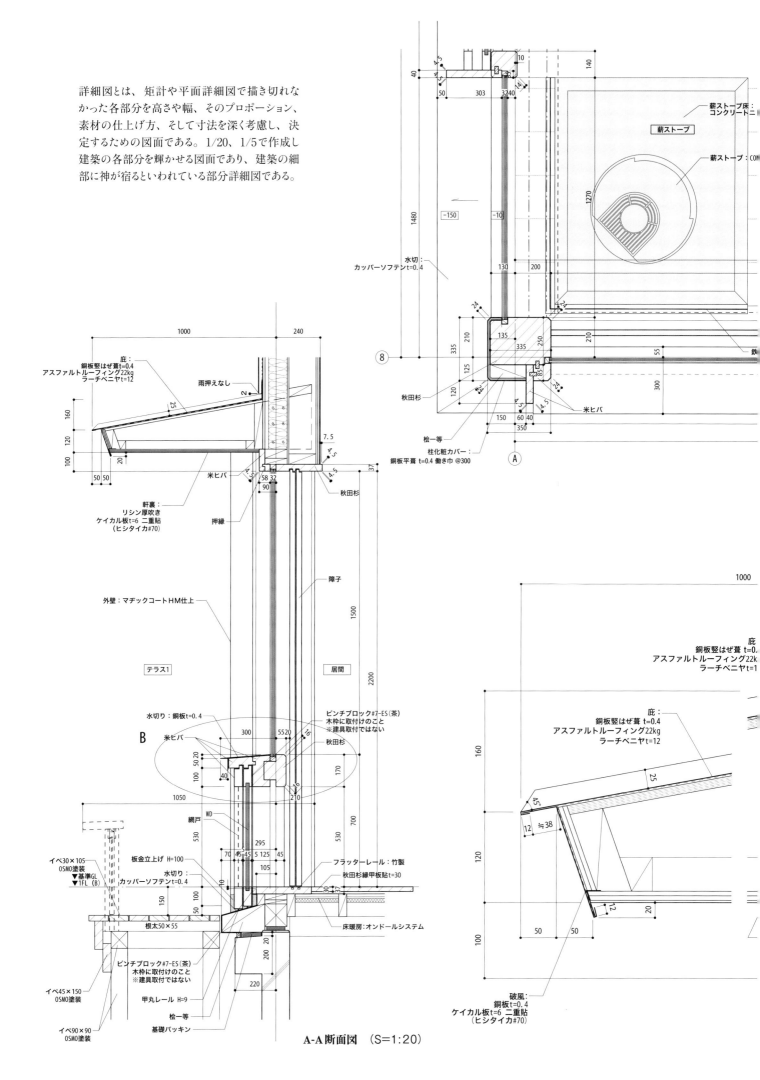

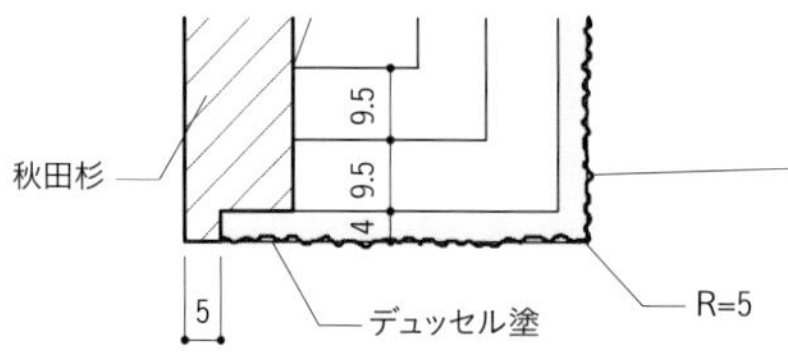

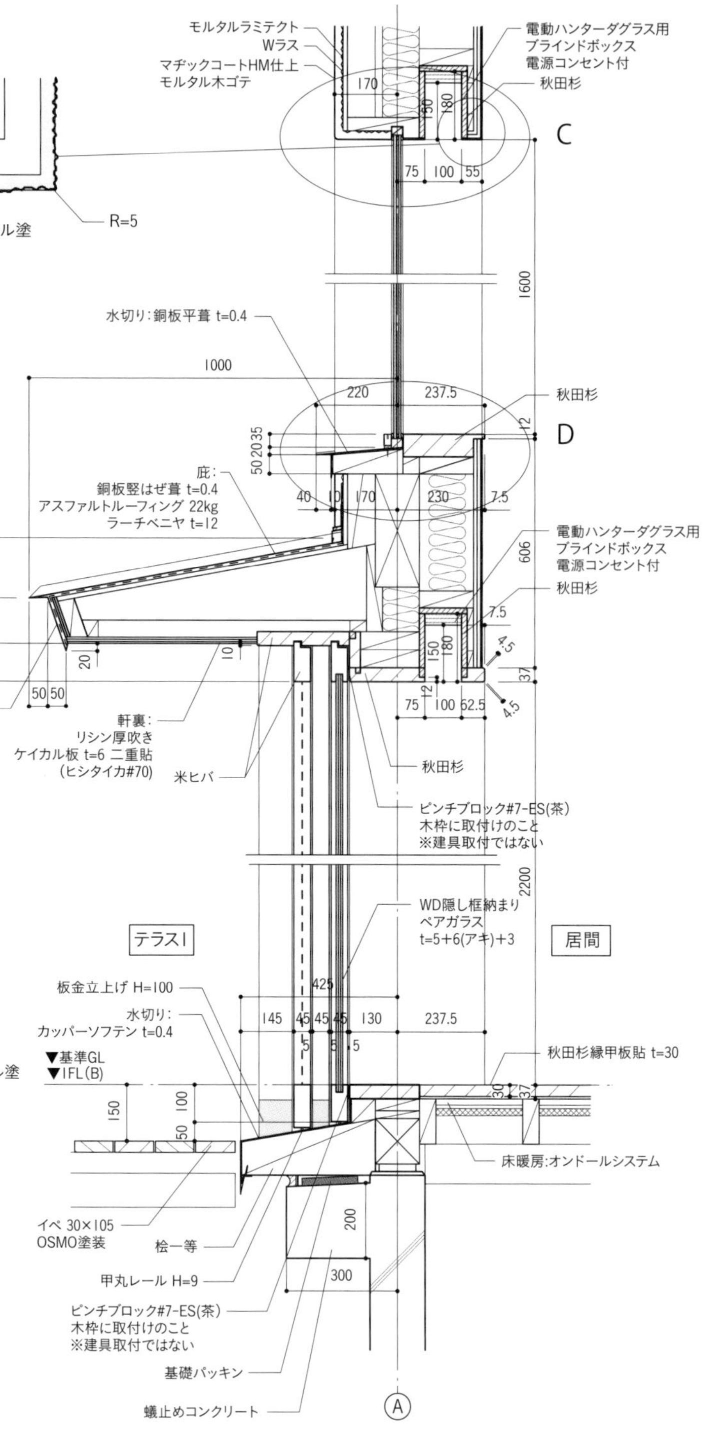

FIX 高窓・木製片引戸 断面詳細図 （S=1:20）

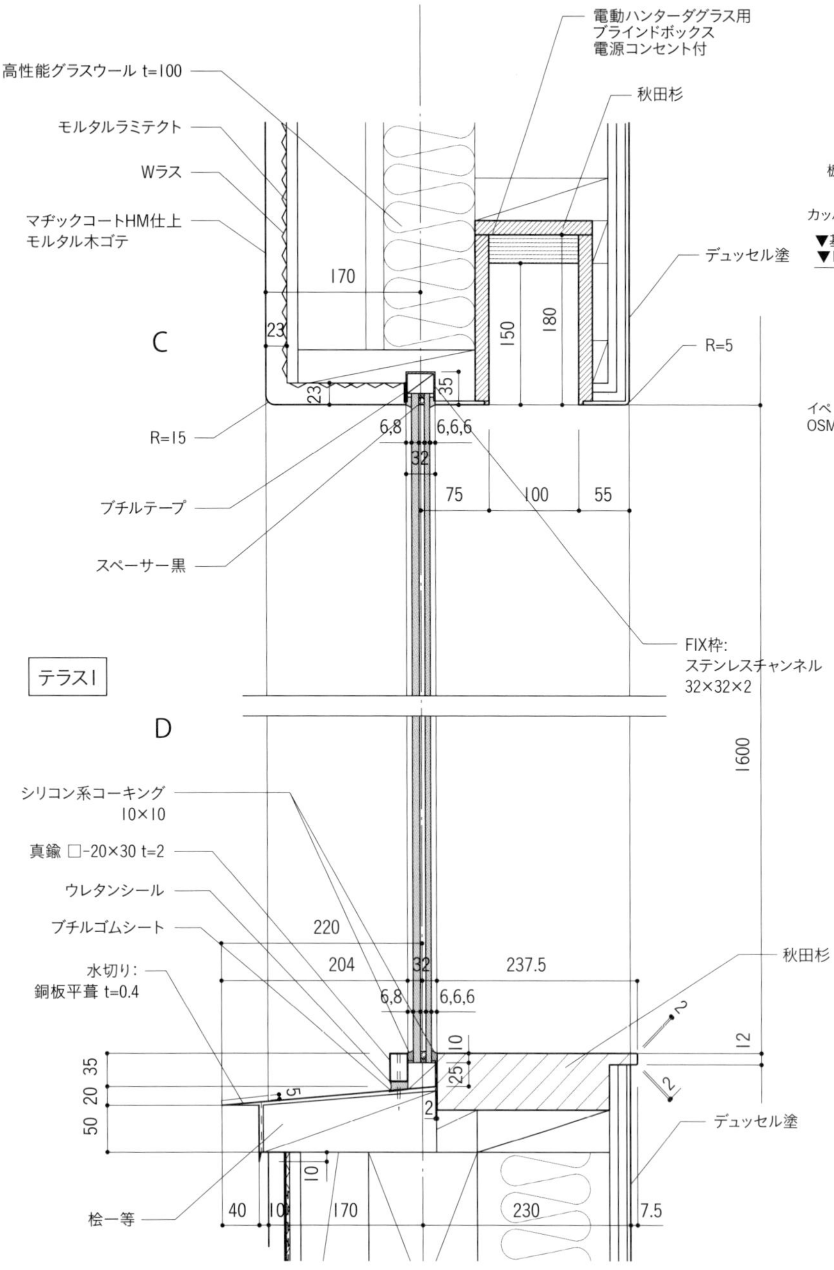

C・D 部分詳細図 （S=1:8）

矩計図とは建築に命を吹き込む図面（川口通正）

私にとって矩計とは建築に命を吹き込む重要な図面である。全体設計図の中で現在の自分の力量を確認することができる唯一の図面ではないだろうか。そして建築に邁進している建築家の精神性と情熱が見て取れる図面にほかならないと思う。おそらく多くの建築家がそうであったと思うが、私も駆け出しの頃にすばらしい先達の建築家の矩計に憧れていた。

そのような矩計が描ける建築家になりたいという目標に向かって夜を徹して製図板に向かい、上司から指示の図面を描いたり消したりしていた。トレーシングペーパーが破れるくらい夢中で矩計図の上達を大きな夢にして追いかけていた。

矩計は環境、生活機能、自然の脅威、技術、経済、法規、素材と素材の取り合いの耐久性、防水、耐火性、防音性、重要な高さの調整、各種材料による枠廻りデザイン、風の流れ、室内室外の光と陰翳のコントロール、さらに加えて重要な各部位のプロポーションの選択と決定、工事の難易度、人間の加齢への読み込み、そして時代の変遷への対応など多くの重要な検討事項がかかわるだろう。挙げればきりがないほど検討内容が山積みである。設計行為の考察の深さが露呈する情報の重い図面になる。建築を学びはじめたときから修練の厚い壁を突破して魅力ある建築をつくれる設計者になりたいと強い気持ちをもって闘ってきたが、そう簡単に突破できるものではない。日々図面との格闘が必要で、作品ごとにさまざまな事象を求めてくる図面が矩計である。その厚い壁を超越した向こうの世界に行きたいと思い、建築家として設計行為に精進している。

「月明と数寄」の矩計は、1階が木造現代風数寄屋で地下がコンクリート基礎壁を擁壁にした、木造在来工法建築になっている。敷地はゆるやかな傾斜地に建築詳細断面を幾度となく検討し矩計とした。内容的には濃厚な矩計内容でフルスペックといえるものになった。

鉄筋コンクリート造と木造在来工法と数寄屋工法、それに加えて造園の知識と経験が織り重なって必要な建築であった。敷地勾配と既存樹木の根張り、そして河川の擁壁との関係をナチュラルなかたちで地中に埋め、自然環境の破壊をせず、完成へ導く仕事であった。

ここでもさまざまな箇所の矩計図が意匠的にも技術的にも功を奏する大きな要因となった。私にとって最後はやはり矩計なのである。この矩計がもちろん到達点であると思っていないが、時代の流れ、そして気候の変化に相応する図面でありたい。現代技術の進化、そして熟練した職人の不足によって大きく矩計が左右されることが起こる時代になった。これからもさまざまな学びを続けすばらしい矩計をつくるために新たな覚悟をしている。

川口によるスケッチ

「月明と数寄」の初期の矩計と平面詳細図がほぼできあがった時期に、私の手描きで気になる空間の奥行と高さのプロポーションを検討するためのもの。このスケッチを描きながら、その空間の質を突き詰めていく。
模型では感じ取れない感性的なデータが手に入る。あくまでも設計中に描くもので、建築が建ちあがってから描くものではない。

軽井沢の小さな家

八島正年＋八島夕子／八島建築設計事務所 | 2024 | Villa | 長野・北佐久郡

ひとり時間を楽しむための小さな山荘の計画である。

計画の初期設定は気楽に使えて手入れも楽な山荘としてできるだけ小さな平面をめざしたが、同時に、家族や友人数人でも使用できるようある程度の面積と快適性とのバランスが求められた。また古い別荘地に後から建てる建物として周囲の風景をあまり変えぬよう、ひっそりとした佇まいになるよう努めた。結果、2間四方の小さな箱を森の中に置くことをイメージした。

敷地のある軽井沢は避暑地として人気の別荘地だが、反面、冬は寒さが厳しくまた年間を通して湿度が高い。長期滞在を目的としているわけではないので建物の性能に強くこだわる必要はなかったが、それでも訪れた際に室内の掃除から滞在生活がはじまるといったことを避けるため、ある程度は設計によって予防できるよう対応を考えた。

面積が小さいので合理性を優先するとワンルームの平面がよいが、空間が狭いからこそ快適に過ごすには他者を気遣う必要がある。また調理スペースや入浴機能をもたないという選択肢もあるが、日が暮れれば暗闇という地域でもあるので最低限の設備は備えておきたい。結果的に最小限のキッチンを備えたくつろぎ、食事を楽しむための居間空間と戸で仕切った先にトイレやシャワー室などの水廻りをまとめ、また梯子を登ると小屋裏に畳敷きの就寝スペースとささやかな読書コーナーを設けた。観光地という特性上、周囲にはレストランやカフェ、温泉もあるためキッチンやシャワースペースは最小限の大きさとした。その代わり床面積に対してかなりの大きさを薪ストーブスペースに割振っている。初夏の夜も気温が下がるため暖をとるためにも有用なのだが趣味的な意味合いの方が強い。これは日常の暮らしであまり行わない火をたのしむ時間を確保するために計画上、重要なものとした。

工事の手始めに敷地の傷んでいた木を伐採し、森の新陳代謝を促した。当初は鬱蒼とした森だったが、居室にも木漏れ日が届き、風が通るようになった。基礎は凍結深度と湿気を考慮し、深基礎かつ高基礎とした。基礎が大きく重たくなるので上部は木造とし、高基礎で背が高くなってしまうので小屋裏の高さはできるだけ抑え、周辺の森に馴染むようレッドシダーシングル葺きとした。

山荘に求める機能は使い手によって異なる。寝袋で寝て、自然の中で簡単な食事をし、最低限雨露をしのげればよいという考え方もあると思う。一方でそういった装備を用意することなく、日常の延長として身ひとつで訪れ、周辺環境が変えられるという使い方の小屋となった。

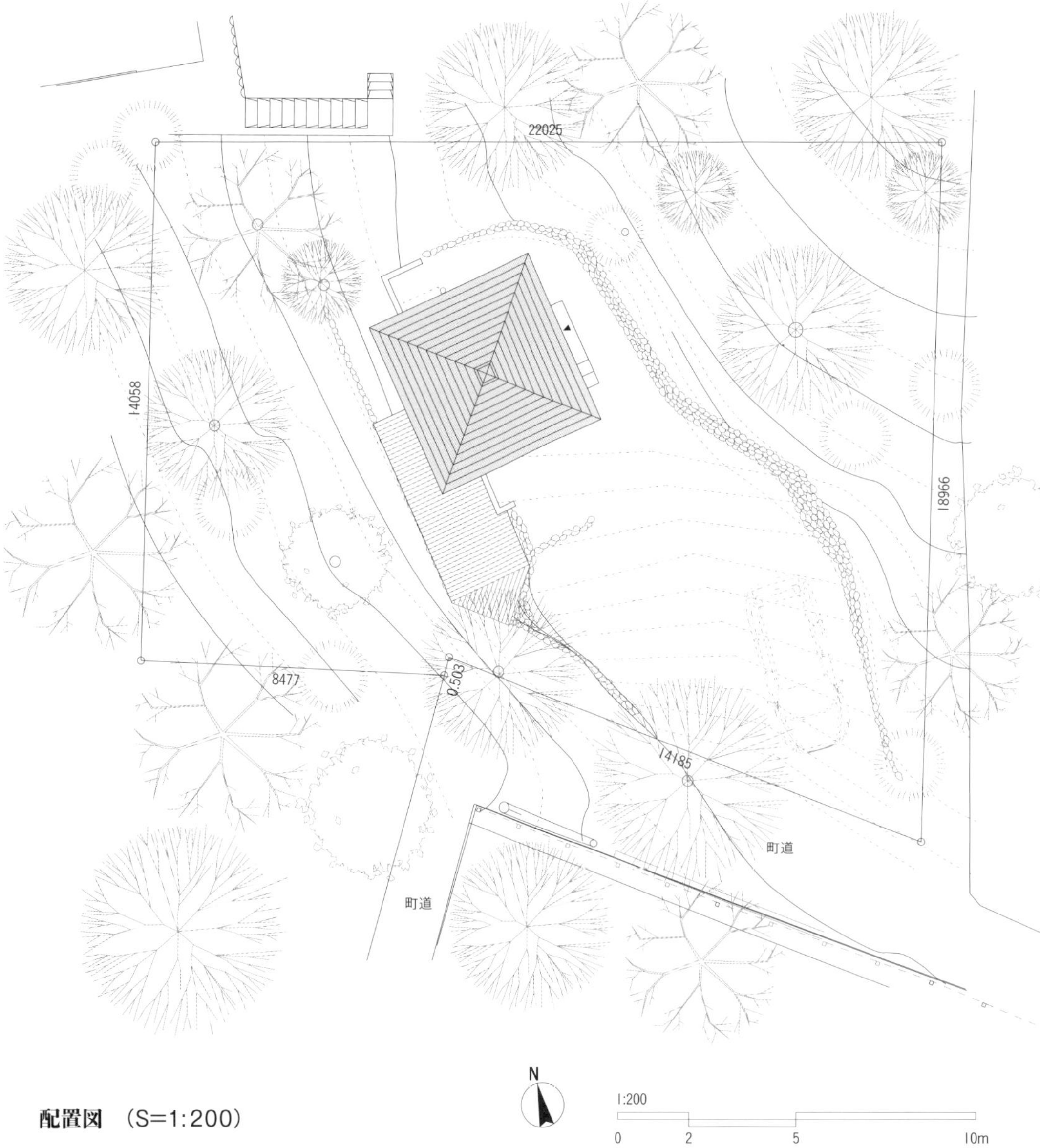

配置図　(S=1:200)

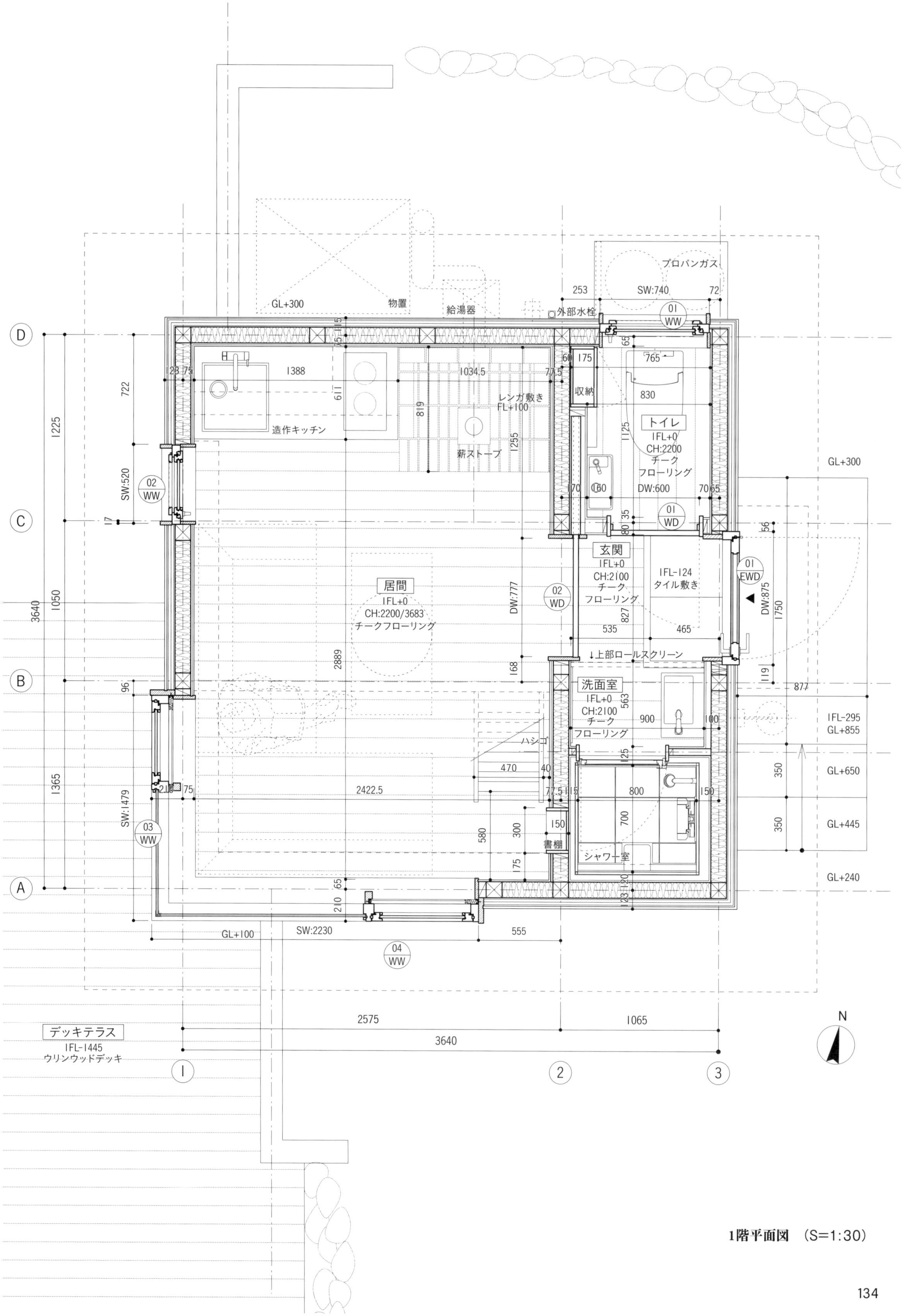
プロパンガス
GL+300
物置
給湯器
外部水栓
253
SW:740
72
01
WW
造作キッチン
1388
1034.5
レンガ敷き
FL+100
薪ストーブ
収納
トイレ
IFL+0
CH:2200
チーク
フローリング
DW:600
01
WD
玄関
IFL+0
CH:2100
チーク
フローリング
IFL-124
タイル敷き
01
EWD
DW:875
02
WD
DW:777
居間
IFL+0
CH:2200/3683
チークフローリング
↓上部ロールスクリーン
洗面室
IFL+0
CH:2100
チーク
フローリング
ハシゴ
書棚
シャワー室
02
WW
SW:520
03
WW
SW:1479
04
WW
SW:2230
GL+100
GL+300
IFL-295
GL+855
GL+650
GL+445
GL+240
2575
1065
3640
1225
1050
1365
3640
デッキテラス
IFL-1445
ウリンウッドデッキ
N
D
C
B
A
1
2
3

1階平面図 (S=1:30)

平面は2間四方に納めている。1階に玄関、洗面脱衣スペース、トイレ、シャワー室と小さなキッチンを備えた居間がある。2階は3人程度が寝られる畳敷きの就寝スペースと小さな読書コーナーを設けた。面積が限られる際は水廻りなど同一空間にまとめがちだが、人との距離が近いからこそストレスなく互いに気遣えるよう、あえて室を分けている。
薪ストーブは設計初期段階から離隔が確保できる最小のものを選定し、レイアウトの中心として計画を進めた。ソファのサイズも設計当初から組み込まれており、キッチン扉の開閉方法などを対応させた。

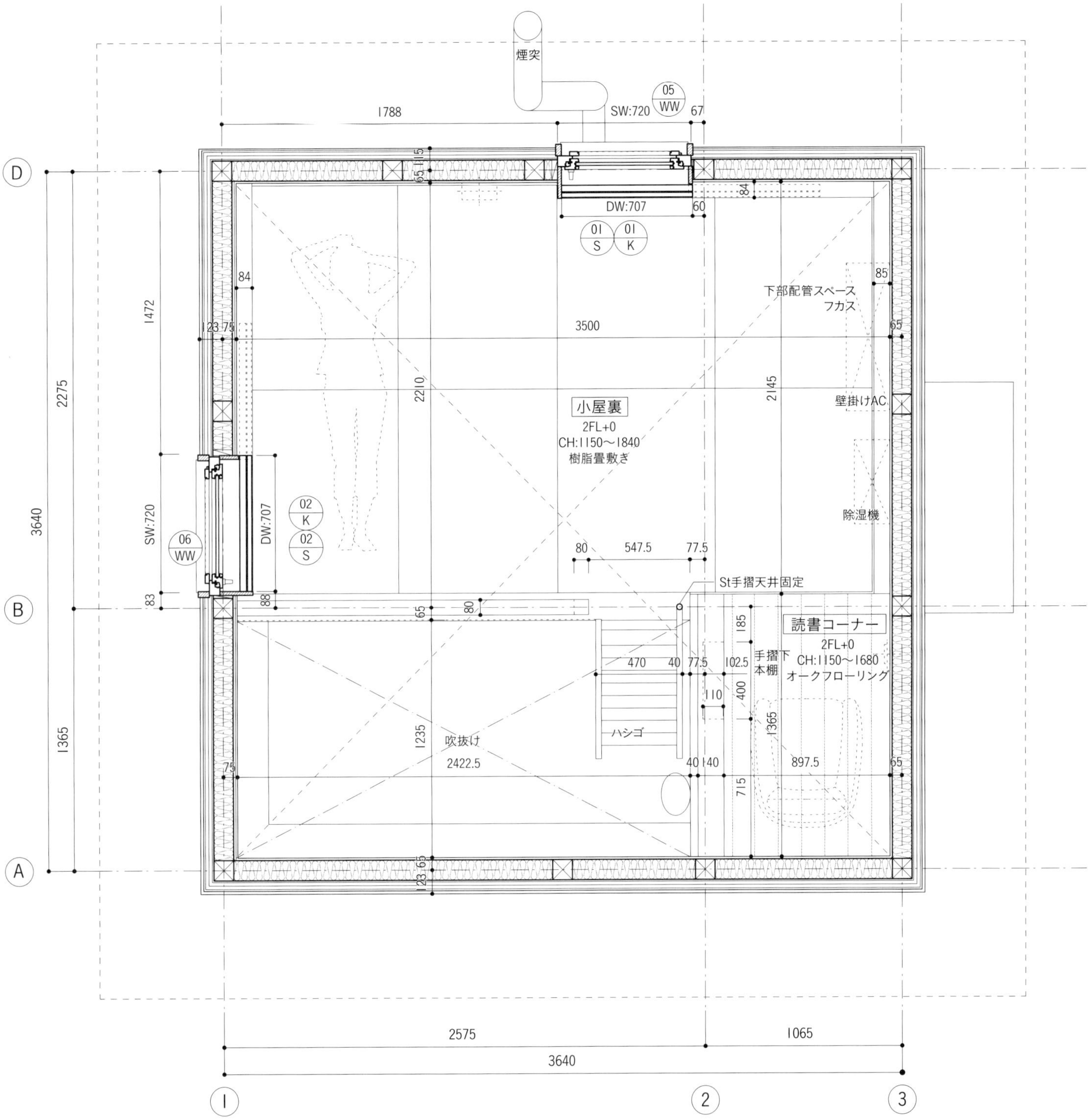

2階平面図 (S=1:30)

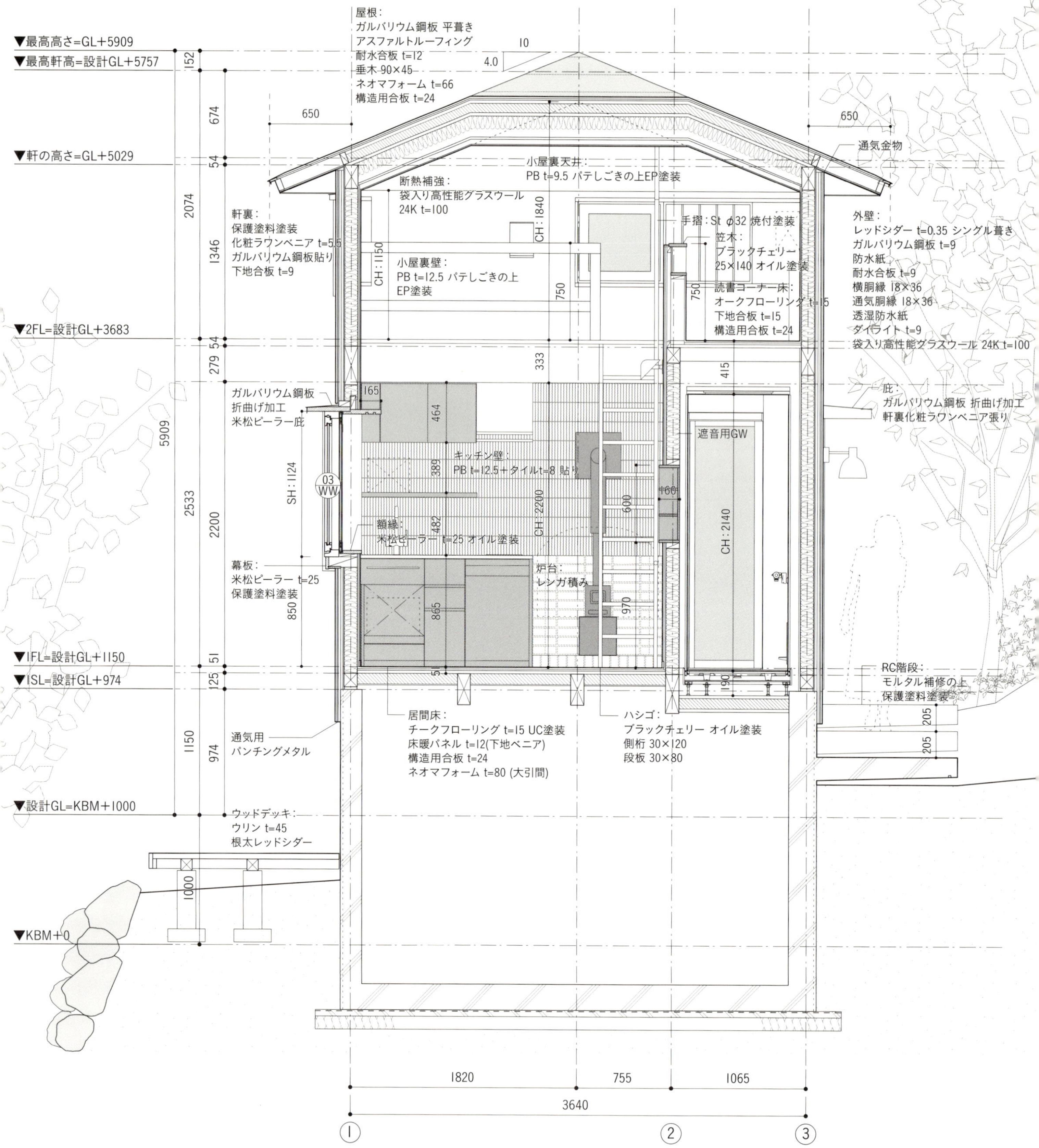

▼最高高さ=GL+5909
▼最高軒高=設計GL+5757
▼軒の高さ=GL+5029
▼2FL=設計GL+3683
▼1FL=設計GL+1150
▼1SL=設計GL+974
▼設計GL=KBM+1000
▼KBM+0
屋根：
ガルバリウム鋼板 平葺き
アスファルトルーフィング
耐水合板 t=12
垂木 90×45
ネオマフォーム t=66
構造用合板 t=24
小屋裏天井：
PB t=9.5 パテしごきの上EP塗装
断熱補強：
袋入り高性能グラスウール
24K t=100
軒裏：
保護塗料塗装
化粧ラワンベニア t=5.5
ガルバリウム鋼板貼り
下地合板 t=9
小屋裏壁：
PB t=12.5 パテしごきの上
EP塗装
手摺：St φ32 焼付塗装
笠木：
ブラックチェリー
25×140 オイル塗装
読書コーナー床：
オークフローリング t=15
下地合板 t=15
構造用合板 t=24
通気金物
外壁：
レッドシダー t=0.35 シングル葺き
ガルバリウム鋼板 t=9
防水紙
耐水合板 t=9
横胴縁 18×36
通気胴縁 18×36
透湿防水紙
ダイライト t=9
袋入り高性能グラスウール 24K t=100
庇：
ガルバリウム鋼板 折曲げ加工
軒裏化粧ラワンベニア張り
ガルバリウム鋼板
折曲げ加工
米松ピーラー庇
キッチン壁：
PB t=12.5+タイルt=8 貼り
遮音用GW
額縁：
米松ピーラー t=25 オイル塗装
幕板：
米松ピーラー t=25
保護塗料塗装
炉台：
レンガ積み
RC階段：
モルタル補修の上
保護塗料塗装
居間床：
チークフローリング t=15 UC塗装
床暖パネル t=12(下地ベニア)
構造用合板 t=24
ネオマフォーム t=80 (大引間)
ハシゴ：
ブラックチェリー オイル塗装
側桁 30×120
段板 30×80
通気用
パンチングメタル
ウッドデッキ：
ウリン t=45
根太レッドシダー
CH：1840
CH：1150
CH：2200
CH：2140
SH：1124
03 WW
10
4.0
650
650
152
674
54
2074
1346
54
279
5909
2533
2200
51
125
1150
974
1000
165
464
389
482
865
850
750
750
333
415
600
160
970
51
190
205
205
1820
755
1065
3640
1
2
3

東西矩計図 (S=1:40)

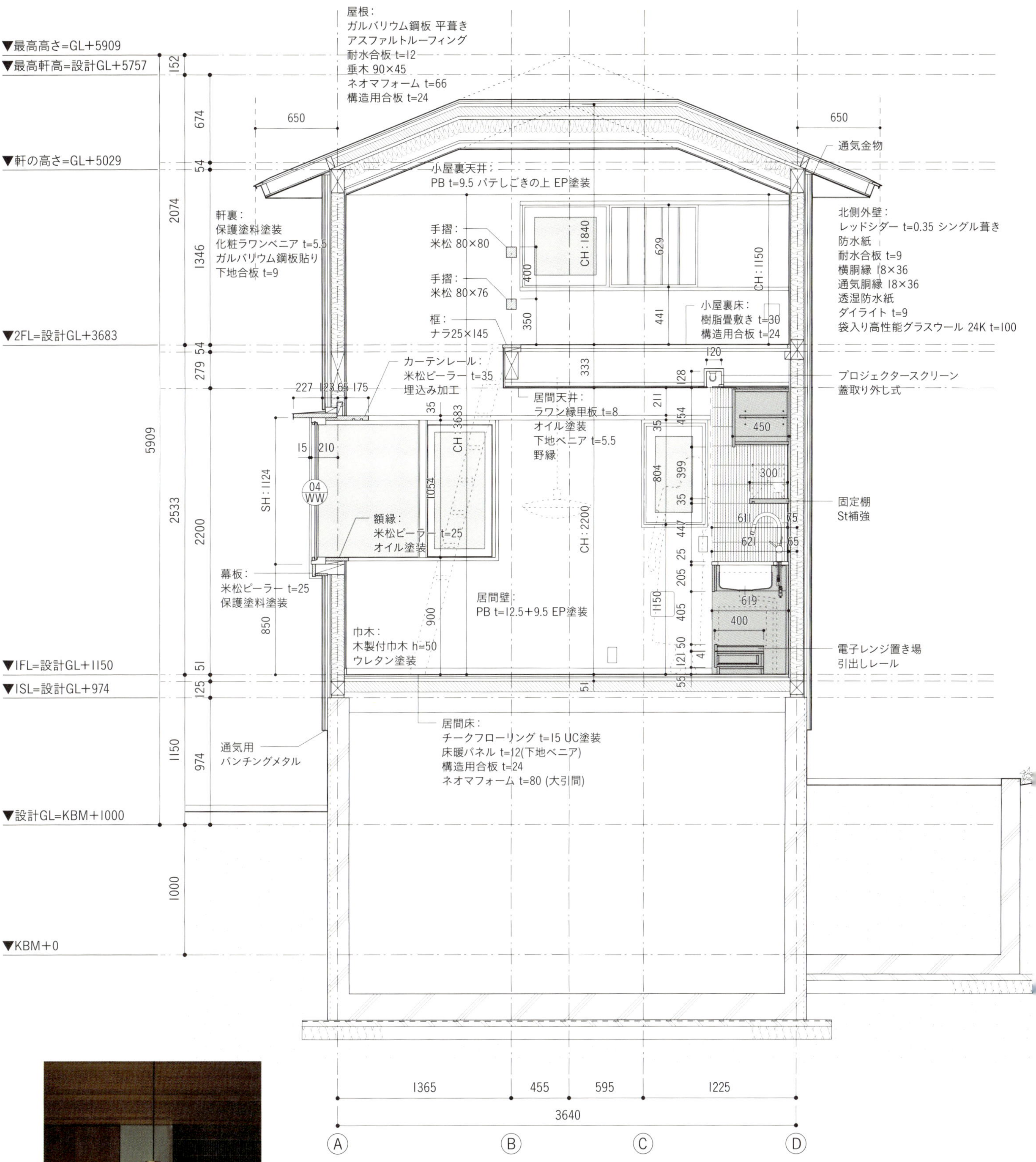

南北矩計図　(S=1:40)

軽井沢は湿気が多い地域のため1階レベルは地表面から高めに設定している。また傾斜地に建つため凍結深度を考慮した結果、基礎部分が大きくなっている。1階はシャワーユニットとキッチン、薪ストーブといった設備的な理由で階高が決まったため、2階中央部はぎりぎり立てる高さを確保しているが建物全体の高さを押さえるため端部の天高を1150㎜まで下げた。

設計当初、居間のコーナーサッシの開口高さは下がり天井いっぱいの2200㎜までと、現状よりおよそ200㎜大きかった。しかし設計が進むにつれて平面に対してのガラス面積が大きすぎるのではないかと考え、試行錯誤をした結果現状の高さへと変更した。窓から入る光の量や、視覚的な情報量など居室面積に対してバランスよくまとめた。
また平面の小ささにより建具の引き代が取れないため、遮光には断熱も兼ねるカーテンを用いている。鴨居一体型のカーテンレールは意匠上の納まりがよいが欠点としてカーテン上部からの光漏れがある。そのためできる限りサッシとの段差を設け、チリ見付を34㎜としている。対して下枠はできるだけ視界を遮らないよう4㎜で納めている。
網戸は木製サッシ標準仕様の開き網戸ではカーテンとの使い勝手が悪いため、方立てを追加しプリーツ網戸を埋め込んでいる。ただし虫が多い地域のため、視界優先のプリーツ網戸はコーナー窓のみとして、日常的に開閉する窓は外付け網戸のドレーキップ窓としている。

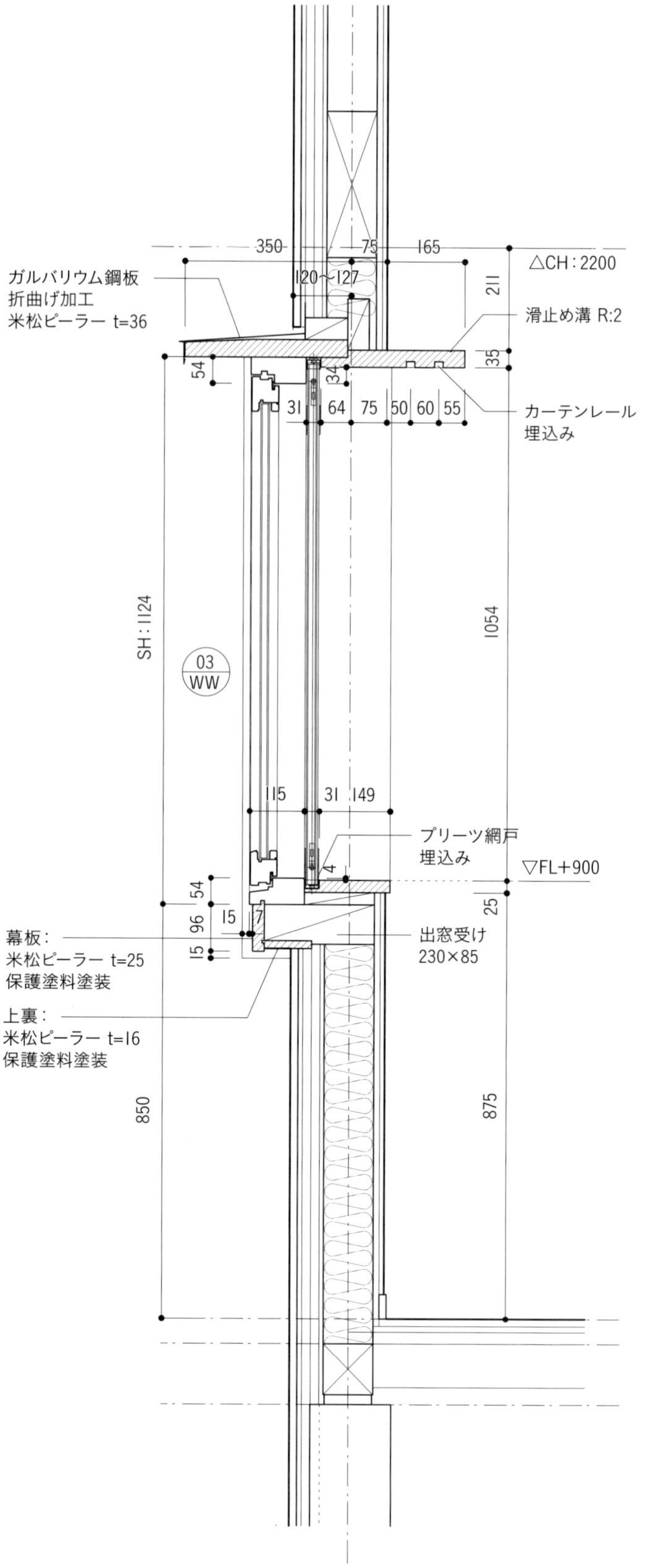

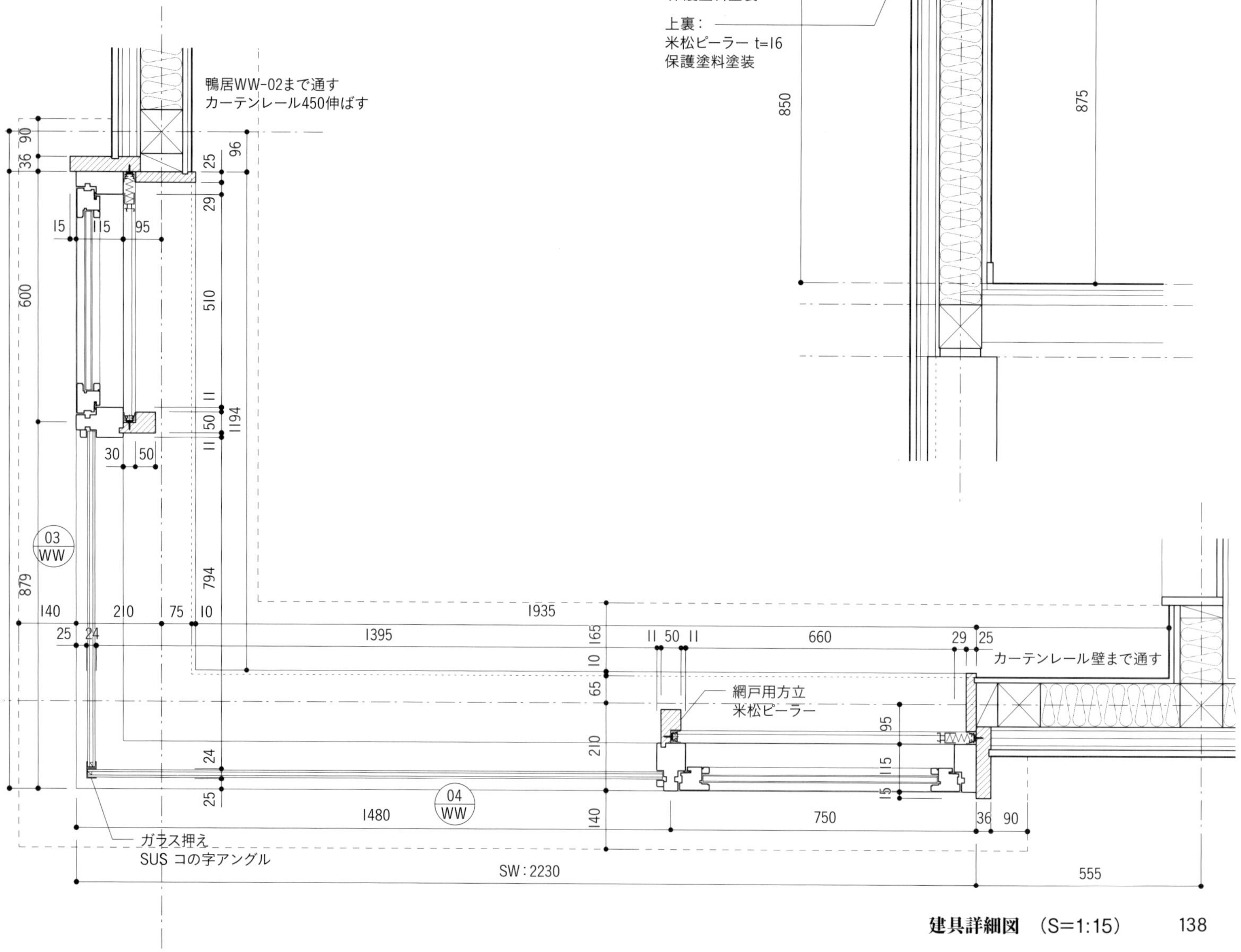

空間の見える矩計（八島正年+八島夕子）

私たちの設計は土地や要望に対して漠然とした場面（状況）のイメージを掴むことから始まる。いくつかの場面が想像できるとそれらの連続から緩く全体計画をまとめていき、そして具体的な設計へと進む。ここから同時に部分の詳細についても検討することになるのだが、全体の設計と同時に細かな部分をバラバラに考えるので、それら細切れの情報をつなぎ合わせる作業の延長に矩計図を描く作業があるような気がする。それぞれ場所ごとに決めたことが無駄なく正しい流れでつながっているか、それは機能的な面や施工上の都合、仕上げ材の視覚的な連続性などを再確認する作業となる。

私たちが設計する多くの建物は個人の住宅である。個人住宅は特定の住人が何十年と長く滞在するため、建物のあらゆる場所に目が届き手に触れられる。そのため、日常の中で特に意識することなく何気なく手を置くカウンターの高さであったり、扉の開き方だったり、椅子に座った際に目線の先に何が見えるのかといったことを想像しながら設計をするのだが、大枠の構造物としての構成はもちろん、その触れたり見たりする素材の手触りや視覚的な情報が空間を構成する大切な要素となる。普段から標準仕様というものがあまりないのだが、それは個別の空間に対してあるべき形やちょうどよい塩梅の寸法があると感じているからで、それを施工者と共有するために矩計を用いている。細かな部分はもちろん詳細図で検討するのだが、素材の組み合わせ方や異素材が取り合う際に見切りをどのように見せたいかといった意図や、断熱や通気、止水、設備配管のルートについての基本的な考え方などが矩計図を見ることで簡潔に伝わるようにしている。

矩計図を描き慣れ、見慣れてくると断面パースのように図面から自然と空間を想像できるようになる。以前、吉村順三建築展で軽井沢の山荘の矩計図面を原寸大に伸ばし展覧会看板としたのだが、背景の木々と相まって実際にそこに建っているように見える矩計図であった。一枚の図面の中に描ける情報は限られているため、伝えるべき内容を取捨選択して記載するのだが、その一枚でできあがる空間をイメージさせることができる図面が描けると、全体の設計としてもひとつの方向に向かって完成度を高めることができるように思う。

立川ANNEX − 倉庫×家

森清敏＋川村奈津子／MDS一級建築士事務所 | 2021 | Warehouse + House | 東京・立川

10年ほど前に私たちが設計したアパレルメーカーの本社およびオーナー住宅（以下、本棟）に隣接するアネックスである。用途地域が複数にわたる敷地で、法規制はもとより、構造形式や高さのバリエーションが幾通りもあったが、隣の高さ方向に縦に伸びる5階建て鉄筋コンクリート造の本棟とは対照的に、敷地の奥の第一種低層住居専用地域内に広い間口を生かした軽やかな木造建築をつくることとした。木架構を現しとし、1階から2階に伸びる通し柱による下部架構と、90㎜角の斜材が角度を変えながら母屋を支えHP面をつくる小屋組架構で構成している。この小屋組架構と下部架構の中間に位置する2階床架構により、それぞれ個性的で大らかなワンルーム空間をつくり出している。

1階は写真スタジオとしても利用される倉庫、2階はオーナーの別宅である。用途上、1階は開口部を抑え、暗い空間に控えめに光が差し込む。対象的に、住居として使用される2階は妻面を全面開口した明るい空間である。とくにファサードである西面を考慮し、頻繁に行き来するモノレールからの視線を遮ることと、西陽対策として高い遮熱断熱性能を備える中空層の厚い半透明のポリカーボネイトを使用した。結果、淡い光に満たされる影のない世界が生まれた。

本棟（2010年竣工）

ベランダから本棟ごしに前面高架を走るモノレールを見る

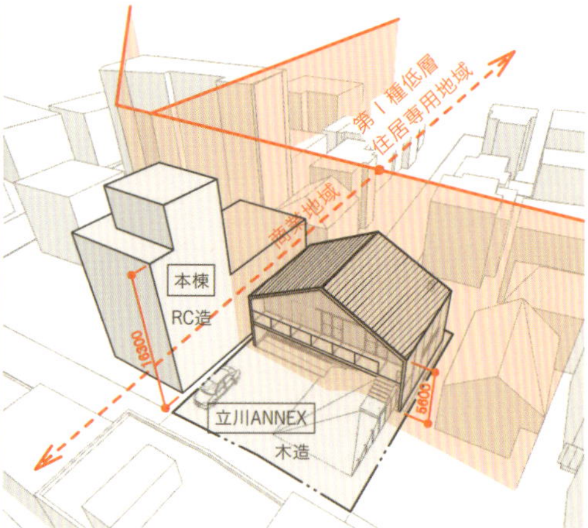

立川ANNEX外観

一度に多くの情報を共有できる実に面白い表現方法（森清敏+川村奈津子）

白紙の状態からアイデアをもとに設計していく中で、矩計図はアイデアと詳細図の中間に位置する図面である。CADで図面を作成すると拡大縮小が自由なので、拡大して局所的なディテールを考え、縮小して全体を考えることが同じ画面内でできてしまうのだが、その中間的なスケールで一旦立ち止って考えているのが矩計のスケール感だ。ただ、建築の各検討はシームレスにつながっているので、私たちは矩計だけを意識して設計することは正直ない。

矩計図に奥行きを与えた矩計パースという表現方法がある。本来見えないはずの壁の中の構成と実際に見える空間が同時に見え、CGパースや写真では表現されない建物の成り立ちや部分の構成まで、一度に多くの情報を共有できる実に面白い表現方法であり、その切断面の位置やパースの消失点、レンズ長によって伝えたいものが違ってくる。BIMの時代に入り、立体の連なりで図面を描くようになると、その矩計パースはいとも容易にできあがる上に、消失点、レンズ長なども自由自在に瞬時に変えられるようになった。

しかし、かつての二次元から三次元を起こしていく地道な過程は、空間におけるシークエンスの理解を深めると同時に、空間の感じ方、想像力を高めているように思う。BIMの時代であっても、空間の本質を理解し、他者にその本質を伝えることができるようになるためには、時間がかかっても二次元から空間を考えていく過程はやはり大切だと感じている。

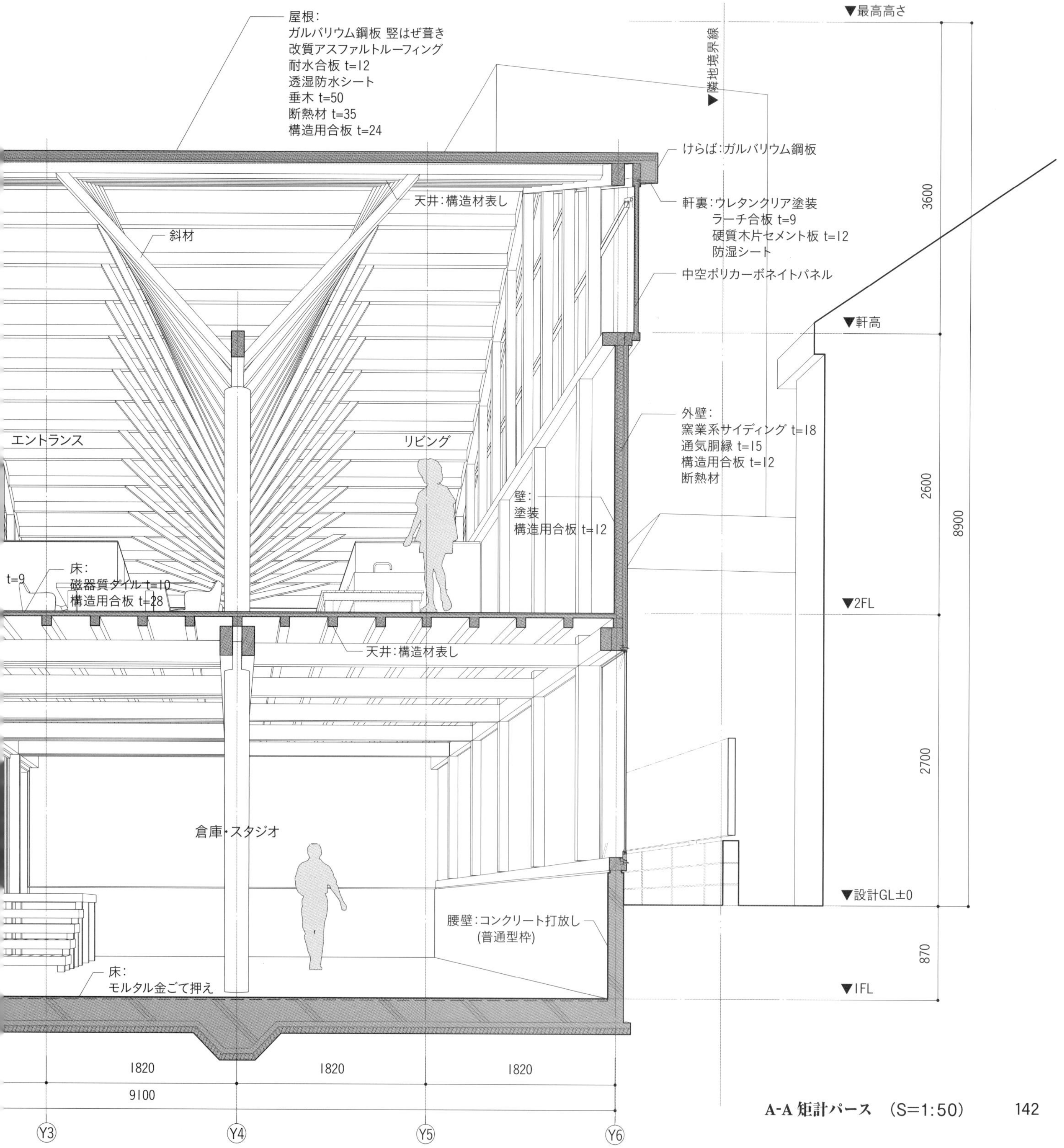

A-A 矩計パース　(S=1:50)

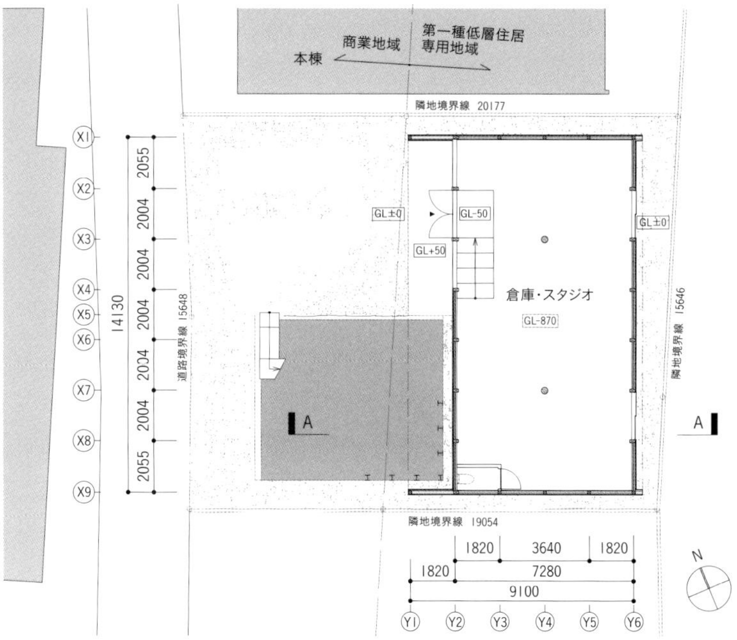

1階平面図 (S=1:300)

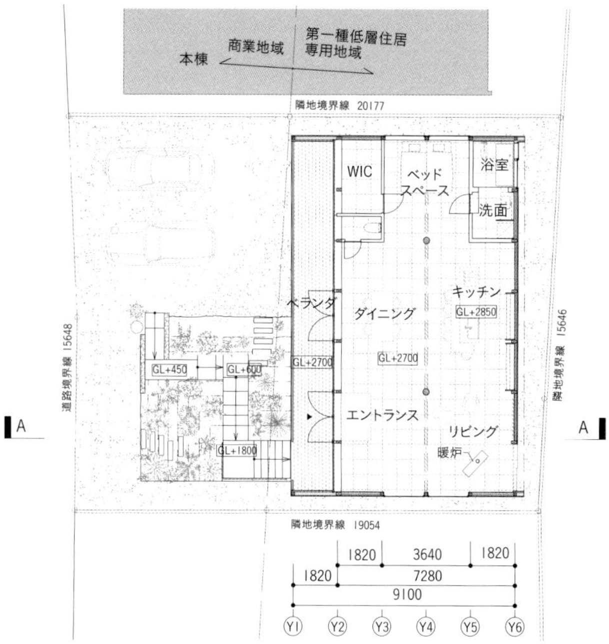

2階平面図

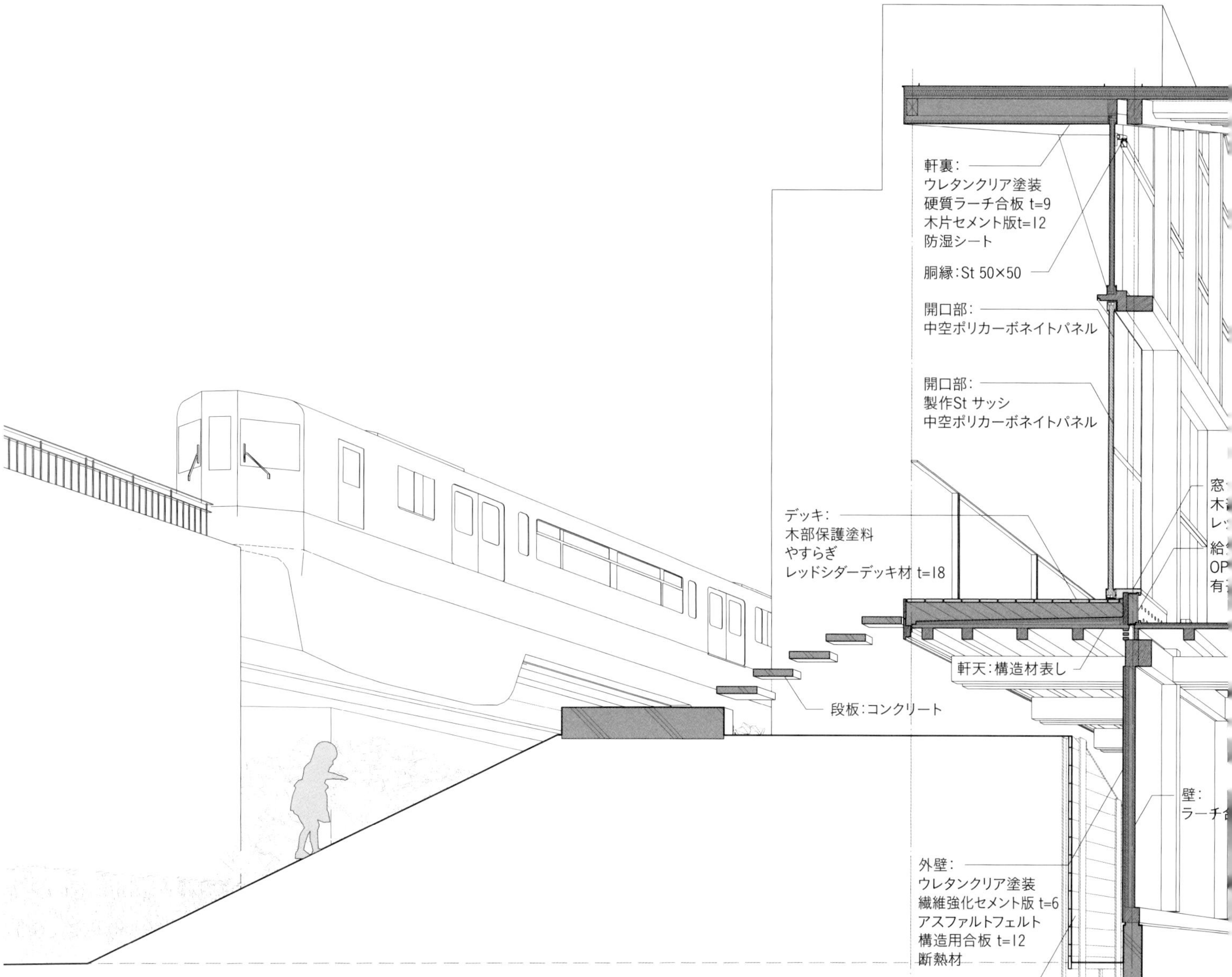

支持地盤は現況より1mほどのレベルであったので、そのレベルにベタ基礎を設置し、そのまま土間床として利用している。基礎設置の際に掘った土は築山にして2階へのアプローチとし、居住フロアと大地を連続させた。

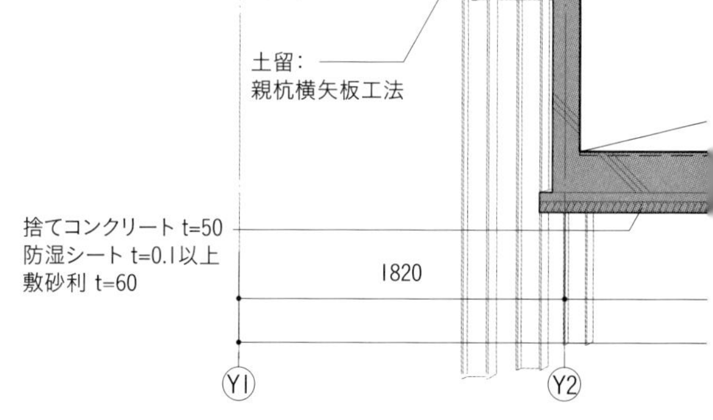

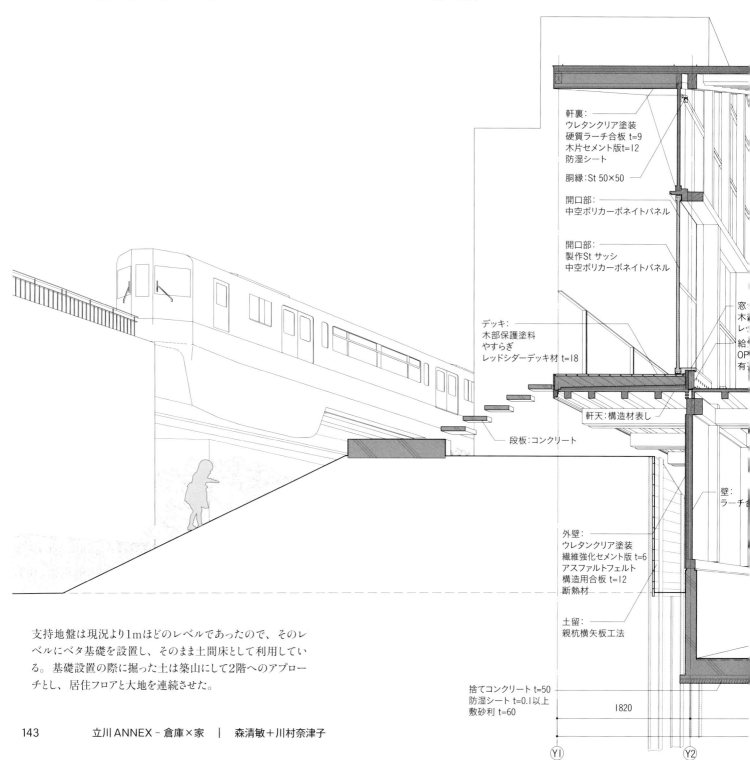

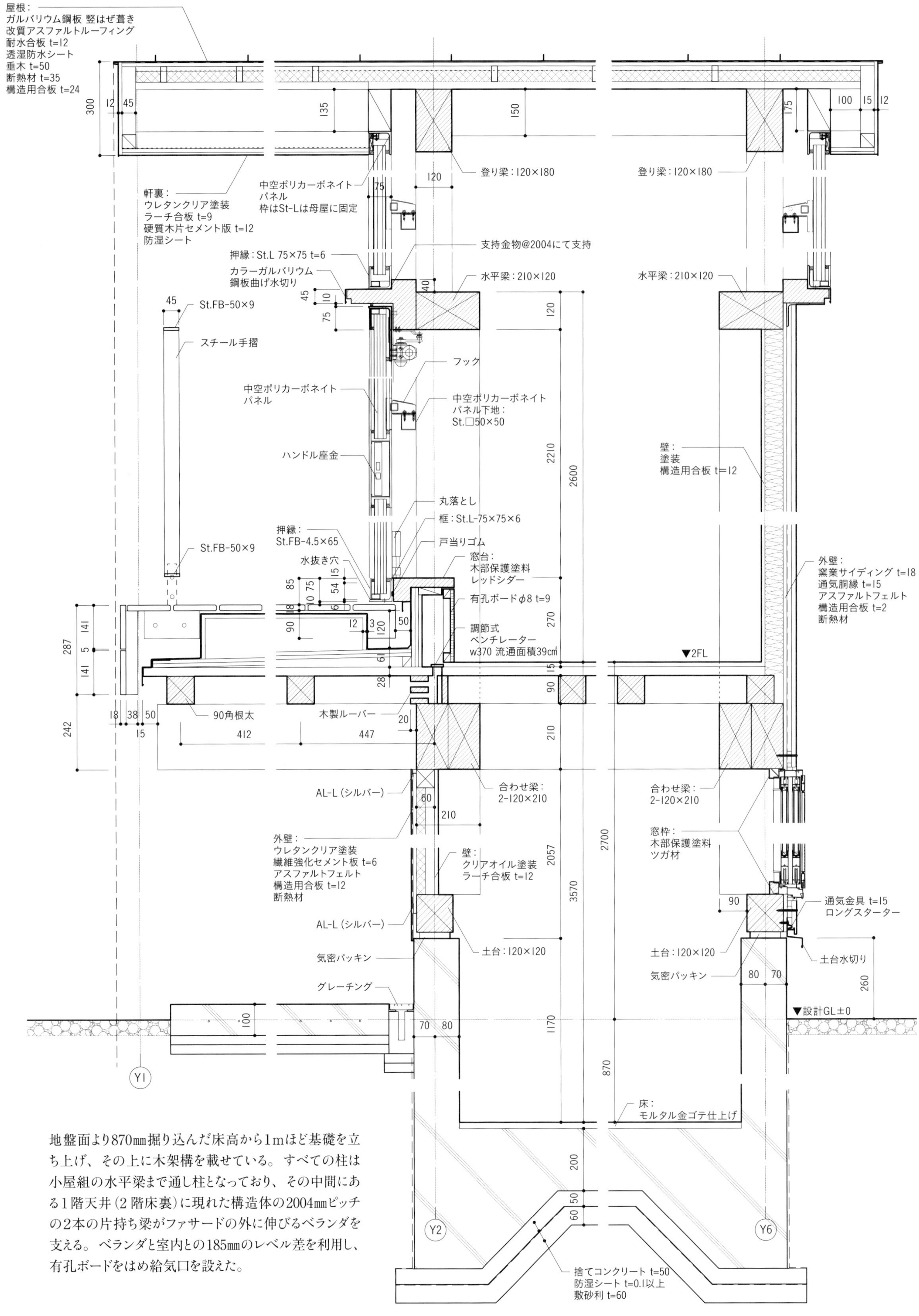

地盤面より870㎜掘り込んだ床高から1mほど基礎を立ち上げ、その上に木架構を載せている。すべての柱は小屋組の水平梁まで通し柱となっており、その中間にある1階天井（2階床裏）に現れた構造体の2004㎜ピッチの2本の片持ち梁がファサードの外に伸びるベランダを支える。ベランダと室内との185㎜のレベル差を利用し、有孔ボードをはめ給気口を設えた。

断面詳細図　(S=1:15)

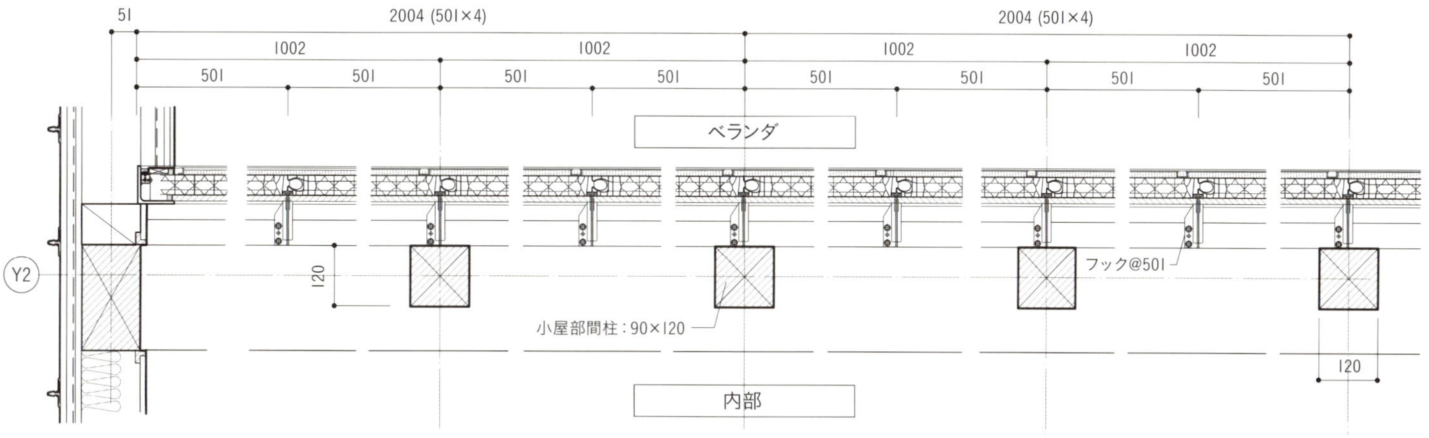

小屋部分 平面詳細図 (S=1:15)

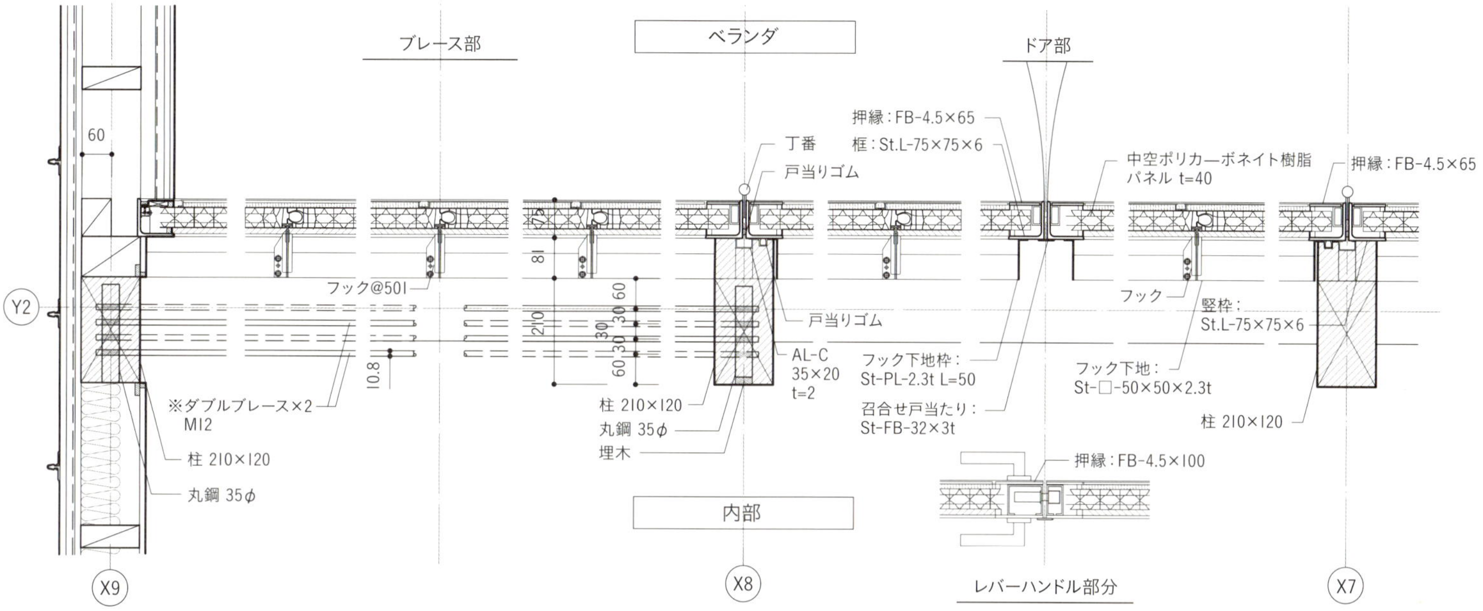

壁部分 平面詳細図 (S=1:15)

幅1820㎜のテラスは、開放的な西面と街とのバッファとしても機能する。半透明ポリカーボネイトは、光を取り込みつつ西日を抑え、モノレールからの視線を遮る。外周部の柱は、妻方向を501㎜のポリカーボネイトパネルによるモデュールで2004㎜ピッチに、桁方向は構造用合板のモデュール910㎜で1820㎜ピッチとした。ドア部と一般部、ブレース部が、"ドア"と"壁"ではなく、一連の面として感じられる表現とした。

左：2階へのアプローチとなる築山から見る
右：半透明ポリカーボネートは、光を取り込みつつ西日を抑え、モノレールや隣家からの視線を遮る

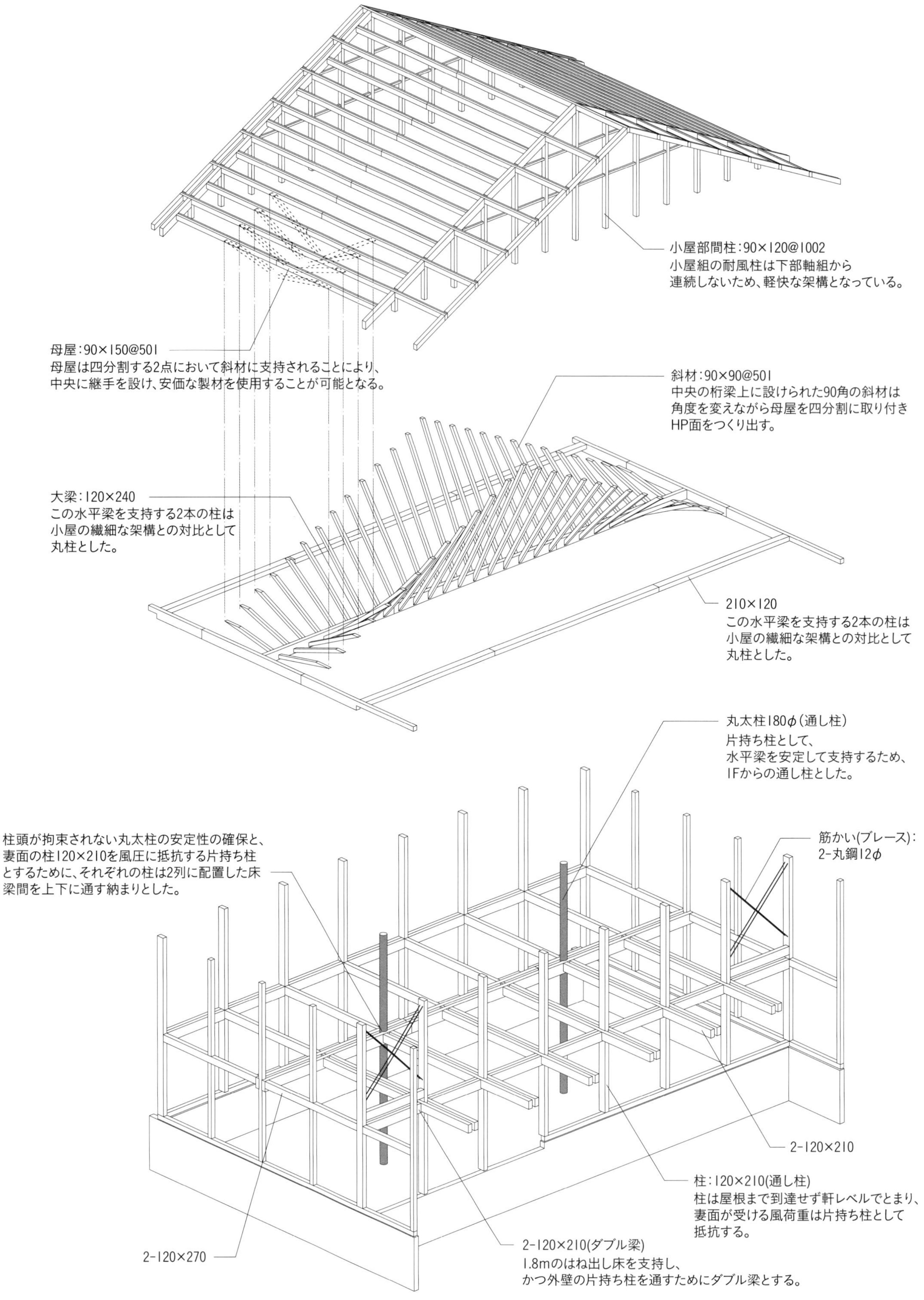
小屋部間柱:90×120@1002
小屋組の耐風柱は下部軸組から
連続しないため、軽快な架構となっている。
母屋:90×150@501
母屋は四分割する2点において斜材に支持されることにより、
中央に継手を設け、安価な製材を使用することが可能となる。
斜材:90×90@501
中央の桁梁上に設けられた90角の斜材は
角度を変えながら母屋を四分割に取り付き
HP面をつくり出す。
大梁:120×240
この水平梁を支持する2本の柱は
小屋の繊細な架構との対比として
丸柱とした。
210×120
この水平梁を支持する2本の柱は
小屋の繊細な架構との対比として
丸柱とした。
丸太柱180φ(通し柱)
片持ち柱として、
水平梁を安定して支持するため、
1Fからの通し柱とした。
柱頭が拘束されない丸太柱の安定性の確保と、
妻面の柱120×210を風圧に抵抗する片持ち柱
とするために、それぞれの柱は2列に配置した床
梁間を上下に通す納まりとした。
筋かい(ブレース):
2-丸鋼12φ
2-120×210
柱:120×210(通し柱)
柱は屋根まで到達せず軒レベルでとまり、
妻面が受ける風荷重は片持ち柱として
抵抗する。
2-120×210(ダブル梁)
1.8mのはね出し床を支持し、
かつ外壁の片持ち柱を通すためにダブル梁とする。
2-120×270

HP面を描く斜材による小屋組架構と通し柱による下部架構 © 坂田涼太郎構造設計事務所

上：小屋組み架構見上げ
下：中央の水平梁から伸びる90角の斜材は角度を変えながら母屋に取りつきHP面をつくり出している

1階 スタジオ　桁方向を見る

ブレースとポリカーボネイトフック金物

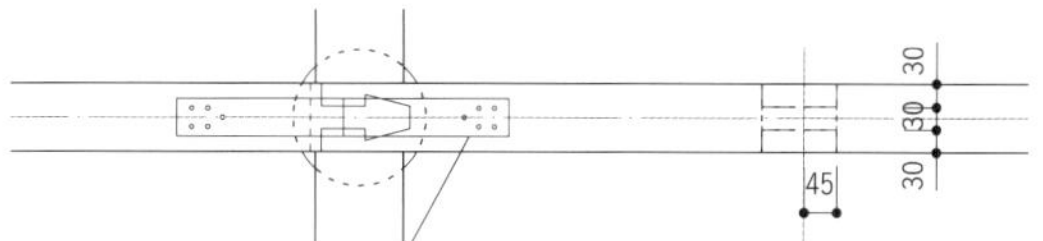

梁・斜材取合い伏図　(S=1:20)

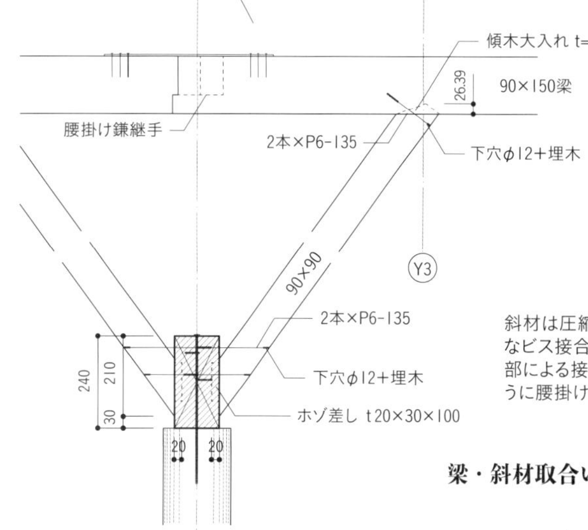

斜材は圧縮力のみを負担するため簡易なビス接合とする。母屋の継手は跳出し部による接合部の跳ね上がりを抑えるように腰掛け鎌継手の男木を配置した。

梁・斜材取合い断面図　(S=1:20)

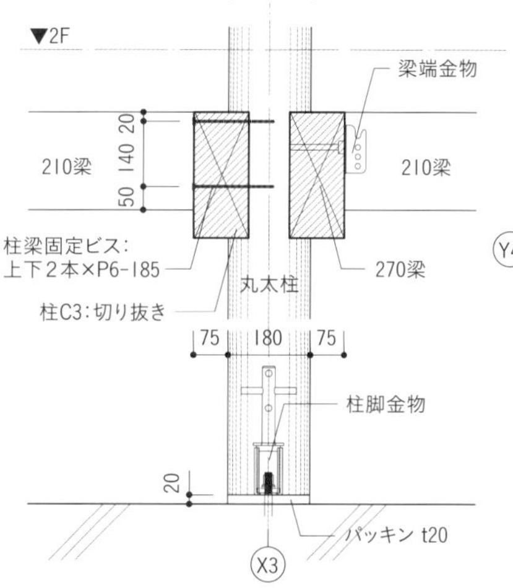

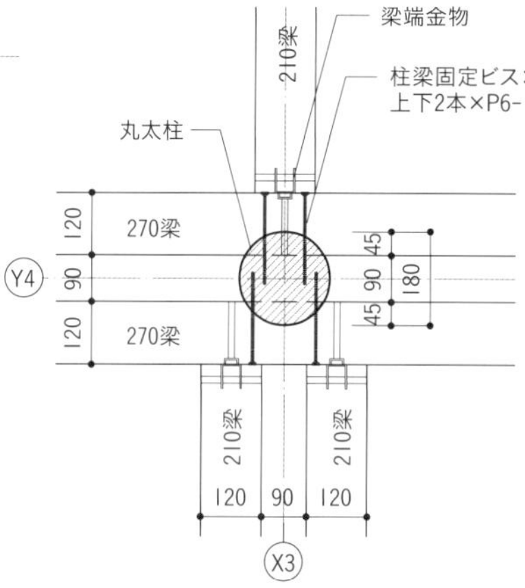

丸太柱を通すため、取り合う桁梁はダブル梁とした。

2階床組み断面図　(S=1:20)

2階床組み伏図　(S=1:20)

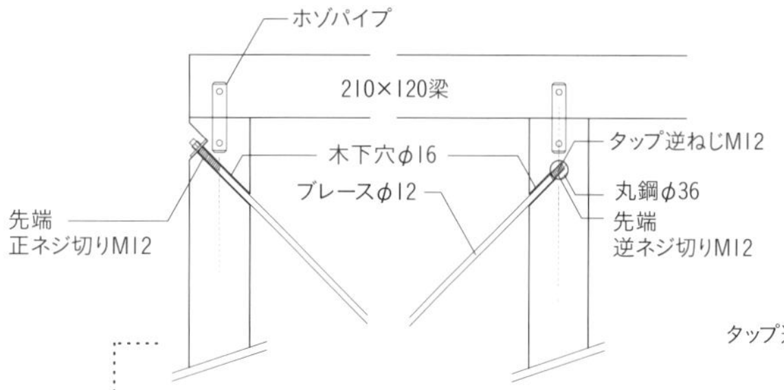

拡大図
(S=1:20)

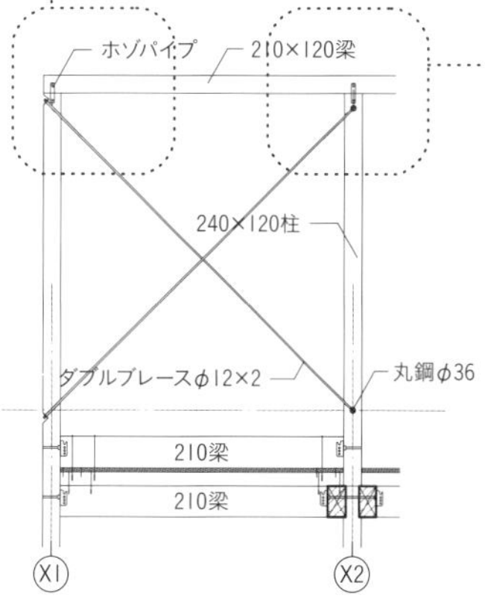

妻面のブレースは、240の柱せいに合わせて丸鋼12φをダブルに配置した。ブレースは、柱側に貫入することを意識して配置し、柱に内蔵した丸鋼36φのねじ切り部に貫入させることで金物の見えない納まりとした。

ブレース断面図　(S=1:75)

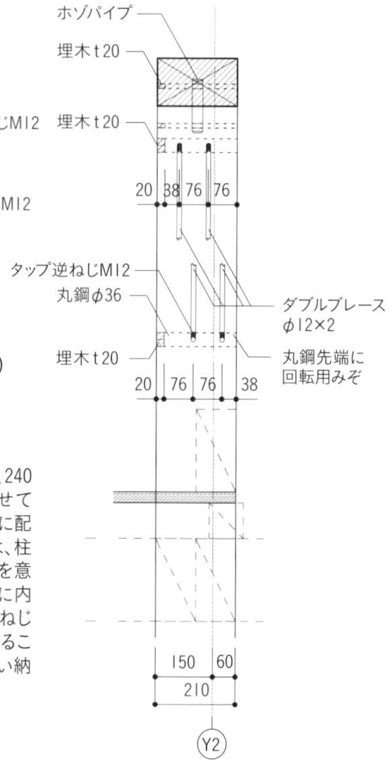

ブレース取合い断面図　(S=1:20)

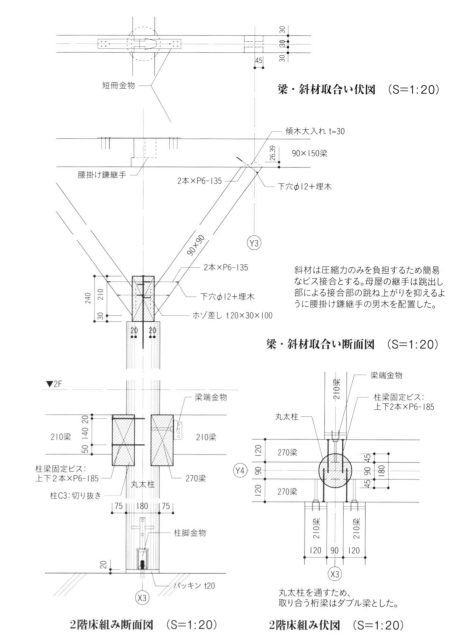

具志頭《ぐしかみ》の工房

五十嵐敏恭／STUDIO COCHI ARCHITECTS ｜ 2023 ｜ Workshop ｜ 沖縄・八重瀬

この建築は私たちの事務所と木工所の新築である。

設計事務所である私たちがなぜ木工所をはじめたのか、沖縄では多くの建築がRC躯体にビル用アルミサッシをつけることが一般的になっているが、私たちの建築の多くは日常の中で人が直接触れ、空間の質にも大きくかかわる開口部に味気ないアルミサッシではなく、手触りがよく経年変化が味となる木製サッシを設計し納めてきた。しかし沖縄では木製の外部建具や家具をつくれる職人が少なく、経験や知識も少ないため、精度と納期のコントロールが難しい。また毎回同じ木工所に依頼できるわけではないため経験と知識が蓄積できず、改良や開発が難しく沖縄で木製建具を使い続けることの難しさを感じ、このプロジェクトがはじまった。

自分で木工所をもつことで図面から製作、メンテナンスまでを一貫して管理でき、不具合部分の改良や新しい納まりやデザインにも挑戦しやすくなった。納期も事務所内で管理できるため各現場に合わせて臨機応変に対応できるメリットもある。また、プロジェクトの初期から設計者と施工者が図面と実物を並べ対話をしながらものづくりができることはとても大きなメリットになっている。

敷地は、自邸兼旧事務所の「玉城の家」から車で5分ほどのところにあり、集落から少し離れ、森と畑に囲まれた場所にある。建築は、工場特有の開放性とコスト、工期の面から鉄骨造とした。はじめに第一期工事として工場側をつくり、二期工事で、完成した工場で事務所側の建具などを製作した。

配置は、敷地が斜面地で表層に岩盤があることから掘削などの工事はなるべく行わないよう傾斜に沿って必要なボリュームを配置し、工場側で出る機械音と粉塵の影響を受けにくくするため事務所と工場の間に緩衝帯として森から地形が連続する半外部の庭を設けた。

木工所という機能上、空調を使うことは難しいためできるだけ風が通るよう構造体以外は開放でき、かつ場合により日差しと雨を遮断できるよう、沖縄の農業用ハウスでよく使われている防虫ネットと巻上げ式のビニールシートのダブルスキンの構成としている。この仕様は沖縄の台風にも耐えている実績があり安価で交換しやすいメリットもある。事務所スペースは鉄骨の構造材の間に蔀戸を嵌めただけの単純な構成とし建具を軽量化するため面材はポリカーボネイト波板とした。

この建築では、自分たちが使用しメンテナンスも行うため、いままでとは異なる材料や使い方を実験的に試みてみたが、農業など建築以外で普通に使用されている素材や技術は参考になるものが多く、使い方を工夫し改良することで新しい沖縄の風土にあった建築ができるのではないかと、職人とともに考えている。

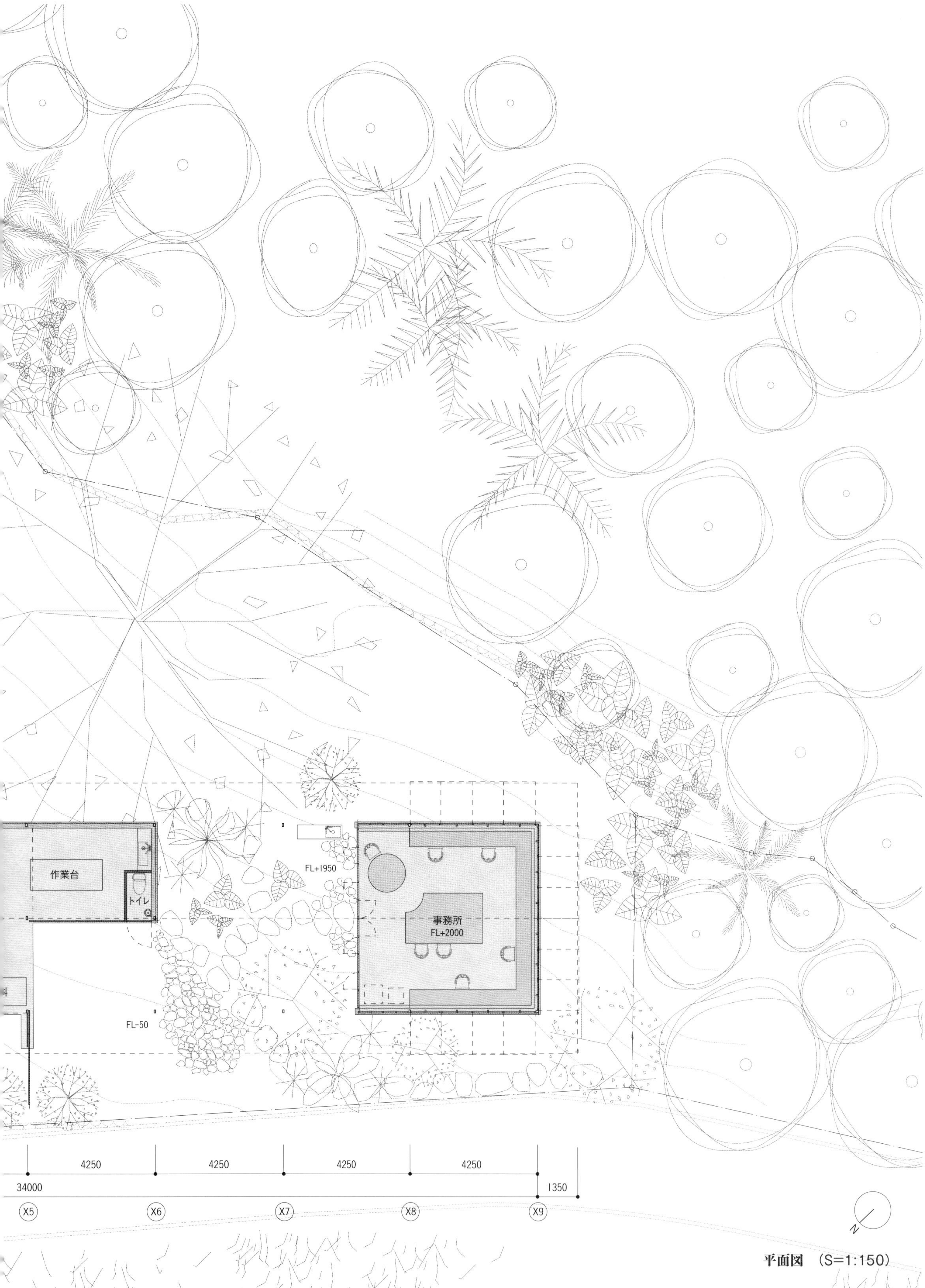
作業台
トイレ
FL+1950
事務所
FL+2000
FL-50
4250
4250
4250
4250
34000
1350
X5
X6
X7
X8
X9
N

平面図　(S=1:150)

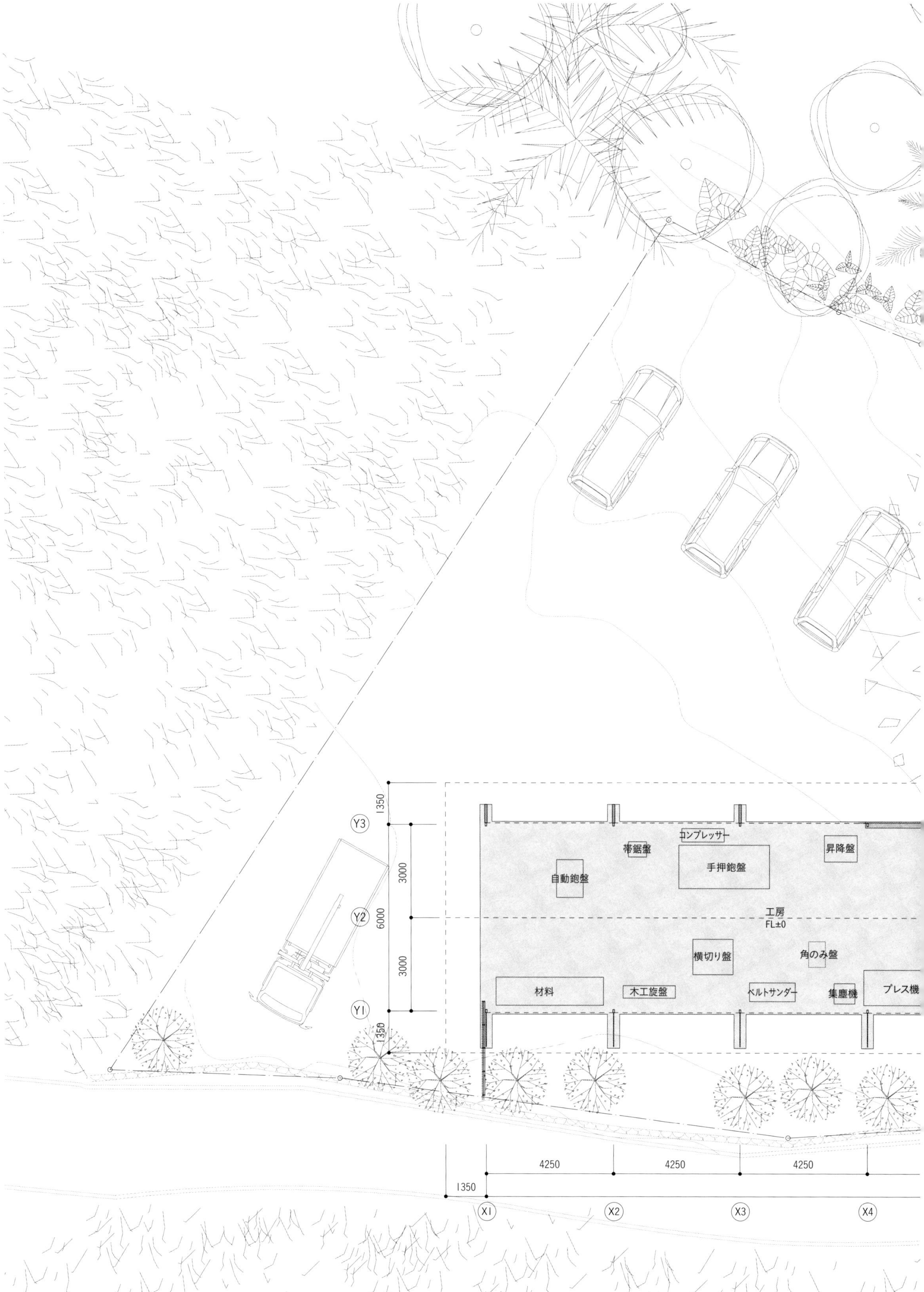
1350
Y3
Y2
Y1
6000
3000
3000
1350
コンプレッサー
帯鋸盤
昇降盤
自動鉋盤
手押鉋盤
工房
FL±0
横切り盤
角のみ盤
材料
木工旋盤
ベルトサンダー
集塵機
プレス機
4250
4250
4250
1350
X1
X2
X3
X4

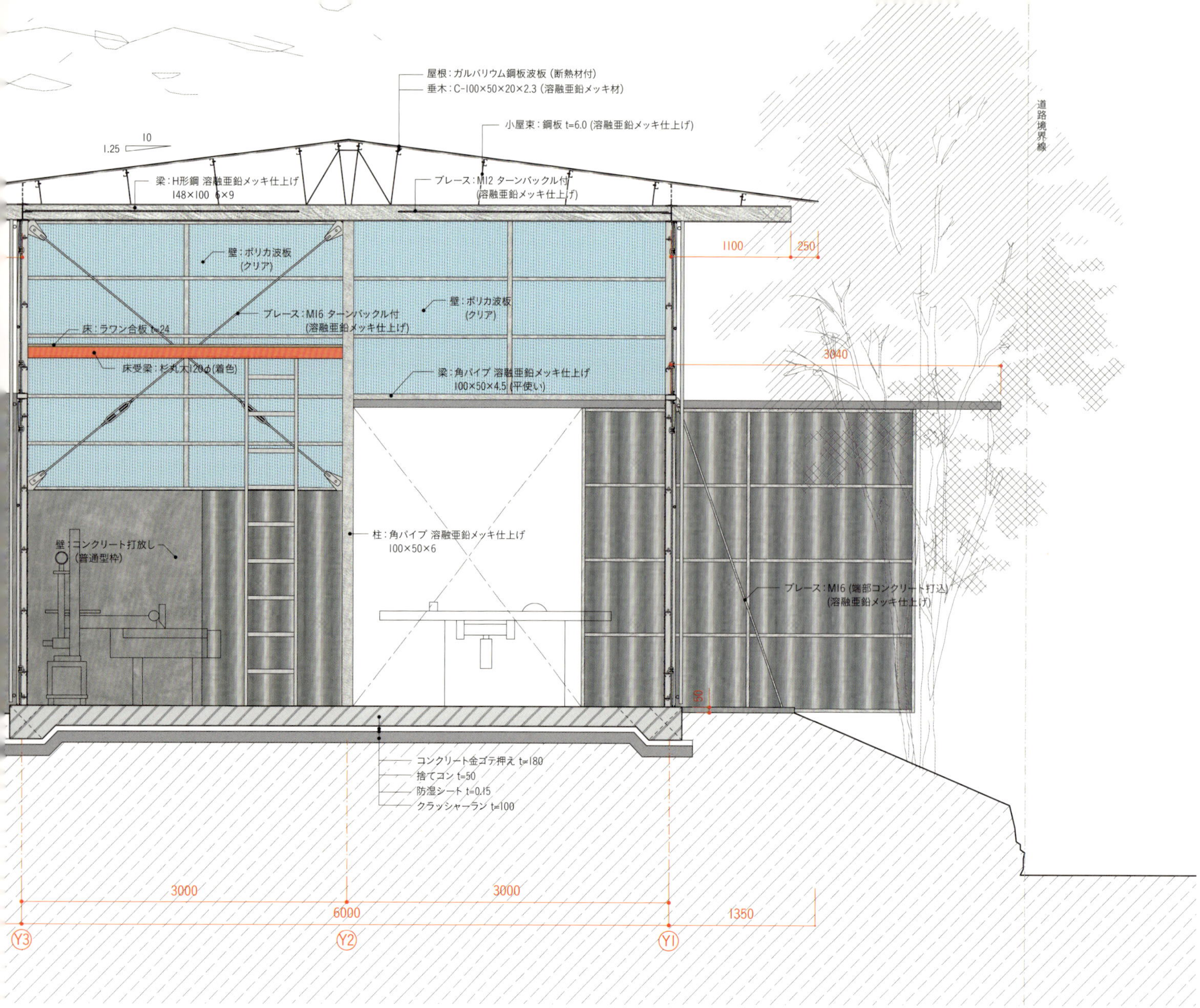
屋根：ガルバリウム鋼板波板（断熱材付）
垂木：C-100×50×20×2.3（溶融亜鉛メッキ材）
小屋束：鋼板 t=6.0（溶融亜鉛メッキ仕上げ）
1.25
10
梁：H形鋼 溶融亜鉛メッキ仕上げ
148×100 6×9
ブレース：M12 ターンバックル付
（溶融亜鉛メッキ仕上げ）
道路境界線
壁：ポリカ波板
（クリア）
1100
250
ブレース：M16 ターンバックル付
（溶融亜鉛メッキ仕上げ）
壁：ポリカ波板
（クリア）
床：ラワン合板 t=24
床受梁：杉丸太120φ（着色）
3040
梁：角パイプ 溶融亜鉛メッキ仕上げ
100×50×4.5（平使い）
壁：コンクリート打放し
（普通型枠）
柱：角パイプ 溶融亜鉛メッキ仕上げ
100×50×6
ブレース：M16（端部コンクリート打込）
（溶融亜鉛メッキ仕上げ）
50
コンクリート金ゴテ押え t=180
捨てコン t=50
防湿シート t=0.15
クラッシャーラン t=100
3000
3000
6000
1350
Y3
Y2
Y1

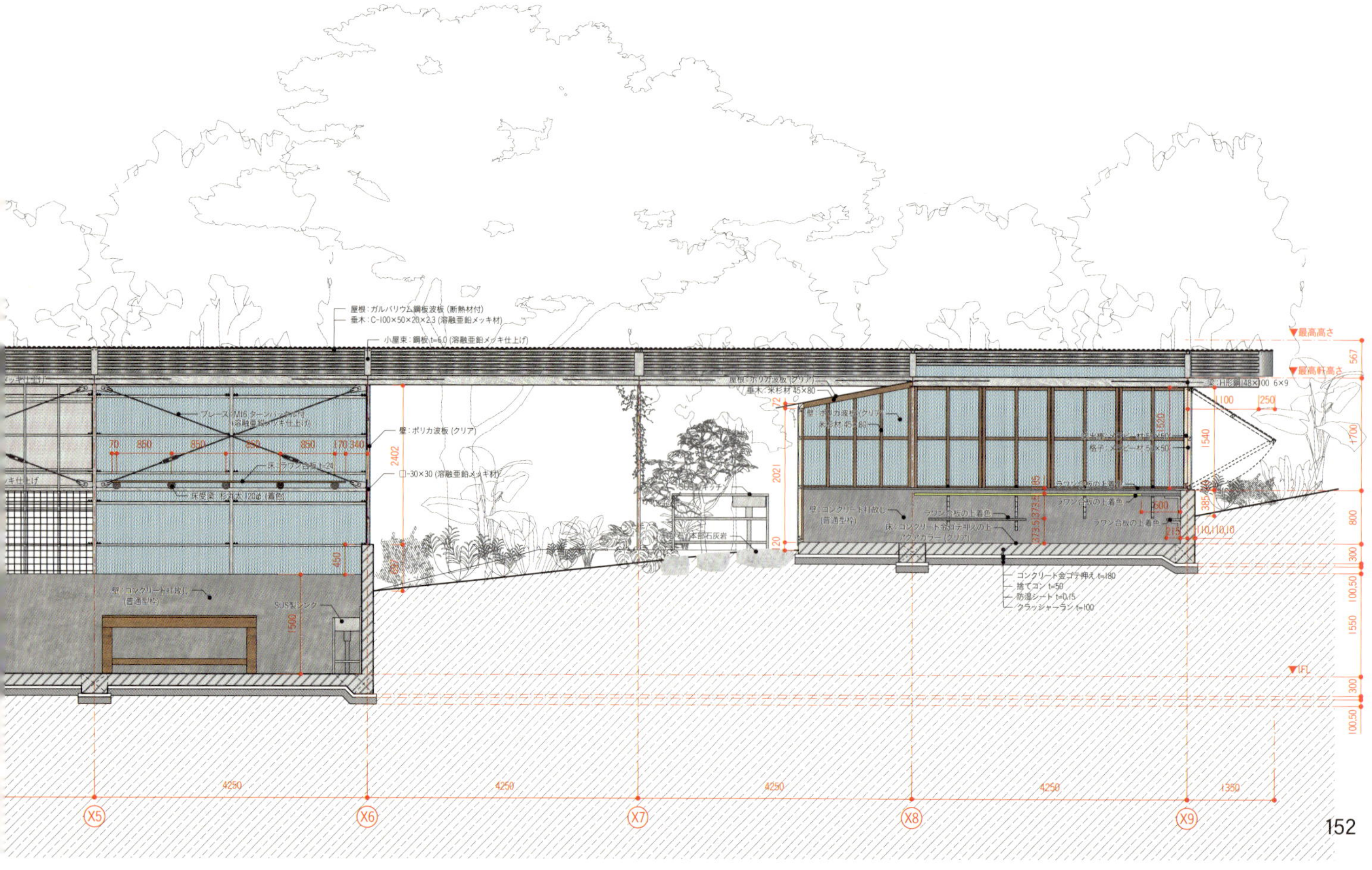
屋根：ガルバリウム鋼板波板（断熱材付）
垂木：C-100×50×20×2.3（溶融亜鉛メッキ材）
小屋束：鋼板 t=6.0（溶融亜鉛メッキ仕上げ）
▼最高高さ
▼最高軒高さ
567
H形鋼148×100 6×9
1100
250
1700
壁：ポリカ波板（クリア）
2402
□-30×30（溶融亜鉛メッキ材）
2021
1540
800
300
100,50
1550
▼1FL
300
100,50
壁：コンクリート打放し
（普通型枠）
SUS製シンク
1500
450
コンクリート金ゴテ押え t=180
捨てコン t=50
防湿シート t=0.15
クラッシャーラン t=100
4250
4250
4250
4250
1350
X5
X6
X7
X8
X9

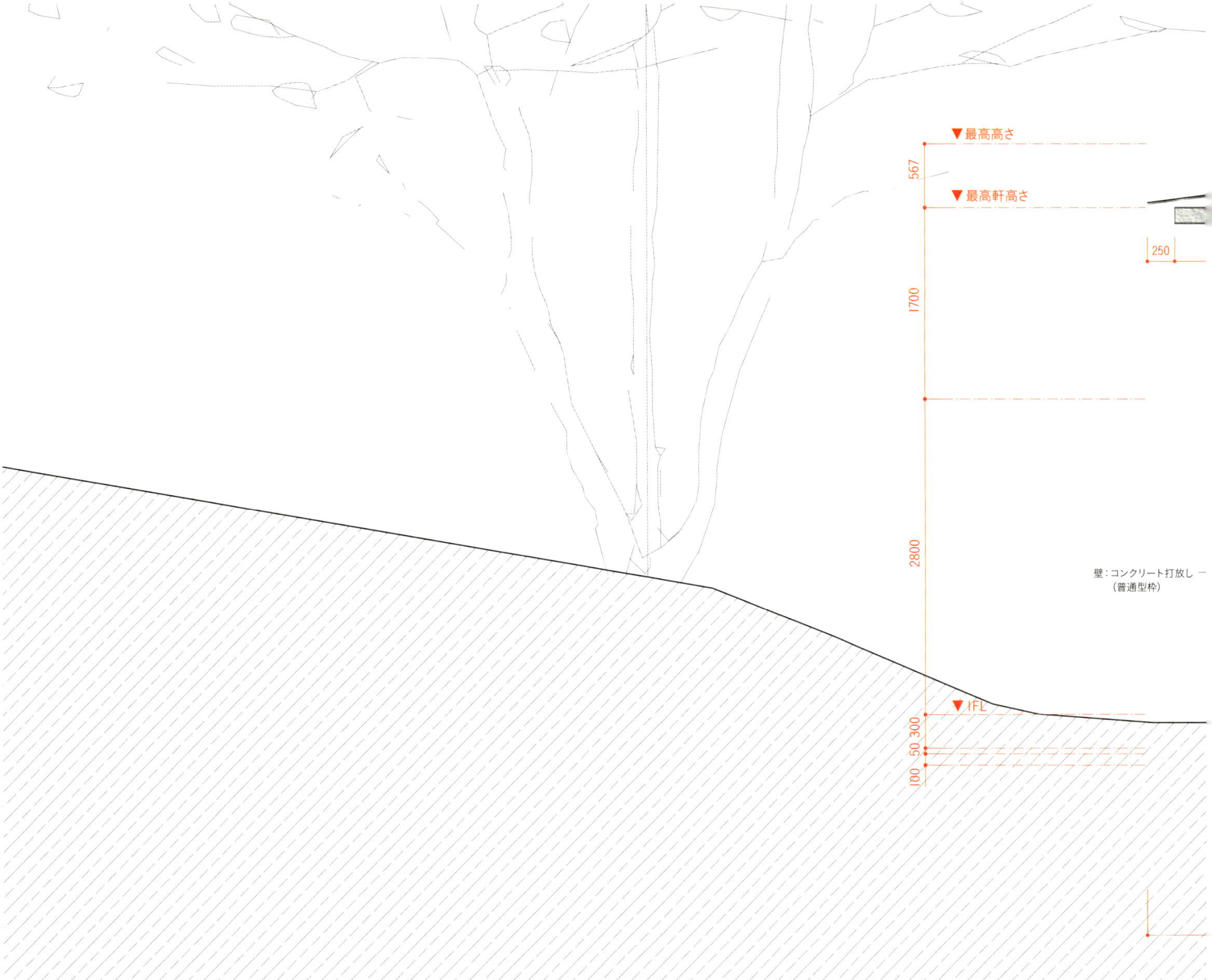
▼最高高さ
567
▼最高軒高さ
250
1700
2800
壁：コンクリート打放し
（普通型枠）
▼1FL
300
50
100

矩計図 1

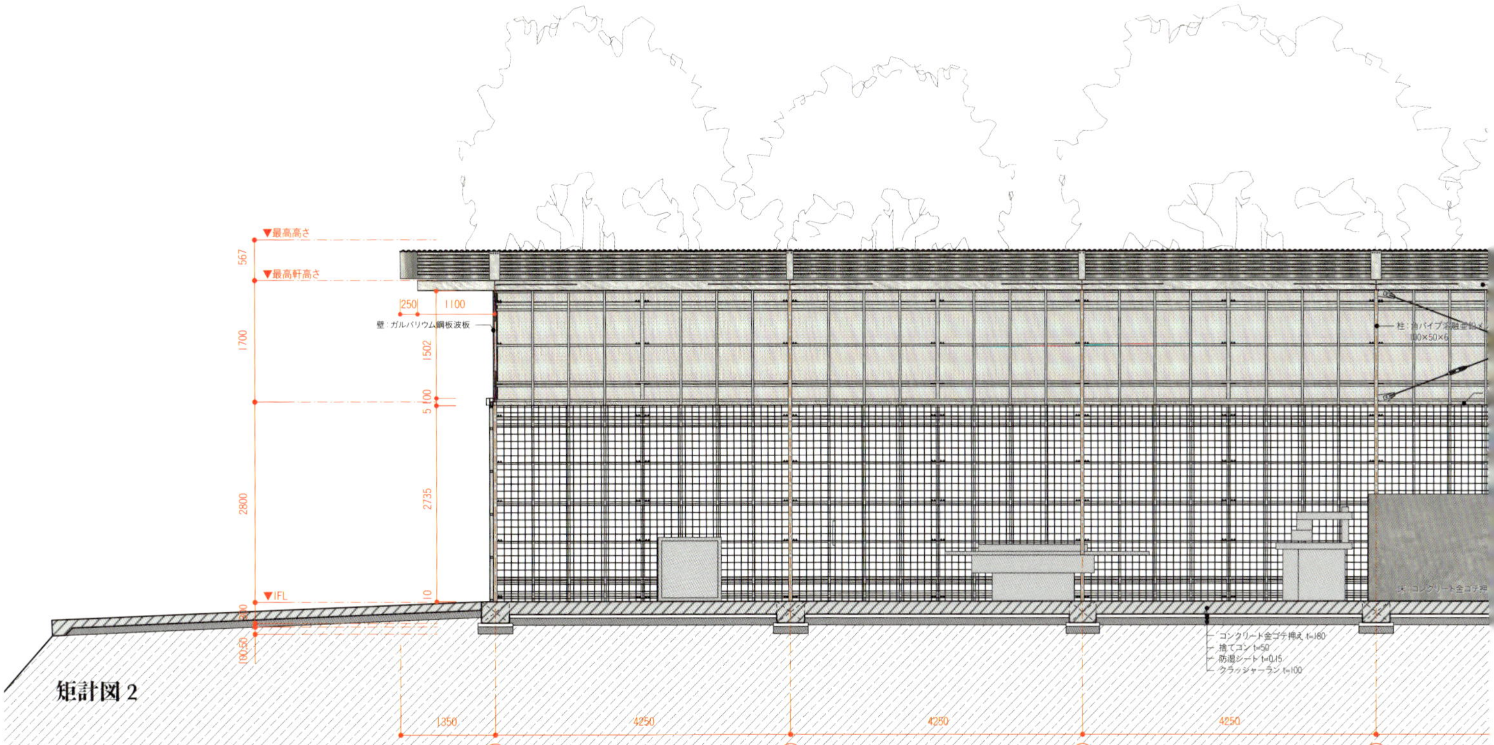
▼最高高さ
567
▼最高軒高さ
250
1100
壁：ガルバリウム鋼板波板
1700
1502
100
5
2800
2735
▼1FL
10
1350
4250
4250
4250
X1
X2
X3
X4

矩計図 2

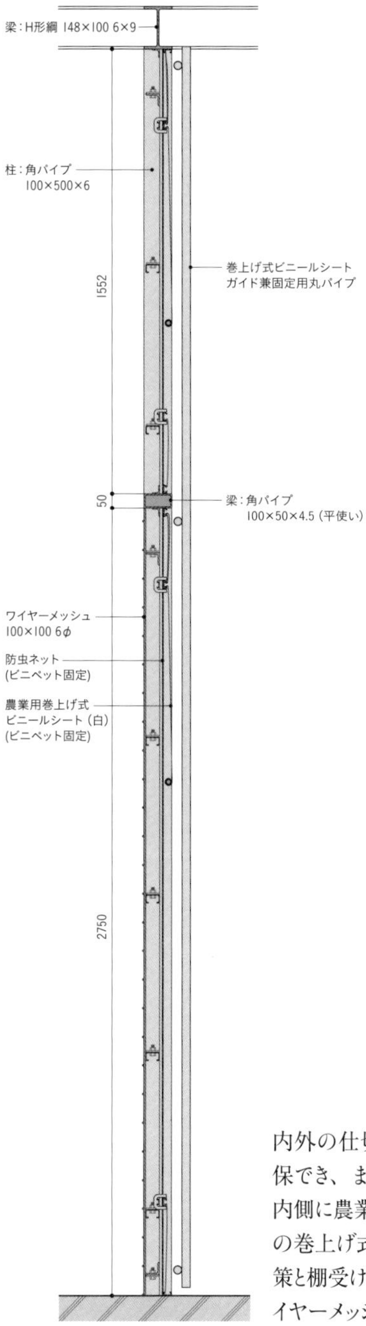

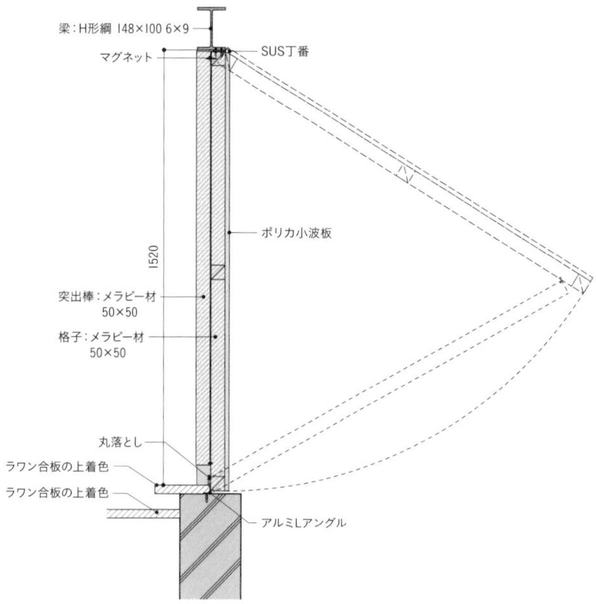

事務所の開口は蔀戸とし、格子はメラピー材、面材は軽量化のため外側にポリカーボネイト波板を貼っている。突出用の棒は格子に蝶番とマグネットで取り付け、窓の閉めているときは格子と一体となるデザインとした。
また、室内は庇と蔀戸により雨を気にせず開放することができる。

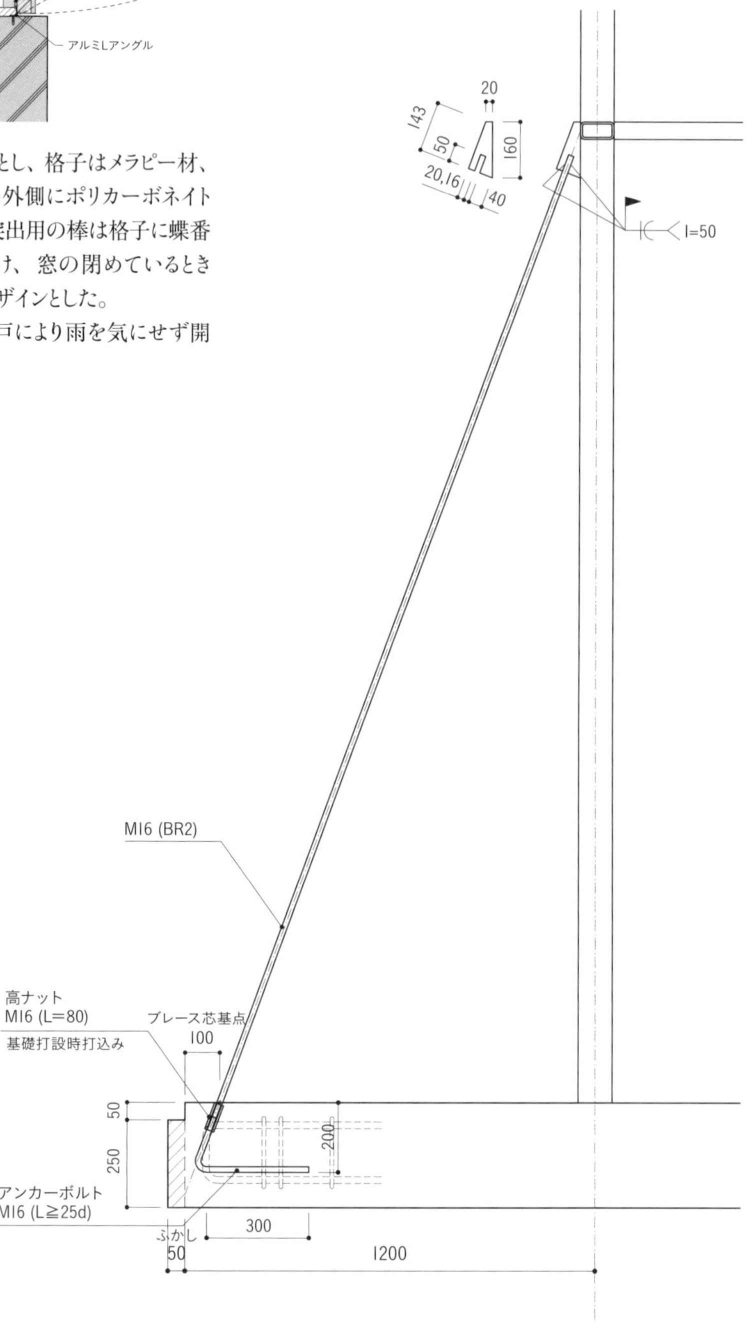

内外の仕切りは最大限通風と採光が確保でき、またこまめな調整ができるよう室内側に農業用防虫ネット、外側に農業用の巻上げ式シートを設けた。また防犯対策と棚受けとして室内側に6㎜100角のワイヤーメッシュを設けている。

柱・梁・ブレースの接合部は、細く、軽やかな構造に見えるようにボルト接合ではなくすべて溶接接合とし、丸鋼のブレースの端部は接合部が見えないようコンクリート基礎の中に埋め込んでいる。

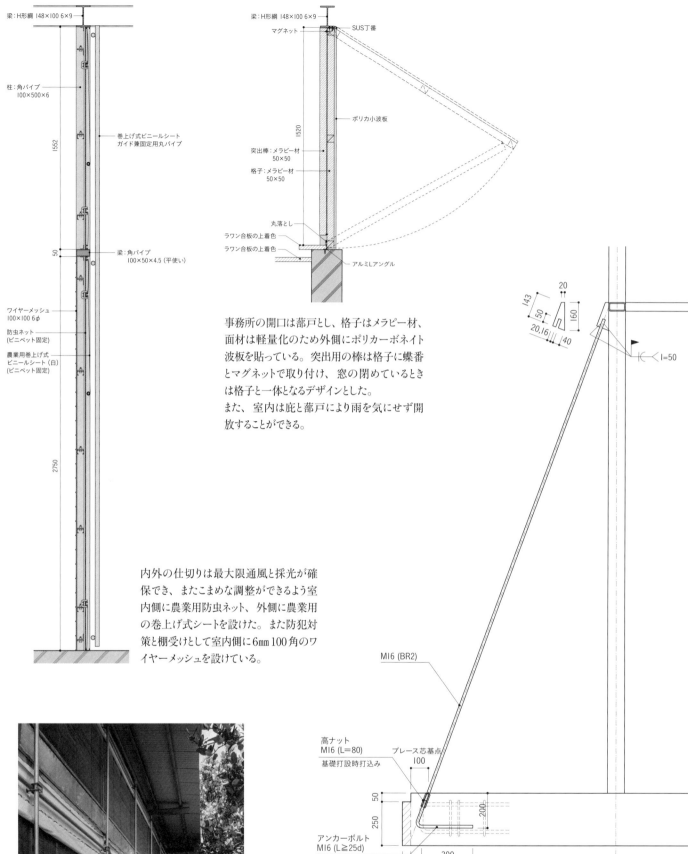

矩計図とは建築の質を正しく示すための図面（五十嵐敏恭）

建築を考えるとき、土地にどのような建物があるべきか、室内にどの程度光を入れるか、風がどのように流れるか、また気積はなるべく大きく、そして連続するよう注意し設計している。それは蒸暑地域特有の影の深い伝統的な建築に共通する空間の豊かさの本質であり、普遍的なものではないかと考えている。

構想を実現化するためにさまざまな図面が必要になるが、その中で断面詳細図は、各部材の構成や寸法の検討から建物のプロポーションを決定、垂直方向の空間の連続性を確認、検討したりと、建築の質にかかわる多くのことを一枚の図面に表現することができる便利で重要な図面である。

また、日常生活の多くを平面的に過ごしている私たちにとっては、高さの意識や垂直に構成される部材の感覚が抜け落ちやすく、見落としがちな垂直方向に連続する空間のプロポーションの重要性を教えてくれる図面でもある。こうして改めて断面詳細図について考えてみると私たちの描く断面詳細図は建築の意図を施工者に正確に伝えるための図面というよりはどちらかというと最初の構想がきちんと空気感をもってプロポーションや素材、構成に反映されているかを確認するためのものに近い気がする。これは、私の事務所では木工所をもっていることもあり、職人との距離が近く、職人との打ち合わせには原寸図面や1/2スケールの図面で行うことが多いからでもあり、意匠図というより施工図としてディテールを描く詳細図が別にあるからかもしれない。

だんだんと図面が実現される建物に近づくにつれ、断面詳細図は職人とのコミュニケーションのためのツールへと変わり、実際に施工に必要な情報や施工上の課題や問題点の話し合いなどが行われ、断面詳細図は部材の集積から分解され、設計者と施工者の思いが合わさった施工詳細図へと変わっていく。私にとって断面詳細図は、建築になる前の構想から施工に至るまで、図面としての役割を変えながらも常に建築の質を正しく示すための必要不可欠な図面である。

上野東照宮神符授与所／静心所
所在地　東京都台東区
主要用途　授与所
設計　建築　中村拓志 & NAP建築設計事務所
担当／中村拓志　高井壮一朗　青戸貞治　越智誠
構造　山田憲明構造設計事務所
敷地面積　2343.73㎡
建築面積　208.51㎡
延床面積　187.02㎡
階数　地上1階
構造　木造　一部鉄骨造
最高高さ　4852mm
施工　青木工務店
竣工　2022年3月

ROKI Global Innovation Center －ROGIC－
所在地　静岡県浜松市
主要用途　研究所
設計　建築　小堀哲夫建築設計事務所
担当／小堀哲夫　小堀圭子　前島瑠美　根本正弥　中西祐輔
構造　アラップ
設備　明野設備研究所
ランドスケープ　オンサイト計画設計事務所
照明　岡安泉照明設計事務所
敷地面積　67510㎡
建築面積　約5000㎡
延床面積　約9000㎡
階数　地上4階
構造　鉄筋コンクリート造　一部鉄骨鉄筋コンクリート造
最高高さ　15.00m
施工　大成建設
竣工　2013年9月

宮島口旅客ターミナル
所在地　広島県廿日市市
主要用途　旅客ターミナル・物産販売・情報発信スペース
設計　建築　乾久美子建築設計事務所
担当／乾久美子　山根俊輔*　芝原貴史*　武蔵眞己
構造　小西泰孝建築構造設計
担当／小西泰孝　朝光拓也*　丸本健悟
設備　森村設計
敷地面積　11685.52㎡
建築面積　5899.63㎡(HIRODEN etto, 歩道橋／桟橋屋根・詰所含)
延床面積　5671.75㎡(同上)
階数　地上2階
構造　鉄骨造
最高高さ　12885mm
施工　広成・広電JV
竣工　2020年2月

大船渡市民文化会館・市立図書館／リアスホール
所在地　岩手県大船渡市
主要用途　劇場・図書館・マルチスペース等
設計　建築　新居千秋都市建築設計
担当／新居千秋　吉崎良一　内藤将俊
構造　TIS & PARTNERS
担当／今川憲英　下久保亘
設備　ピーエーシー
音響　永田音響設計
敷地面積　25613.70㎡
建築面積　5255.82㎡
延床面積　9290.39㎡
階数　地下1階　地上3階
構造　鉄筋コンクリート造　一部鉄骨造
最高高さ　28340mm
施工　戸田建設・匠建設JV
竣工　2008年10月

鹿島市民文化ホール SAKURAS
所在地　佐賀県鹿島市
主要用途　集会場・観覧場・資料館
設計　建築　NASCA
担当／古谷誠章　桔川卓也　狩野広行　鹿野安司　山田章人
構造　<設計>　オーク構造設計
担当／新谷眞人　花川太地*
<監理>　OAK plus
担当／花川太地　足立徹郎
音響　永田音響設計
防災　明野設備研究所
敷地面積　6040.35㎡
建築面積　2164.60㎡
延床面積　2646.80㎡
階数　地上4階
構造　鉄筋コンクリート造　一部PC造、鉄骨造
最高高さ　18.69m
施工　松尾・中島・髙木建設JV
竣工　2023年5月

新島学園短期大学講堂　新島の森
所在地　群馬県高崎市
主要用途　短期大学
設計　建築　手塚建築研究所
担当／手塚貴晴　手塚由比　矢部啓嗣
構造　オーノ JAPAN
担当／大野博史　中野勝仁
機械設備　設備計画
電気設備　銀山建築設備設計
音響　永田音響設計
敷地面積　14591.80㎡
建築面積　392.21㎡
延床面積　784.42㎡
階数　地上2階
構造　木造　一部鉄筋コンクリート造
最高高さ　12500mm
施工　佐藤産業
木構造・木製スクリーン　中東
竣工　2020年3月

福井県立一乗谷朝倉氏遺跡博物館
所在地　福井県福井市
主要用途　博物館
設計　建築　内藤廣・センボー設計共同体
<内藤廣建築設計事務所>
担当／内藤廣　神林哲也　湯浅良介*(*元所員)　増崎陽介*　山口昇　西川博美*　福林一樹　菅直行*
<センボー建築事務所>
担当/仙坊幸治　小林正幸
構造　金箱構造設計事務所
設備　森村設計
敷地面積　5285.72㎡
建築面積　2889.31㎡
延床面積　5281.75㎡
階数　地下1階　地上2階
構造　鉄筋コンクリート造　一部鉄骨造
最高高さ　19550mm
施工　見谷組・永和住宅・石田建設工業JV
竣工　2022年1月

ハハ・ハウス
所在地　神奈川県茅ヶ崎市
主要用途　専用住宅
設計　建築　アトリエ・ワン＋東京工業大学塚本研究室
<アトリエ・ワン>
担当／塚本由晴　貝島桃代　玉井洋一
<東京工業大学塚本研究室>
担当／阿江苑子　木原葉子　光樂瑶子　山口杏奈　松下龍太郎　野中郁弥　渡邉朋
構造　TECTONICA
担当／鈴木芳典　金田充弘
敷地面積　120.21㎡
建築面積　69.50㎡
延床面積　69.50㎡
階数　地上1階
構造　木造
最高高さ　4572mm
竣工　2021年3月

軽井沢の小さな家
所在地　長野県北佐久郡軽井沢町
主要用途　別荘
設計　建築　八島建築設計事務所
担当／八島正年　八島夕子　尾田のぞみ
構造　木下洋介構造計画
担当／木下洋介　小針匠
敷地面積　343.55㎡
建築面積　13.25㎡
延床面積　22.99㎡
階数　地上2階
構造　木造
最高高さ　5909mm
施工　佐々木工務店
竣工　2024年4月

立川ANNEX－倉庫×家
所在地　東京都立川市
主要用途　住居・倉庫
設計　建築　MDS一級建築士事務所
担当／森清敏　川村奈津子
構造　坂田涼太郎構造設計事務所
担当／坂田涼太郎　鈴木一希
敷地面積　304.86㎡
建築面積　128.59㎡
延床面積　205.74㎡
階数　地上2階
構造　木造
最高高さ　8900mm
施工　栄港建設
竣工　2021年8月

具志頭の工房
所在地　沖縄県八重瀬町
主要用途　工房・事務所
設計　建築　STUDIO COCHI ARCHITECTS
担当／五十嵐敏恭
構造　RGB STRUCTURE
担当／高田 雅之
外構・造園　HADANA
敷地面積　889.25㎡
建築面積　232.49㎡
延床面積　150.75㎡
階数　地上1階
構造　鉄骨造
最高高さ　5217mm
施工　鉄工　ATファクトリー
コンクリート工事　玉那覇組
木工　STUDIO COCHI ARCHITECTS
竣工　2024年2月

鶴岡邸
所在地　東京都練馬区
主要用途　長屋
設計　建築　武田清明建築設計事務所
担当／武田清明　作山美幸
構造　ASA／鈴木啓
担当／鈴木啓　長谷川理男*
外構・造園　ACID NATURE 乙庭
Ueda Design
照明　トカゲ
敷地面積　258.27㎡
建築面積　111.59㎡
延床面積　206.72㎡
階数　地上2階
構造　鉄骨造
最高高さ　9980mm
施工　太平建設
竣工　2021年6月

天神町place
所在地　東京都文京区
主要用途　共同住宅（賃貸）
設計　建築　伊藤博之建築設計事務所
担当／伊藤博之　上原絢子　伊藤愛
構造　多田脩二構造設計事務所
担当／多田脩二　川本泰斗
坂井初構造設計事務所
担当／坂井初
設備　テーテンス事務所
電気　EOS plus
植栽　長濱香代子庭園設計
敷地面積　782.21㎡
建築面積　379.52㎡
延床面積　2448.55㎡
階数　地下1階　地上8階
構造　鉄筋コンクリート造
最高高さ　30872mm
施工　サンユー建設
竣工　2023年8月

月明と数寄
所在地　神奈川県鎌倉市
主要用途　専用住宅
設計　建築　川口通正建築研究所
担当／川口通正　大島祥吾　川口登紀子
構造　田中構造建築事務所
担当／彦田重治
外構・造園　NAYA設計室
敷地面積　1365.89㎡
建築面積　457.23㎡
延床面積　410.04㎡
階数　地下1階　地上1階
構造　木造
最高高さ　6792mm
施工　春日建設
竣工　2020年7月

クルックフィールズ　シフォン
所在地　千葉県木更津市
主要用途　店舗
設計　藤原徹平／フジワラテッペイアーキテクツラボ
担当／岩井一也　中村駿太　平野優太　賴靖森
敷地面積　1546.59㎡
建築面積　134.81㎡
延床面積　118.35㎡
階数　地上1階
構造　木造
施工　住友林業
竣工　2019年3月

クルックフィールズ　ダイニング
所在地　千葉県木更津市
主要用途　飲食店
設計　藤原徹平／フジワラテッペイアーキテクツラボ
担当／岩井一也　中村駿太　平野優太　賴靖森
敷地面積　1396.17㎡
建築面積　443.33㎡
延床面積　437.27㎡
階数　地上2階
構造　木造
施工　住友林業
竣工　2019年3月

make SPACE
所在地　香川県高松市
主要用途　事務所
設計　建築　UID
担当／前田圭介　上田寛之　関琴海
構造　山田憲明構造設計事務所
担当／山田憲明　中川航佑
造園　荻野景観設計
担当／荻野寿也　河津俊也
敷地面積　587.78㎡
建築面積　295.20㎡
延床面積　465.37㎡
階数　地上2階
構造　木造
最高高さ　6735mm
施工　菅組
竣工　2024年7月

新居千秋（あらい・ちあき）
1948年　島根県生まれ
1971年　武蔵工業大学建築学科卒業
1973年　ペンシルベニア大学大学院建築学科修了
1973～74年　ルイス・カーン建築事務所
1975～76年　ロンドン市テームズミード都市計画特別局
1977年　AA School講師
1977年～　武蔵工業大学講師
1979～2010年　東京理科大学講師
1980年　新居千秋都市建築設計設立
1998年　ペンシルバニア大学 客員教授
2008～20年　東京都市大学教授
2013～15年　シンガポール国立大学 External examiner

古谷誠章（ふるや・のぶあき）
1955年　東京都生まれ
1978年　早稲田大学理工学部建築学科卒業
1980年　同大学院修士課程修了
1986～87年　文化庁芸術家在外研究員としてスイスの建築家マリオ・ボッタの事務所に在籍
1990～94年　早稲田大学理工学部助教授
1994年　八木佐千子と共同してNASCA設立
1997年～　早稲田大学理工学部教授
2017年～19年　第55代 日本建築学会 会長
2020年～24年　早稲田大学芸術学校 校長
2021年～　東京建築士会 会長

手塚貴晴（てづか・たかはる）
1964年　東京都生まれ
1987年　武蔵工業大学卒業
1990年　ペンシルバニア大学大学院修了
1990～94年　リチャード・ロジャース・パートナーシップ・ロンドン
1994年　手塚由比と手塚建築研究所を共同設立
2005～06年　ザルツブルグ・サマーアカデミー教授
2006年　UCバークレー客員教授
2009年～　東京都市大学教授

手塚由比（てづか・ゆい）
1969年　神奈川県生まれ
1992年　武蔵工業大学工学部建築学科卒業
1992～93年　ロンドン大学バートレット校（ロン・ヘロンに師事）
1994年　手塚貴晴と手塚建築研究所を共同設立
2006年　ザルツブルグ・サマーアカデミー教授
UCバークレー客員教授

矢部啓嗣（やべ・けいじ）
1986年　岐阜県生まれ
2010年　東京理科大学工学部建築学科卒業
2012年　武蔵野美術大学大学院造形研究科修士課程修了
2012年～　手塚建築研究所
2020年～　同パートナー

内藤廣（ないとう・ひろし）
1950年　神奈川県生まれ
1974年　早稲田大学理工学部建築学科卒業
1976年　早稲田大学大学院にて吉阪隆正に師事、修士課程修了
1976～78年　フェルナンド・イゲーラス建築設計事務所勤務
1979～81年　菊竹清訓建築設計事務所勤務
1981年　内藤廣建築設計事務所設立
2001年　東京大学大学院工学系研究科社会基盤工学 助教授
2002～11年　東京大学大学院工学系研究科社会基盤学 教授
2010～11年　東京大学 副学長
2011年～　東京大学 名誉教授
2023年～　多摩美術大学 学長

塚本由晴（つかもと・よしはる）
1965年　神奈川県生まれ
1987年　東京工業大学工学部建築学科卒業
1987～88年　UP8（パリ）自由聴講生
1992年　貝島桃代とアトリエ・ワン設立
1994年　東京工業大学大学院博士課程修了
1994～2000年　東京工業大学大学院理工学研究科建築学専攻講師
2000～15年　東京工業大学大学院理工学研究科建築学専攻准教授
Harvard GSD（2003、07、15年）、UCLA（2007、08年）、The Royal Danish Academy of Fine Art（2011年）、Barcelona Institute of Architecture（2011年）、Cornell University（2011年）、Rice University（2014年）、TU Delft（2015年）、Columbia University GSAPP（2016年）で教鞭をとる。
2015年～　東京科学大学大学院教授（旧東京工業大学）、博士（工学）
2024～27年　シドニー大学ロスウエル講座教授

貝島桃代（かいじま・ももよ）
1969年　東京都生まれ
1991年　日本女子大学住居学科卒業
1992年　塚本由晴とアトリエ・ワン設立
1994年　東京工業大学大学院修士課程修了
1996～97年　スイス連邦工科大学チューリッヒ校（ETHZ）スイス連邦奨学生
2000年　東京工業大学大学院博士課程満期退学
2000～09年　筑波大学講師
2009～22年　筑波大学准教授
Harvard GSD（2003、15年）、ETHZ（2005～07年）、The Royal Danish Academy of Fine Art（2011年）、Rice University（2014年）、TU Delft（2015年）、Columbia University GSAPP（2016年）、Yale School of Architecture（2023年）で教鞭をとる。
2017年～　ETHZ　Professor of Architectural BehaviorologyおよびNPO法人チア・アート理事
2024～27年　シドニー大学ロスウエル講座教授

玉井洋一（たまい・よういち）
1977年　愛知県生まれ
2002年　東京工業大学工学部建築学科卒業
2004年　同大学大学院修士課程修了
2004年～　アトリエ・ワン
2015年～　アトリエ・ワン パートナー
2023年～　名城大学非常勤講師
2024～27年　シドニー大学ロスウエル講座教授

伊藤博之（いとう・ひろゆき）
1970年　埼玉県生まれ
1993年　東京大学工学部建築学科卒業
1995年　同大学院修士課程修了
1995～98年　日建設計
1998年　O.F.D.A.共同設立
1999年　伊藤博之建築設計事務所設立
現在、工学院大学教授

川口通正（かわぐち・みちまさ）
1952年　兵庫県生まれ
独学で建築を学ぶ
1983年　川口通正建築研究所設立
2006～16年　工学院大学非常勤講師
2008～10年、2018～20年　NPO法人家づくりの会代表理事
2011年～　NPO法人家づくりの会理事

八島正年（やしま・まさとし）
1968年　福岡県生まれ
1993年　東京藝術大学美術学部建築科卒業
1995年　同大学大学院美術研究科修士課程修了
1998年　八島正年＋高瀬夕子建築設計事務所設立
2002～05年　東京藝術大学美術学部建築科常勤助手
2002年　八島建築設計事務所に改称

八島夕子（やしま・ゆうこ）
1971年　神奈川県生まれ
1995年　多摩美術大学美術学部建築科卒業
1997年　東京藝術大学大学院美術研究科修士課程修了
1998年　八島正年＋高瀬夕子建築設計事務所設立
1998～03年　多摩美術大学環境デザイン学科助手
2002年　八島建築設計事務所に改称

森清敏（もり・きよとし）
1968年　静岡県生まれ
1992年　東京理科大学理工学部建築学科卒業
1994年　同大学院修士課程修了
1994～2003年　大成建設株式会社設計部
2003年～　MDS一級建築士事務所共同主宰
2006年～　日本大学非常勤講師
2009年～　東京理科大学非常勤講師

川村奈津子（かわむら・なつこ）
1970年　神奈川県生まれ
1994年　京都工芸繊維大学工芸学部造形工学科卒業
1994～2002年　大成建設株式会社設計部
2002年　MDS一級建築士事務所設立
2014年～22年　東洋大学非常勤講師

五十嵐敏恭（いがらし・としゆき）
1984年　埼玉県生まれ
2006年　ものつくり大学卒業
2006～14年　門一級建築士事務所勤務
2014年　STUDIO COCHI ARCHITECTS 設立

中村拓志（なかむら・ひろし）
1974年　東京都生まれ　鎌倉と金沢で少年時代を過ごす
1999年　明治大学大学院理工学研究科建築学専攻博士前期課程修了
1999年　隈研吾建築都市設計事務所入所
2002年　NAP建築設計事務所設立
現在、明治大学理工学部特別招聘教授、NAPコンサルタント、NAP International、NAPデザインワークスの代表

小堀哲夫（こぼり・てつお）
1971年　岐阜県生まれ
1997年　法政大学大学院工学研究科建設工学専攻修士課程修了（陣内秀信研究室）
1997年　久米設計入社
2008年　小堀哲夫建築設計事務所設立
2020年～　法政大学教授

乾久美子（いぬい・くみこ）
1969年　大阪府生まれ
1992年　東京藝術大学美術学部建築科卒業
1996年　イエール大学大学院建築学部修了
1996～2000年　青木淳建築計画事務所勤務
2000年　乾久美子建築設計事務所設立
2000～01年　東京藝術大学美術学部建築科常勤助手
2011～16年　東京藝術大学美術学部建築科准教授
2016年～　横浜国立大学大学院Y-GSA教授

藤原徹平（ふじわら・てっぺい）
1975年　神奈川県生まれ
1998年　横浜国立大学卒業
2001年　横浜国立大学大学院修了
2001～12年　隈研吾建築都市設計事務所勤務（パートナー・設計室長を歴任）
2009年　個人プロジェクトとしてフジワラテッペイアーキテクツラボを立ち上げる
2010年～　NPO法人ドリフターズインターナショナル設立（現在は一般社団法人）理事
2012年～　株式会社フジワラテッペイアーキテクツラボ設立 主宰
2012年～　横浜国立大学大学院Y-GSA准教授

前田圭介（まえだ・けいすけ）
1974年　広島県生まれ
1998年　国士舘大学工学部建築学科卒業
工務店で現場に携り設計活動開始
2003年　UID設立
2022年～　近畿大学工学部教授
2024年　早稲田大学創造理工学研究科にて博士取得（建築学）

武田清明（たけだ・きよあき）
1982年　神奈川県生まれ
2007年　イーストロンドン大学大学院修士課程修了
2008～18年　隈研吾建築都市設計事務所勤務（設計室長歴任）
2019年　武田清明建築設計事務所設立
2020年～　千葉工業大学非常勤講師
2021年～　日本女子大学非常勤講師
2023年～　神奈川大学非常勤講師

写真撮影

吉田誠……pp.8-10, p.17
新建築社写真部……pp.20-21, p.79, p.88（下）
小川泰祐……p.28上段右・下段右下, p.29（3枚とも）, p.35下段（4枚とも）, p.37下段右下
Sergio Pirrone……p.28上段左（2枚とも）, p.34（3枚とも）, p.37下段（右下除く3枚）, p.38（6枚とも）
淺川敏……pp.42-43, pp.46-47, p.49
木田勝久／FOTOTECA……pp.50-51
藤井浩司／TOREAL……p.59（上下）, p.62, p.65（上下）, p.69, p.96, p.97, p.99, p.100, p.103, p.140（上段中央・下）, p.141, p.145（左右）, p.147（上から1～3枚目）
新井隆弘……pp.70-71（上）, p.73
新良太……p.71（下）
阿野太一……p.85, p.87
高野ユリカ……p.88（上）, p.89, p.93, p.94
浜田昌樹……p.104, p.107（上下）, p.111
西川公朗……p.112, p.113
小林浩志／スパイラル……p.120, p.123
川辺明伸……p.133（上下）, p.136, p.137, p.139（上下）
神宮巨樹……pp.148-149, p.154, p.155

*特記以外の写真および図版は著者（設計事務所）提供による。

デザイン

藤田康平（Barber）＋前川亮介

企画・編集

三井 渉（グラフィック社）

建《けん》築《ちく》断《だん》面《めん》 矩《かな》計《ばかり》図《ず》集《しゅう》

2025年2月25日　初版第1刷発行
2025年4月25日　初版第2刷発行

著者　内藤廣／アトリエ・ワン（塚本由晴＋貝島桃代＋玉井洋一）／新居千秋／古谷誠章／手塚貴晴＋手塚由比＋矢部啓嗣／中村拓志／小堀哲夫／乾久美子／藤原徹平／前田圭介／武田清明／伊藤博之／川口通正／八島正年＋八島夕子／森清敏＋川村奈津子／五十嵐敏恭
発行者　津田淳子
発行所　株式会社グラフィック社
〒102-0073
東京都千代田区九段北1-14-17
Tel: 03-3263-4318（代表）　Tel: 03-3263-4579（編集）
Fax: 03-3263-5297
https://www.graphicsha.co.jp
印刷・製本　TOPPANクロレ株式会社

ISBN978-4-7661-3970-9 C0052 2025 Printed in Japan